# 창의성의
# 최근 연구동향과 논쟁

# 창의성의
# 최근 연구동향과 논쟁

이 정 규 著

한국학술정보(주)

# 머 리 말

우리나라는 21세기 고도의 지식정보화 사회에 진입하면서, 개인의 자아실현 및 국가 경쟁력을 높이기 위해 '창의성 계발'을 교육개혁의 핵심목표로 설정하여 추진하고 있다. 2000년도 개정된 제7차 교육과정은 "21세기의 세계화·정보화 시대를 주도할 자율적이고 창의적인 한국인 육성"을 목표로 설정하여 시행하고 있다. 동시에, 탁월한 잠재적 능력을 지닌 영재의 창의성, 도덕성, 자기 주도적 학습 태도를 함양을 목표로 하는 "영재교육 진흥법(2000)"이 공포되어 시행되고 있다. 더욱이 최근에는 교육인적자원부에서 "수월성 교육종합대책(2004)"이 발표되면서 창의적인 인재육성을 위해 국가적 교육정책의 역량이 결집되고 학계, 기업 및 사회적으로도 관심이 고조되고 있는 현실이다. 이러한 창의성 계발과 창의적 인재육성에 대한 중요성이 더욱 고조되고 있는 교육적 상황에 비추어 볼 때, 창의성에 대한 국내의 연구들은 시대적, 교육적 요청에 미처 따라가지 못하고 있는 안타까운 현실이다.

2005년 교육심리학회 연차학술대회에서 김아영교수는 "거국적으로 창의성 교육을 부르짖는 것에 비하여 정작 창의성에 대한 기초적인 이론발전과 현장 적용 방안 방안을 마련하는 주체가 되어야할 국내의 심리학자나 교육심리학자들의 반응은 그다지 적극적이지 않은 것으로 보인다. 그 증거로서 1987년부터 2003년 사이에 16년 동안 교육심리학회지와 교육학회지에 발표된 교육심리학 주제에 관한 총 516편의 논문 중 창의성에 관련된 논문은 32편으로 약 6% 정도 밖에 되지 않았다"고 하여 연구자의 관심을 촉구하기도 하였다. 창의성 연구가 중요함에도 불구하고 연구 결과가 답보상태를 이루고 있는 이유는 창의성에 관한 연구가 교육학 및 심리학의 다른 연구 분야들에 비해 비교적 짧은 연구사를 지니고 있기 때문이며, 선결되어야 할 창의성의 연구 분야가 많이 있게 때문에 앞으로 더욱 많은 이론적·경험적 연구가 필요한 분야라고 할 수 있다.

이러한 관점에서 지난 50여 년 동안의 창의성의 연구들을 간략히 개관해 볼 때, 크게 2차에 걸쳐 연구의 한계가 노정되었고 이를 극복하기 위한 연구자들 간의 논쟁과 대안들이 계속 모색되어 왔다고 할 수 있다. 먼저, 1차적으로 창의성 연구의 한계를 인식하고 대안을 모색하고자 한 것은 '80년대 후반이었다. 초기 창의성의 연구자들은 1950년 미국 심리학회(APA)의 회장이 된 Guilford의 창의성에 대한 기조연설과 그의 이론인 지능구조이론, 확산적 사고, 지능구조문제해결모델 등에 영향을 받아 창의성 연구가 시작되었다. 이후 창의성의 연구자들은 인지적 확산 사고의 계발을 위한 프로그램의 개발과 그의 효과를 측정하기 위한 검사도구의 개발에 주력하게 되었다. 또한 창의적 인물에 대한 특성 등에 주로 관심을 두고 연구되어 왔었다.

그러나 많은 학자들은 창의성에 관한 많은 연구가 아직은 일반화되기에는 무리가 있다고 하였다. Brown(1989)은 "창의성 연구에 있어 많은 심리학자들이 '근본적 귀인 오류'를 하고 있다고 지적하면서, 지금까지의 창의성 연구의 대부분이 창의적 산출물을 설명하기 위한 인지적 확산사고 모델과 개인적 특성 이론이 주류를 이루었으나, 이러한 연구들은 복잡한 창의성을 설명하는데 실패하였다"고 지적하였다. 또한 이러한 연구 경향을 "장님과 코끼리의 이야기"에 비유하면서 Sternberg와 Lubart (1995)는 창의성의 복잡한 현상을 종합적으로 이해하지 않고 일부 현상만을 중시하였기에 불완전한 연구가 이루어졌으며 인지적 기술과 성격특성에 대한 연구가 주류를 이루었다고 지적하였다. 이러한 창의성 연구의 한계를 극복하고자, '90년대 이후에는 창의성은 단일 요인에 의한 것이 아닌 다원적, 통합적, 생태학적 접근의 창의성 이론들이 등장하게 되었다. Woodman과 Schoenfeldt(1989)의 창의성의 상호작용 모델, Sternberg와 Lubart (1991)의 투자이론, Csikszentmihalyi(1988, 1996)의 체계이론, Amabile(1989, 1996)의 창의성의 요소모델 등의 이론이 등장하게 되었다.

다음으로 2차적인 창의성 연구의 한계점의 노정은 창의성의 영역성과 측정에 관한 연구라 할 수 있다. 김아영(2005)은 "영역-특수성(구체성)에 대한 논의는 최근 이 분야의 연구자들에게 가장 큰 주목을 받고 있는 주제라고 생각된다. 지능의 측정과 창의성의 측정 모두에서 나타난 영역-일반성과 영역-특수성에 대한 관심은 이 결과가 교육현장에 미치는 영향이 매우 크기 때문일 것이다. 이에 대한 논의는 앞으로도 계속되리라고 생각된다."고 하였다. 동시에 전경원(2005)도 "지금 시점에서 창의성의 영역성에 대한 연구가 필수적이며 중요하며 더욱 진행되어야 한다."고 하였다.

이 책에서는 지난 50여 년간의 창의성의 연구에 대하여 교육학 및 심리학적 관점에서 개관하였으며, 특히 최근 10여년에 걸쳐 창의성 연구에 있어서 논쟁이 되고 있는 '영역성'과 '측정'에 대하여 이론적 고찰을 한 후에, 이를 우리나라의 교육현장에서 규명하고자 하였다. 이 책은 크게 2부로 구성되어 있다. 제1부에서는 필자의 박사학위 논문인 "창의성의 영역성과 측정에 대한 탐구적 연구"로 구성되었다. 제2부에서는 박사학위 논문을 기초로 하여, 창의성의 연구를 계속하여 이론적으로 더욱 정교화 되어지고, 교육현장에서 이를 검증한 후, 국내 전문 학술지에 게재된 논문들을 중심으로 구성되어 있다.

이 책이 출판되기까지는 지난 15여 년 동안 학문적으로 지도 편달해주신 성균관대학교 김남성 명예교수님과 교육학과의 진영은 교수님, 김현철 교수님, 그리고 여러 동료학우들에게 진심으로 감사드린다. 또한 새로이 학문의 길을 걷도록 격려해준 아내와 가족에게 감사드린다. 무엇보다 창의성과 영재교육에 관심을 기울여주시고 발간을 지원해주신 한국학술정보(주)의 채종준 사장님과 권현옥 님 그리고 직원 여러분의 노고에 감사의 말을 전한다.

# 목  차

## 제 2 부 : 국내의 전문학술지 게재 논문

# 표 목 차

# 그림 목차

# 제 1 부

## 창의성의 측정과 영역성에 대한 탐색적 연구

### The investigative study of assessment and domain in creativity

# I. 서 론

## 1. 연구의 필요성

21세기 고도의 지식정보화 사회에서 우리나라는 국가 경쟁력을 높이기 위하여 '창의성 계발'을 교육개혁의 핵심목표로 설정하여 추진하고 있다. 2000년도부터 제7차 교육과정의 목표를 "21세기의 세계화·정보화 시대를 주도할 자율적이고 창의적인 한국인 육성"으로 설정하고, 교육과정을 개정하였으며 이를 단계적으로 확대시행하고 있는 중이다[1].

또한 "탁월한 잠재적 능력을 지닌 영재의 창의성, 도덕성, 자기 주도적인 학습 태도를 함양"을 목표로 설정한 '영재교육 진흥법'이 공포되어(2000. 1. 28). 영재교육을 영재학교, 영재교육원, 영재학급에서 시행하고 있다. 이어서 2002년 11월에 발표한 교육인적자원부의 '영재교육진흥종합계획'의 핵심내용은 "영재교육 기회의 대폭적인 확대"라고 할 수 있다. 이 계획에 따르면 영재교육 대상자를 2003년 12월 현재, 전체 초·중·고등학교 학생의 0.25% 인 2만여 명에서 2008년 이후에는 1% 이상으로 영재교육을 확대시켜 나갈 계획이다.

위와 같이 국가적으로나 개인적인 차원에서 창의성 계발의 중요성에 대한 공감대가 형성되었으며, 현재 창의적인 인재육성에

---

1) 2000년도부터 초등학교에서부터 시행되어 2001년도는 중학교, 2003년 현재 고등학교 1학년 학생까지 적용되고 있다.

많은 노력과 예산투자를 필요로 하고 있다.

지난 50여 년간의 창의성 연구에 대해 간략히 살펴보면, 1950년 APA에서 창의성에 관한 Guilford의 기조연설이 발단이 되어 지금까지 창의성에 관한 많은 연구가 이루어져 왔다. 초기에 창의성의 연구자들은 Guilford(1956)의 지능구조 이론(SI; Structure of Intellect)에서 확산적 사고(DT; Divergent Thinking)를 창의성과 동일한 것으로 간주하면서, 일반적으로 창의성을 "새롭고 가치 있는 산출물을 만들어 내는 능력"이라고 정의하였다. 이러한 Guilford의 이론적 영향으로 인해 창의성 연구가 촉발되었으며 이후의 창의성 연구에 많은 영향을 미치게 되었다(Brown, 1989).

최근에 이르기까지 오랫동안 창의성의 연구자 간에는 "창의성은 곧 확산적 사고"라는 인식이 성립되어 왔다. 그리고 유창성, 독창성, 정교성, 융통성 등의 변인을 지닌 확산적 사고는 창의성의 모든 영역에 걸쳐 적용 가능한 일반적이고 공통적인 영역-일반성으로 인식하게 되었다. 학교의 전통적인 과목으로 예를 든다면, 수학적 영역에서 창의적 수행이 우수한 학생은 언어, 과학, 예술 등의 다른 영역에서도 유사한 창의적 수행을 할 수 있다는 것이다. 이러한 영역 일반적인 확산적 사고의 인식에 기초하여 지난 50여 년 동안 창의성의 정의와 이론, 확산적 사고를 계발하기 위한 각종 교육프로그램들과 측정도구의 개발 등이 연구되어 왔다(Guilford, 1956, 1976; Davis, 1989; Torrance, 1990a, 1998; Eisenberger & Carmen, 1998; Parkhurst, 1999; Baer, 1999; Hennessey & Amabile, 1996, 1999; Runco, Plucker & Lim, 2000-2001; 한기순, 2003; 최일호·최인수, 2002).

창의성에 관한 축적된 연구결과는 교육학, 심리학, 아동학, 경영학 등에 많은 학제적 영향을 미쳤다. 그러나 여러 학자들은 창의성에 관한 많은 연구의 결과들이 복잡한 창의성의 속성을 설명하고, 일반화하기에는 아직은 어려운 실정이라고 지적하고 있다.

Brown(1989)은 창의성 연구의 대부분이 창의적 산출물을 설명하기 위한 인지적 확산사고 모델과 개인의 특성이론이 주류를 이루었으나, 이러한 연구들은 복잡한 창의성을 설명하는데 실패했다고 하였다. 또한 Sternberg와 Lubart(1991, 1995, 1999)는 창의성의 복잡한 현상을 종합적으로 이해하지 않고 일부 현상만을 중시하였기에 '장님 코끼리 만지기 식'의 불완전한 연구가 이루어졌다고 하였다. 최인수(1998, 2002)는 창의성의 필요성이 갈수록 강조되고 있는 만큼 연구도 활발하게 이루어져 왔으나, 창의성 연구는 그 중요성과 매력에 비해서 미해결 과제가 많이 있으며 연구가 아직 미진한 실정이라고 하였다.

최근 창의성 연구에 있어서 우선적으로 선결되어야 할 중요한 두 가지 문제가 논쟁 중에 있다. 그것은 상반된 이분법적 논지를 주장하고 있는 연구자들에 의해 첨예하게 논쟁 중에 있는 창의성의 '측정'과 '영역성'에 대한 문제이다. 이 두 가지 문제가 이론적이고 경험적으로 규명되어야지만 올바른 창의성의 계발이 이루어질 수 있다.

먼저, 창의성의 '측정'에 대한 문제이다. 지금까지의 창의성 측정의 주류적인 경향인 '객관적 측정'이 '주관적 측정'에 의해 문제점이 제기되면서 논쟁이 이루어지고 있다. 지금까지 창의성의 객관적 측정으로서 일반적으로 TTCT와 같은 확산적 사고검사가 광범위하게 사용되어 왔다(Davis, 1989; Torrance, 1990a; Parkhurst, 1999).

그러나 최근에 창의성 측정에 있어 '주관적 측정'을 주장하는 연구자들은 지금까지의 알고리즘 과제에 대하여, 연구자가 대상자의 전체 반응의 양(또는 숫자)나 수행 반응에 대한 통계적 회귀성(전체 반응에 대한 개인 반응의 희귀성)으로 양화한 객관적 기준에 의한 객관적 측정방법으로는, 일상생활에서의 창의성의 복잡하고 개방적이며 발견적인 속성을 올바로 측정할 수 없다고 주장하였다.

따라서 창의성을 정확히 측정하기 위해서는, 객관적 기준이 설정되는 어려움을 극복하고 창의적 사고과정보다는, 창의적인 사고과정의 열매에 해당되는 산출물에 대하여 해당 영역에서 경험이 풍부한 전문가들의 주관적 관점에 의해 측정해야 한다고 주장하는 것이다(Amabile, 1983, 1996; Eisenberger, 1992, 1996; Eisenberger & Armeli, 1997; Hennessey & Amabile, 1998; Eisenberger & Cameron, 1998; Collins & Amabile, 1999; Eisenberger & Rhoades, 2001).

다음으로, 창의성의 '영역성'에 대한 문제이다. 지금까지의 주류적인 경향이었던 '영역-일반성'이 '영역-특수성'의 견해의 등장으로 인하여 영역성에 대한 논쟁이 가열되었다. 지난 50여 년간 "창의성이란 다양한 영역에서의 일반적이며 공통적인 인지적 능력인 확산적 사고"라는 '영역-일반성'으로 인식되어져 왔다.

그러나 최근에 '영역 특수성'을 주장하는 연구자들은 창의적 수행의 기저를 이루는 공통적인 인지적 기술이 있다는 '영역-일반성'의 견해에 대하여 강한 의문을 제기하였다. 이들은 한 영역에서의 창의적인 기능은 다른 영역과는 고유한 심리적인 차이가 있다는 '영역-특수성'을 주장하고 있다. 이러한 '영역-특수성'의 견해는 어느 한 영역에서 뛰어난 창의적 수행이 다른 영역에서는 그렇게 뛰어나지 못하다는 연구결과들에 의해 지지되고 있다

(Feldhusen, 1994; Baer, 1996, 1998; Plucker, 1998, 1999b; Runco, Plucker & Lim, 2000-2001; Diakidoy & Spanoudis, 2002; 최인수, 2001; 한기순, 2002, 2003).

Baer(1994a, 1994b)는 만약에 새로운 '영역-특수성'의 견해가 옳다면, 지금처럼 영역-일반성의 견해에 기초하여 창의적인 아동을 판별하고 교육하는 것은 교육자원의 낭비이며 영재아에 대한 부당한 처사이자 부적절한 교육이라고까지 강조한 바 있다. 또한 Treffinger와 Feldhusen(1996)과 한기순(2000, 2003)은 영재교육과 관련하여, 지금과 같이 영재아의 능력과 영역에 관계없이 동일한 계발 프로그램을 제공하는 것보다는, 특정 영역에서의 구체적인 능력의 판별과 개발이 훨씬 더 효율적이라고 주장하고 있다.

과학적인 이론은 끊임없는 반증과 논쟁을 통하여 성립되고 과학적인 발전을 이룬다. Popperian의 반증주의(falsificationism) 관점에서, 과학적 이론이란 반증되어야 하며 반증되지 않는 이론은 비과학적 이론이라고 하였다(Popper, 1945). 창의성 연구도 이러한 관점에서 비추어볼 때, 기존의 '객관적 측정'과 '영역-일반성'에 대한 반증의 제기는 창의성 이론의 과학적 발전을 꾀하고자 하는 과정으로서의 논쟁으로 해석될 수 있으며 바람직한 현상이다. 그러나 한편으로는 이러한 계속되는 10여 년간의 양분화된 논쟁의 심화는 창의성의 연구자들 간에 많은 혼선을 초래할 수 있다.

최근에 창의성을 연구하는 학자들은 '측정' 및 '영역성'에 대한 논쟁에 많은 관심을 보이고 있다. 그러나 국내의 선행연구들을 살펴보면 창의성의 '측정'및 '영역성'에 대한 연구가 중요시되고 연구자들의 관심이 증폭되어 가고 있음에도 불구하고, 이론적 연구나 우리의 교육현장(특히 창의적 잠재력이 우수한 영재학생의 판별과 선발, 교육과정)에서 이를 실제로 검증하려는 연구는 아직 미진한 실정이다.

조석희(1999)는 지난 10년간의 우리나라의 창의성과 관련된 단행본, 학위논문, 연구보고서를 교육심리학적 차원에서 분석하였다. 연구결과, 우리나라의 창의성 연구가 아직은 유행수준에 머무르고 있다고 지적하였다. 그러한 이유로서 첫째, 연구의 대부분이 이론적 소개에 중점을 두고 있으며, 둘째, 창의성의 구성요소 중 주로 확산적 사고기능과 계발에 치우쳐 있고, 셋째, 일상생활에서 창의력 계발 프로그램을 지속적으로 실시하기 보다는 특별한 시간을 내어 일시적으로 실시한 프로그램의 효과만 측정한 연구를 하고 있다는 것이다. 마지막으로 실제 교육현장에서 이루어지는 창의성 교육에 대한 연구는 드물다고 하였다.

하대현(2002)도 국내의 창의성 연구의 대부분이 창의성 이론의 개관, 심리학적 측정에서 측정도구의 개발, 창의성 훈련프로그램의 효과성 연구에 초점을 둔 연구가 주를 이루었다고 지적하였다. 최일호와 최인수(2001)는 창의성의 영역에 대한 연구성과는 매우 미진하며, 오히려 지금까지의 연구는 이것을 구분하지 않는 경향이 강하였다고 하였다. 그리고 비로소 최근에야 영역 간 특성이 서로 다른 것에 대해서 논의하기 시작하였다고 하였다.

최근에 이러한 창의성의 영역성에 관한 실증적 선행연구가 있다. 미국의 초등학교 2학년 학생 109명을 대상으로 연구하였던 한기순(2000, 2003)은 '영역-특수성'의 견해를 지지하는 연구결과를 제시하였다. 그리고 아동들의 다양하고 구체적인 능력의 발견과 개발이 영재교육의 가장 중요한 과제라고 하였다. 그러나 그녀도 본인의 연구를 포함하여 아직까지 어느 연구도(비록 어느 한쪽을 지지하고는 있지만) 절대적인 영역-특수성의 적용에는 많은 주의가 요구된다고 하였다.

또한 '창의성 계발'이 중요함에도 불구하고, 창의성의 잠재적 능력이 우수한 영재학생들의 교육을 담당하고 있는 영재교육기관들의 영재학생의 판별과 선발, 창의성 계발의 교육과정에 대해 몇 가지 문제점이 지적되고 있다. 교육인적자원부에서는 영재학생 선발의 기본지침으로서 "서류전형, 창의적 문제해결력 검사, 과학캠프 등 다단계 절차를 통해 학과성적이 아닌 창의성에 중점을 두고 선발한다."고 하였다(영재의 조기 발굴 및 육성에 관한 국가인적자원개발 시행계획, 2002). 그러나 실제로 우리나라의 영재교육 기관의 현장에서는 창의적인 학생의 선발과 교육과정이 만족스럽지 못하다는 아래와 같은 최근의 연구결과들이 보고 되고 있기 때문이다.

양수경(2002)은 특수목적고와 민사고 학생들을 대상으로 한 "고등학생을 대상으로 한 분야별 영재판별도구의 탐색과 그 활용방안 연구"에서, 현재의 입학전형 요소(교과 성적, 구술시험, 기타)보다 창의성 검사(TTCT)가 훨씬 더 우수하게 학업성취도를 예측한다고 하였다. 그러나 실제로 영재교육기관들에서는 학업성취도의 예측력이 높은 창의성 검사를 선발 준거로서 사용하고 있지 않다고 하였다. 또한 김소아(2003)는 현재 영재교육기관에서 선발한 영재군 중에는 영재가 아닌, 즉 범재군에 속하는, 학생이 있다고 하였다. 이러한 연구를 통해, 영재교육기관에서의 영재학생 선발준거와 영재교육에 문제가 있음을 알 수 있다.

따라서 올바른 '창의성 계발'을 위해서는 위의 논쟁에서 제시된 바와 같이 창의성을 영역-일반성의 견해에 의해 다양한 영역에 걸쳐 동일하게 계발해야 하는 것인지? 아니면 영역-특수성의 견해에 따라 각 영역별로 고유한 창의적 능력을 계발해야 하는 것인지? 창의성을 측정하고자 할 때 확산적 사고를 재는 객관적인 측정방법에 의해서 측정해야 하는지? 아니면 해당영역의 전문가들의 주관적 관점에 의해 주관적인 측정방법으로 측정해야 하는지?

그리고 영역성 및 측정의 논쟁에 있어서 두 논쟁 간에는 어떤 관련성이 존재하지는 않는지? 개인이 창의적인 수행을 함에 있어 최근의 논쟁과 같이 이분법적인 관점만이 있는 것인지? 아니면 상호 연관된 혹은 상호 보완적인 기능을 하고 있는 것은 아닌지에 대한 연구가 필요하다고 하겠다.

다음으로 Gardner(1999)는 "다중지능이론: 인간지능의 새로운 이해"에서 영역-특수성의 발달적 경향에 대해 언급하면서, 나이가 들어가면서 특수한 지능이 내면화되어가며 다중 지능과 관련된 특성이 점점 더 나타난다고 하였다. 국내의 창의성의 연구에서는 "창의적 인지와 인성의 발달적 경향"에 대한 연구는 이루어졌으나(하주현, 1999, 2001, 2003), "창의성의 영역성의 발달적 경향"에 대하여서는 연구가 이루어지지 않았다. 즉, 창의성의 영역-특수성은 초기부터 나타나는 것인지, 아니면 어느 발달단계에서 나타나는지? 또는 영역성은 영역 일반성에서 영역 특수성의 경향으로 분화, 발달하는 것인지? 반대로 영역-특수성에서 영역-일반성의 경향으로 발달하는 것인지? 아니면 창의성의 영역-일반성과 특수성이 처음부터 별개로 발달하여 나가는지? 에 대한 선행연구는 아직 미진한 실정이다. 따라서 창의성의 영역성의 발달경향에 대한 연구가 필요하다고 하겠다.

마지막으로 Garret(1946)는 개인의 지적 능력 수준에 따라 영역성의 분화정도가 다르다는 '능력-분화가설(ability-differentiation hypothesis)'을 제기하였다. 인지적 능력이 낮은 집단은 요인 간의 상관이 높아서 일반요인에 더 크게 의존한다. 그러나 인지적 능력이 높은 집단은 요인 간 상관이 낮아서 능력이 분화되어 특수요인에 더 크게 의존하는 것을 의미한다(황정규, 1995: 하대현, 2003, p.29-30에서 재인용). 이 가설에 따르면, 창의적인 수행 수준이 높은 고창의성 집단은 저창의성 집단에 비하여, 영역-특수성의 경향이 더 많이 나타날 것으로 예측된다. 그러나 창의성의 수행수준에 영역성의 차이가 어떻게 나타나는지에 대한 선행연구를 발견할 수 없었다. 따라서 이에 대한 연구도 창의성의 영역성에 대한 발달경향과 함께 규명되어야할 필요가 있다.

## 2. 연구 목적 및 연구문제

우리가 창의성을 연구하려는 궁극적인 목적은 '창의성 계발'이다(김남성, 1998). 그러나 올바른 '창의성 계발'을 위해서는 최근에 논쟁 중인 창의성의 '측정'과 '영역성'에 대한 문제가 반드시 선결적으로 규명되어야 할 것이다.

따라서 본 연구의 첫 번째 목적은, 창의성 연구에 있어서 논쟁이 되고 있는 창의성의 '측정'과 '영역성'에 대한 이론과 선행연구의 고찰을 통해, 현재 이분법적 관점에서 제기되고 있는 논쟁의 주요 논지와 문제점을 탐색하는 것이다.

두 번째 목적은, 3개 집단에 대한 창의성의 영역성에 대한 규명이다. 연구 대상자를 전체학생 및 창의적 수행수준에 따른 고

창의성 집단과 저창의성 집단의 3개 집단을 구성하고, 이러한 집단에서 창의성의 영역성이 어떻게 나타나는지를 규명하는 것이다. Garret(1946)의 '능력-분화가설'에 따라, 고창의성 집단일수록 저창의성 집단에 비하여 영역-특수성의 경향이 두드러져야 할 것으로 예측하였다.

세 번째 목적은, 창의성의 영역성에 대한 발달경향을 밝히는 것이다. Gardner(1999)의 '다중지능이론'에 따라, 학년이 올라갈수록 영역-특수성의 경향이 더욱 나타날 것으로 예측하였다.

이와 같은 본 연구의 두, 세 번째 목적인 창의적 수행수준에 따른 영역성의 차이와 창의성의 영역성에 대한 발달적 경향에 대한 예측은 가설로는 제기된 바 있으나, 교육현장에서 실증적으로 검증된 바는 아직 없다.

## 연구 문제를 구체적으로 서술하면 다음과 같다.

1. 창의성의 연구에 있어서 논쟁 중인 측정과 영역성에서 주장하고 있는 논지와 문제점은 무엇인가?

2. 창의성의 영역성은 창의성의 수행수준(전체학생 / 고창의성 집단 / 저창의성 집단)에 따라 어떤 차이가 나타나는가?

3. 창의성의 영역성은 학년이 올라감에 따라 어떠한 발달경향을 보이는가?

# Ⅱ. 이론적 배경

## 1. 창의성의 측정

    심리측정학에서 널리 인용되고 있는 표현 중에 "지능은 지능 검사가 측정한 결과이다(Boring, 1923)."라는 표현은 창의성의 측정에서도 중요한 의미를 제공한다. 창의성의 측정과 관련하여 Wallach(1971, 1986)는 "연구자들은 종종 창의성 측정에서 나타난 증가된 결과를 가지고 창의성 자체가 증가되었다고 결론짓는 우를 범할 수 있다. 창의성의 검사가 창의성 계발 프로그램을 측정하는 기준이 되어 버렸다."고 하였다.

    창의성의 개념적 정의에 대해 이론적 기초를 제공한 Mackinnon(1978)은 "창의성에 대한 모든 연구의 기초는 창의적 산출물에 대한 분석이며, 다른 산출물과는 어떤 점이 차이가 있는지에 대하여 결정을 하는 것이다."고 하였다. 창의성의 측정은 새롭고, 적절하며, 실제적인 산출물을 근거로 이루어지고 있다(Lubart, 1999). 또한 Gardner(1999)는 창의성의 측정은 단순하다고 하였다. 창의적이라고 추정되는 작품의 출현으로 인해 그 영역이 변화되었는가, 또는 그렇지 않은가로 검증할 수 있다고 하였다(문용린, 2001: p.136에서 재인용).

    최초로 창의성의 측정도구에 대해 언급한 Guilford(1956)는 창의성 측정에서 완벽한 검사가 요구되며, 이에 대한 요건으로서 창의성 측정도구는 개방형이어야 한다고 하였다. 즉, 어떤 정답을 식별하기보다 고유한 대답을 할 수 있어야 한다고 하였다. 그러나 창의성 검사의 신뢰성은 낮을 것이며, 실제적인 창의적 산출물의 고려 변인은 신뢰성이 더 낮을 것이라고 언급하였다. Guilford 이후에 창의성을 측정하기 위하여 많은 측정도구들이 개발되었다. 그러나 Hocevar와 Bachelor(1989)와 Lubart (1994)는 지금까지 개발된 창의성의 측정도구들에 대한 종합적인 개관을 통해, 그 어떤 창의성의 측정도구도 창의성을 측정하는데 완벽하지는 않다고 하였다.

창의성의 측정에 대한 논쟁이 가열되자, America Psychologist (1998)에서 상반된 입장을 주장하는 연구자들에게 논쟁의 장이 마련되었으며, 논쟁자들은 창의성의 측정을 객관적 측정과 주관적 측정이란 용어로 구분 사용하기 시작하였다(Eisenberger & Cameron, 1998; Hennessey & Amabile, 1998, 1999; Diakidoy & Span-oudis, 2002).

## (1) 객관적 측정(objective assessment)

객관적 측정이란 제시된 자극에 대한 많은 반응들, 문제해결법, 아이디어의 생성 능력은 창의성을 증진시킨다고 전제한 확신적 사고에 기초한다. 피험자에게 미완성 자극(그림이나 글 등)을 제시하고, 자극에 대한 다양한 반응(양이나 수), 다양한 반응 중에 각 반응이 어느 정도 드물게 나타나는가의 객관적 지표(예, 참가자가 동료집단에 비해 80%이상 상위 수준)로서 통계적 희귀성(statistical infrequency of responses)에 근거하여 측정하는 방법이다(Eisenberger & Cameron, 1998; Hennessey & Amabile, 1998).

또한 창의적 문제해결에 있어 단계적이고 정형화된 인지적 문제 해결 실험과제인 'Hanoi 탑'과 같이 연산적(algorithmic) 수행과제를 연구의 실험 과제로 하고 있다. 확산적 사고 검사들은 다른 심리 측정(예, 지능검사)과 비교해 볼 때 높은 예측타당도가 있다고 보고 되었다(Runco, 1986b; Runco & Mraz, 1994; Plucker, 1999). 객관적 측정은 다음과 같은 확산적 사고의 주요 변인을 측정한다(김남성, 1998).

(가) 유창성(fluency) : 특정한 문제 상황에서 주어진 시간 내에 많은 아이디어를 내는 능력

(나) 독창성(originality) : 기존의 것과는 다른 독특하고 새로운 아이디어를 산출하는 능력

(다) 융통성(flexibility) : 고정적인 사고방식이나 시각을 변화시켜서 다양한 종류의 해결책을 찾아내는 능력

(라) 정교성(elaboration) : 기존의 아이디어를 보다 자세하고 실용적인 것으로 발전시키는 능력

지금까지 개발된 주요 확산적 사고 검사들을 간략히 살펴보면, 최초에 Guilford(1956)는 그의 지능구조 이론과 확산적 사고 이론에 기초하여 창의성 검사를 개발하였다. 그의 "Alternate Uses", "Plot Titles", "Consequence" 검사는 단일한 정답을 요구하는 기존의 지능검사에 비해 다양한 반응을 요구하는 확산적 사고 검사를 개발하였으며, 이후에 창의성 검사도구의 개발에 많은 영향을 미치게 되었다.

Mednick(1962)은 창의적인 아이디어는 일반적인 상관에서 벗어난 둘 이상의 새로운 결합에서 나온다는 "연합이론(association theory)"을 제시하였다. 그는 창의적 사고과정을 "특별한 요구를 충족시키거나 다소 유용한 방법으로 새롭게 결합한 요소들의 연

합 형성이다. 새로운 결합이 상호 동떨어져 있을수록, 보다 더 창의적인 과정 혹은 해결법이다."라고 정의하였다. 그리고 연합과 적절성을 평가하기 위한 RAT(Remote Associates Test)를 개발하였으며, 높은 타당도와 신뢰도의 결과가 보고 되었다(Brown, 1989).

Wallach와 Kogan(1965, 1970)은 창의성은 연합과정이라는 Mednick의 '연합이론'을 지지하였다. 그들은 창의성에 있어서 중요한 것은 연합의 생성이며, 창의적인 사람은 주어지는 자극의 많은 분야에 참가하고 보다 많은 다양한 연합을 생산한다고 하였으며, WKCT (Wallach-Kogan Creativity Test)를 개발하였다. 그 중 언어형 검사는 (1) 유창성(예: 주변에 있는 모든 물건들의 이름대기). (2) 대안적 사용(예: 신문을 사용하는 다른 방도를 말하기). (3) 유사성(예: 감자와 당근의 비슷한 점 말하기)을 측정하는 검사이다.

Torrance(1962)가 개발한 창의적 사고 검사인 TTCT(Torrance Test of Creative Thinking)는 유치원생부터 성인에 이르기까지, 다양한 문화권에서 창의성 검사로서는 가장 많이 사용되고 있다(Torrance, 1990a; Hennessey & Amabile, 1999; Runco, Plucker & Lim, 2000-2001). Torrance는 "TTCT와 같은 점수에서 높은 점수를 받은 사람은 창의적으로 행동할 가능성이 높다."고 주장하였다. TTCT는 언어형 검사(Verbal Forms A, B)와 도형형 검사(Figure Forms A, B)가 있으며 유창성, 독창성, 제목의 추상성, 정교성, 성급한 종결에 대한 저항의 확산적 사고의 변인을 측정한다. 또한 동형검사로서 사전-사후 검사를 할 수 있고 실시가 용이하다는 장점이 있다. 그러나 언어형 검사는 문화적인 배경에 따라 창의성 점수에 영향을 받고 내용타당도에 문제가 있다는 지적되기도 하였다(Cooper, 1991).

최근에는 Runco, Plucker 및 Lim(2000-2001)이 "창의성 측정의 기준은 독창성, 유창성, 융통성을 포함한 확산적 사고의 측면에 기준을 두고 측정하여야 한다."고 강조하였다. 그리고 이러한 기준을 충족시키는 확산적 사고 검사들은 아이디어의 표상을 측정한다고 하였다. 이들은 "아이디어는 독창적이고 확산적이며 창의적 사고로서 취급되어져야 한다."는 Guilford(1967)의 이론에 기초하여, RIBS(Runco Ideational Behavior Scale)를 개발하였다. RIBS 항목들은 개인의 실제적 행동인 아이디어의 명확한 사용, 평가, 기술을 측정한다. 이러한 관점에서 RIBS를 창의성의 행동척도라고 하였다.

위에서 살펴본 확산적 사고검사들은 창의성을 측정하는 검사로서 많이 사용되어 왔다(Davis, 1989; Parkhurst, 1999; Diakidoy & Spanoudis, 2002). 그러나 확산적 사고능력을 측정하고자 하는 객관적 측정에 대해 다음과 같은 문제점이 제기되고 있다.

먼저, 확산적 사고 검사들은 연구자의 제한된 조작적 조건하에서 참가자들의 창의성을 객관적 기준으로 측정하였다는 것으로, 일상생활 속의 복잡다양한 창의성의 속성을 올바로 측정하지 못하고 있다는 것이다. Barron과 Harrington(1981)은 "확산적 사고 검사가 실제 창의적인 사고를 측정하는가?"에 대해 연구하면서 "어떤 확산적 검사들을 어떤 조건하에 실시하였다. 그것의 기준에 의해 점수화하고 창의적 성취와 관련된 능력과 어떤 영역 안에서의 행동을 측정하였다."고 하면서 창의성의 주요 요인으로서 확산적 사고는 신뢰를 잃었다고 비판하였다. 또한 Wallach(1986)는 이러한 확산적 사고를 재려는 창의성 검사가 창의성 계발 프로그램을 측정하는 기준이 되어 버렸다고 하였다.

다음으로, 주관적 측정을 지지하는 Amabile 등(1996, 1998, 1999)은 객관적 측정이 더 타당하다고 주장하는 Torrance(1990) 와 Eisenberger 등(1994, 1996, 1998)의 연구에 대하여 다음과 같이 논박하였다.

첫째, 객관적 측정방법은 일상생활 속에서 발생하는 다양한 창의적인 활동들(이야기 구술, 예술작업, 문제해결 등)을 설명하지 못하고 있다. 따라서 전문가들에 의한 합의적 평가기법이 교실 현장, 작업현장 또는 예술세계와 같은 실세계의 창의성 평가에 더 적합하다.

둘째, 객관적 측정방법은 창의성을 단순히 반응의 통계적 희귀성(예, 참가자가 동료집단에 비해 80%이상 상위 수준일 때)으로 조작하였다는 것이다. 즉, 창의성의 조작적 정의가 잘못 되었다는 것이다. 비록 이런 단순한 측정이 유창성이나 독창성과 같은 확산적 사고의 기준에는 적합할지라도, 일반적으로 정의된 새로움과 결합된 적절성, 가치, 또는 유용성이라는 창의성의 요소를 측정할 수 없다.

셋째, 객관적 측정방법은 실세계의 모집단에서 실험한 결과와 관련된 생태학적 타당성이 낮다고 하였다. 따라서 특정 영역의 전문가이면서 실험 내용에 대해 모르는 전문가들에 의한 주관적 측정방법이 더 타당하다고 하였다.

넷째, 확산적 사고 검사가 복잡하고 광범위한 창의적 능력들을 측정하지 못한다고 하였다. 확산적 사고능력을 측정하는 검사들의 점수화 과정이 객관적이라고 주장하지만, 수행 결과는 직관적인 검사구인 그 자체 즉, '창의성은 이런 것이다'고 하는 구인에 의하여 측정하고 있다고 비판하였다.

그러나 Eisenberger 등(1996, 1998, 2001)은 위에서 서술한

Amabile 등의 논박에 대해 아래와 같이 재 논박하였다.

첫째, Amabile 등은 우리의 연구에서의 사용된 확산적 사고의 일반화된 효과를 검증하려고 한 그림 과제는 적절성 또는 유용성의 기준에 적합하지 못하며, 창의적 수행의 낮은 수준을 재는 것이라고 하였다. 그러나 이러한 과제는 창의성 측정에서 가장 많이 사용되고 있는 것(TTCT)을 적용한 것이다. 참가자들에게 그림의 중요한 요소로서 각 원을 적절하게 사용할 것을 요구하였다. 이러한 그림이 Hennessey와 Amabile의 연구에서 사용한 콜라주 또는 그림과 관련된 이야기하기보다 창의적인가는 더 논의가 있어야 한다.

둘째, Amabile 등은 우리의 창의적 수행에 대한 객관적 측정 (반응에 대한 객관적 지표로서 통계적 희귀성에 기초한)이 일상생활에서 보다 전형적인 측정방법인 주관적 합의 평가보다 타당성이 부족하다고 하였다. 그러나 일상생활에서 자주 사용되어지는 창의성의 주관적 측정이 과학적인 연구방법으로서 객관적 측정보다 더 우월하다는 것을 의미하는 것은 아니다.

그러나 이러한 확산적 사고 검사들의 비판에도 불구하고, 최근에도 Runco 등(2000~2001)은 확산적 사고에 기초하여 창의성의 행동척도인 RIBS를 개발하였다. 또한 확산적 사고검사의 대표적인 검사도구인 TTCT는 1962년도에 개발된 이래 1992년 간편 채점 방식(streamlined scoring system)으로 개정되기까지 오랫동안 유치원생에서부터 성인에 이르기까지 다양한 문화권의 많은 국가에서 널리 사용되어지고 있다. 우리나라에서도 김영채(1999)에 의해 한국판 TTCT 표준화 창의력검사가 개발되기도 하였다. <표 2-1>에서 지금까지 개발된 확산적 사고를 측정하는 주요 검사도구들의 목록을 정리하였다.

<표 2-1> 확산적 사고 검사의 주요 목록

| 개발자<br>(년도) | 측정 도구 | 이론적 기초 |
|---|---|---|
| Guilford<br>(1956) | SOI<br>▶Alternate Uses<br>▶Plot Titles<br>▶Consequence | ▶SI<br>(structure of intellect)<br>▶DT<br>(divergent thinking) |
| Mednick<br>(1962) | RAT<br>(Remote Associates<br>Test) | Association theory |
| Wallach &<br>Kogan<br>(1965) | WKCT<br>(Wallach-Kogan<br>　　Creativity Test)<br>▶Verbal Form<br>▶Visual Form | Association theory |
| Torrance<br>(1962~<br>1992) | TTCT<br>(Torrance Test of<br>Creative Thinking)<br>▶Verbal Form<br>▶Figural Form | DT(divergent thinking) |
| Runco 등<br>(2000~<br>2001) | RIBS<br>(Runco Ideational<br>Behavior Scale) | DT(divergent thinking) |

## (2) 주관적 측정(subjective assessment)

주관적 측정은 객관적 측정에 비하여 창의성 연구에서 사용된 빈도가 낮기는 하지만 지난 20여 년간 꾸준히 연구되어온 측정방법이다(Amabile, 1996; Baer, 1999; Hennessey & Amabile, 1999).

주관적 측정이란 검사의 기준(criteria) 관련 타당도의 문제를 해결하기 위해 사용하는 방법이다. 창의적 사고 과정(확산적 사고의 과정)보다는 사고 과정의 열매에 해당되는 산출물을 해당 영역의 전문가들의 주관적인 기준에 의해 측정한다. 이리하여 산출물이 창의적임을 밝히는 기초적인 객관적 기준을 정하는 어려움을 극복할 수 있는 것이다(Amabile, 1996; Hennessey & Amabile, 1999).

주관적 측정을 지지하는 연구자들은 주관적 측정에서 실험 과제로 선정되는 것은 객관적 측정에서의 연산적 과제와는 다르다고 하였다. 일상생활에서 정형화되어 있지 않고 분명한 해결방안이 없는 아래와 같은 발견적(heuristic) 과제에 대하여 창의적인 수행을 측정하는 주관적 측정을 사용하였다(Amabile, 1983, 1985, 1996; Baer, 1993; Amabile, Hill, Hennessey & Tighe, 1994; Hennessey & Amabile, 1998, 1999).

(1) 그림을 보여주고 이야기 구술하기
(2) 몇 개의 단어를 제시하고 시 짓기
(3) 다양한 형태와 색깔의 색종이를 제공한 후 콜라주 만들기
(4) 새롭고 재미있는 창의적인 수학문제 만들기

이를테면 콜라주에 대한 창의성을 독립적으로 평가해주도록 예술가 집단과 예술 비평가들에게 요청함으로써 연구자는 창의적 산출물에 대한 신뢰롭고 타당한 측정결과를 획득할 수 있다는 것이다(Baer, 1999).

그리고 주관적 측정은 측정자간의 신뢰도(일치도)가 보장된다면 창의성의 수행 수준을 밝혀줄 유용한 방법이며, 전문가의 종

합된 측정 결과는 비교적 높은 신뢰도와 타당도를 보여주었다는 연구결과들이 있다(Getzels & Csikzentmihalyi, 1976; Brown, 1989; Amabile, 1996; Baer, 1999; Hennessey & Amabile, 1999).

Getzels과 Csikzentmihalyi(1976)는 전문가와 비전문가의 두 집단으로 구성하여 피험자의 산출물(그림)에서 독창성, 기능성, 심미적 가치의 측정을 측정 집단 고유의 주관적 기준에 의해 측정하도록 하였다. Amabile(1983, 1985, 1996) 및 Sternberg(1985)의 연구에서도 창의적 산출물을 측정하는 해당 영역의 전문적 경험이 풍부한 전문가 집단을 구성하여 산출물을 측정하였다. 김종안(1997), 김명숙(1998, 2002)의 연구에서도 각 영역의 산출물을 경력 5년 이상의 해당교과 담당 교사 3인에 의해 측정하도록 하였다.

1980년대부터 창의성에 대한 경험적 연구를 통해 주관적 측정을 정형화하고 체계화하여 온 Amabile 등은 "산출물은 새롭고, 적절하고 유용하며 가치 있는 반응"이라고 정의하였다. 이러한 정의에 기초하여 그들은 지난 20여 년 동안 창의성을 측정하기 위한 '합의적 측정 기법(CAT; Consensual Assessment Technique)'을 개발하였으며, 아래와 같은 조건을 만족해야 한다고 제시하였다(Amabile, 1996; Hennessey & Amabile, 1999).

첫째, 측정자들은 경험의 정도가 동일하지 않더라도 해당 분야에서 전문적인 경험이 있어야 한다.

둘째, 전문가의 측정은 개별적으로 이루어져야 한다. 그들은 상호 일치하기 위하여 실험자로부터 교육되어서도, 측정하는 특정 기준이 주어져서도, 상호 합의해서도 안 된다.

셋째, 측정자들은 그들의 전문적인 측정기준에 의해서 측정하지 말고, 산출물의 상대적인 평가에 중점을 두고 측정하여야 한다. 대부분의 연구에서 실험에 참가한 보통의 피험자들은 오랫동안 경험해온 전문가에 비해 창의성의 수준이 낮기 때문이다.

넷째, 각 평가자들은 무작위 순서로 산출물을 측정하여야한다. 만약 모든 평가자들이 동일한 순서로 측정한다면 높은 수준의 동의가 반영될지도 모르기 때문이다.

다섯째, 평가자들은 창의성 이외에 산출물의 부가적인 다른 차원도 평가해야한다. 해당 산출물의 창의성의 수준 외에 최소한 기술적인 측면), 심미안적 호감, 적합도를 측정하여야 한다. 이러한 부가적인 측정은 산출물에 대한 주관적 측정에서 이러한 차원의 관계성 혹은 독립성의 정도를 검증하게 만든다.

마지막으로, 측정의 신뢰성은 측정자간의 일치성이다. 이는 동일 영역에서의 다른 산출물과 비교하여 측정가들의 일치성의 정도를 의미한다. Cronbach's α 계수가 .7 이상이면 측정자간 신뢰성이 높다고 본다. 측정자간 신뢰성은 구인 타당도와 동일하다. 이는 적절한 측정자에 의해 독립적으로 측정되어서 창의성이 높았다고 평가된다면, 창의성이 높은 산출물이라고 할 수 있기 때문이다.

다음으로 산출물을 측정하여 점수화하는 방법에는 2가지로 구분할 수 있다. Amabile의 합의적 측정은 창의적 차원과, 기술적 적합성 혹은 심미안적인 차원의 2가지의 하위차원으로 구분하여 측정하였다. 그러나 Zhou와 Oldham(2001)은 점수화 방법을 달리하여 이러한 차원들을 서로 곱하여 하나의 단일 지표(a single index)로 사용할 수 있다고 주장하였다. 김혜숙과 최인수(2002)의 연구에서도 창의성 특성과 기술적 특성을 곱하여 하나의 지표로 나타내는 방법을 이용하였다.

객관적 측정을 지지하는 Runco 등을 비롯한 여러 연구자들
(Runco, 1989; Runco, & McCarthy, & Steven, 1994; Runco,
Plucker & Lim, 2000-2001)은 주관적 측정에는 아직 제한 사
항이 많다고 하였다.

첫째, 아동이나 비전문가는 수행하기 어려우며, 창의적 작업의
기제가 완전히 추론적이라고 하였다. 그러나 객관적 측정에서의
아이디어에 대한 분석은 산출물의 분석과 같은 제한 사항이 없
다고 하였다. 아동과 비전문가도 아이디어를 측정 가능하며, 그
들의 독창성과 유창성은 객관적으로 판단된다는 것이다. 그리고
아이디어의 장점은 기저를 이루고 있는 메커니즘을 납득할 만큼
잘 설명되어져 있다고 하였다. Guilford(1967)의 지능구조 이론
과 확산적 사고, 그리고 Mednick(1962)의 연합이론 모두 아이
디어들이 어떻게 생성되는지? 아이디어들이 다른 아이디어와 어
떻게 결합되는지? 그리고 무엇이 아이디어에 영향을 주는지에
대해 잘 설명하고 있다는 것이다. 누구나 아이디어를 생성할 수
있으며 그러기에 아이디어는 일상의 산출물이라는 관점에서 주
관적 측정의 산출물과 같이 일상적 창의성을 이해하는데 아주
유용한 것이라고 강조하였다(Runco & Richards, 1998).

둘째, 신뢰도 차원에서 전문가급의 측정자들 간의 일치도를 산
출히지만, 이들의 주관성을 완전히 배제할 수 없디는 단점이 있
다. 실지로 다른 평가 집단(학교 교사 vs. 전문 예술가)에 의해
아동의 콜라주를 독립적으로 측정할 경우 다른 형태의 측정 결
과가 나왔다는 연구결과가 있다(Gerrad, Poteat, & Ironsmith,
1996). 또한, 창의적 산출물을 반드시 전문가에 의해서만이 측
정이 이루어지는가에 대한 의문이다. Christiaans(2002)의 연구
에서는 산출물 측정 시에 전문가 집단의 평가와 비전문가들의

평가 간에는 실제적인 차이가 없다는 연구결과를 보여주었다.

셋째, 창의성의 측정을 위한 전문가의 선발에 있어서 해당 영역의 경험자라고 언급되었지만, 어느 수준급의 혹은 몇 년 이상의 경험 등과 같은 구체적인 선정기준에 대해서는 아직 구체적으로 밝혀진 바는 없다.

## 2. 창의성의 영역성

교육심리학에서 지능, 동기, 인지양식 등의 개인차를 연구하는 분야에서 영역의 일반성과 특수성에 대하여(나아가 영역 내에서조차도 과제별 특수성으로까지 확산, 심화되어) 논쟁이 되고 있다. 하대현(2003)은 이러한 이유로서 맥락주의가 교육심리학내에 도입됨에 따라 발달, 학습, 동기, 개인차 분야 등에서 주요하게 취급되어 온 개념들이 사회문화적 상황, 영역, 과제들에 걸쳐 일반적으로 적용되기 보다는 특수하게 적용되는 것으로 해석하는 것이 우세하다고 하였다.

영역이란 일반적으로 어떤 특정분야의 기저를 이루면서 이를 지원하는 사고표현의 장(set), 그리고 어떤 지식의 특정 영역(언어, 수학, 과학, 미술 등의 지식 또는 학문의 분야)을 의미한다 (Winner, 1996; Baer, 1999).

### (1) 영역-일반성(domain-generality)

창의성의 영역-일반성이란, 창의성은 지능의 "g" 요인과 같이 개인의 모든 영역에 기저를 이루며 다양한 영역에 고루 영향을 미치는 일반적이며 공통적인 능력을 의미하는 것으로 본다. "어느 한 영역에서 창의적 수행 수준이 우수한 개인은 다른 영역에서도 유사한 창의성을 발휘할 것이다."라는 전제에 기초하여 연구되어 왔다. 예를 들면 언어 영역에서 창의적 수행수준이 우수한 개인은 수학, 과학, 예술 등과 같은 다른 영역에서도 언어 영역과 유사한 수준의 창의적 수행을 할 것이라는 예측이 가능한 것이다.

영역-일반성의 용어는 학자에 따라 영역-보편성, 영역-초월성, 영역-공통성, 영역-독립성이란 용어로 사용되기도 한다(Hennessey & Amabile, 1999; Runco, Plucker & Lim, 2000-2001; Diakidoy & Spanoudis, 2002).

지금까지 창의성 연구에서 확산적 사고가 창의성의 모든 영역에 적용가능한 일반적이며 영역 공통적인 것으로 인식하게 되었다(Baer, 1999). 또한 Torrance(1992)는 "창의적인 사고능력이란 창의적인 성취를 할 때 작용한다고 생각하는 일반화된 정신능력의 집합(the constellation of generalized mental abilities)"이라고 정의하였다. 그는 이러한 이론적 기초에서 창의적 사고능력을 측정할 수 있는 검사도구인 TTCT를 개발하였으며, "TTCT와 같은 확산적 사고검사에서 높은 점수를 받은 사람은 창의적으로 행동할 가능성이 높다."고 주장하였던 것이다. 따라서 창의성의 영역-일반성에 대한 측정에는, 창의성의 주요 요소인 유창성, 독창성, 정교성 등의 변인을 지닌 확산적 사고능력을 측정하는 TTCT와 같은 표준화된 창의성 검사들이 주로 개발되어 널리 사용되어 왔던 것이다.

이러한 창의성의 영역-일반성에 대한 인식은 창의성 연구의 지난 50여 년 동안 창의성의 이론, 교육과 계발, 훈련 및 측정에 널리 주창되어 왔다. 또한 창의성의 영역-특수성이라고 하는 새로운 연구문제의 제기에 의하여 영역-일반성 이론의 타당성에 문제가 제기되어 왔음에도 불구하고, 창의성 연구의 교육적인 면이나 심리학적인 측면에서 널리 연구되고 있다(Barron & Harrington, 1981; Eisenberger & Cameron, 1996, 1998; Plucker, 1998; Baer, 1999: Runco, Plucker, & Lim, 2000-2001; 한기순, 2000, 2003).

## (2) 영역-특수성(domain-specificity)

창의성의 영역 특수성이란 어느 한 영역에서의 성공적인 수행을 하는 창의적인 기술과 이해는 다른 영역과는 무관하다는 것이다. 인지적 발달이 언어, 과학, 수학, 음악, 미술과 같은 다른 지식의 영역들과 달리 독립적으로 진행된다는 것이다(Feldhusen, 1994; Baer, 1998, 1999; Diakidoy & Spanoudis, 2002).

창의성의 영역-특수성은 Gardner(1983, 1994, 1999)의 사람은 똑같이 태어나지 않으며 지능 또한 영역별로 다르다고 한 "다중지능이론"에서도 그 이론적 기초를 삼고 있다. 다중지능이론에서 상호 독립적인 인지적 영역이나 지능들이 있다는 증거가 창의성은 영역 특수성이라는 것을 증명해주고 있다. 특히, Gardner(1999)는 창의성의 유형과 지능의 유형에 대해 언급하면서 "창의성의 유형은 지적 유형을 따른다. 창의적인 사람이 특정 지능에서 뛰어난 것은 사실이다. 하지만 대부분의 경우, 그들은 두 가지 지능이 혼합된 형태의 능력을 나타내며, 최소한 그 중 하나는 다소 비정상적으로 뛰어나다."고 강조하였다.

그리고 영역-특수성의 발달적 경향에 대해 언급하면서, "유년기에는 다양한 여러 가지 지능을 사용하는 것을 쉽게 볼 수 있으나, 나이가 들어가면서 특수한 지능이 내면화되어가며, 다중지능과 관련된 특성이 점점 더 나타난다."고 하였다. 또한 개개인은 끊임없이 타인과 다르게 사고하고 실제로 지적 능력이 표현되는 양식의 차이는 실제 생활 전반에 걸쳐 증가한다고 하였다(문용린, 2001: pp.136129-144에서 재인용).

따라서 개인의 지능을 일반적으로 "똑똑하다", "둔하다"고 하는 것은 잘못된 것이며, 창의성도 어느 한 영역에서 창의적이라고 하는 평가를 하는 것이 옳다(Baer, 1999; Gardner, 1999). 이러한 영역-특수성을 지지하는 증거로서 한 영역 내에서의 어떤 과제에 대한 창의적인 수행의 수준은 다른 영역의 과제 수행의 수준과는 무관하다는 연구결과들에 의해 지지되고 있다(Runco & Nemiro, 1994; Plucker, 1998; Baer, 1998, 1999; 한기순, 2002, 2003).

Amabile(1983)은 창의성의 "요소모델"을 제시하면서 '영역-관련 기술', '창의성 관련 기술', '과제의 동기'의 3가지 요소 중에서 '영역-관련 기술'을 기본적인 것으로 보았다. 창의적인 사람은 특별한 영역에서 생산하는데 필요한 기술, 재능이 있어야 한다고 하며, 새로운 반응을 통합하는 것에서부터 정교화에 이르기끼지의 기술은 영역에 관한 사실, 패러다임, 심미안적 기준을 포함한 모든 지식을 의미한다고 하였다. 그녀는 창의성의 요소모델을 통해 영역-특수성의 견해를 지지하였다.

Brown(1989)은 "창의성, 무엇을 측정하고자 하는가?"의 연구에서 표준화된 창의성 검사가 개방적이고 복잡한 심리적 속성인 창의성을 제대로 측정할 수 있는지는 의문이라고 하였다. 그리고 확산적 과정에서의 창의성의 "g"요인의 탐색은 문제가 있다고 하였다. 그러면서 그는 창의성이란 지능보다 더 많은 영역-특수한 곳에서 나타나며, 개인은 어느 한 영역에서 더 창의적이라고 강조하였다.

최근에 창의성의 영역-일반성에 대해 강한 의문을 제기하면서, 영역-특수성의 이론을 주장하고 있는 여러 학자들은 영역-일반성 이론이 매우 다양한 영역에 걸친 창의적 수행에 대해서는 설명하지 못하고 있다고 주장하고 있다(Amabile, 1996, 1998; Feldhusen, 1994; Plucker, 1998: Baer, 1994a, 1998, 1999). 그러면서도 영역-특수성을 주장하는 연구자들은 '영역성'에 관한 최근의 논쟁에 대하여, 앞으로 더욱 많은 이론적 연구 및 교육현장에서의 실증적 검증이 요구된다고 지적하고 있다.

Plucker(1998)과 한기순(2002, 2003)은 창의성의 영역성에 대한 문제가 아직 충분한 연구와 논의가 이루어지지 않았으며, 논문도 개괄적 수준이라고 하였다. 그리고 창의성의 영역 특수성을 규정한 연구들조차도 발표된 연구물의 편수가 적어 논지가 아직은 정확하지 않으며 아직 더 많은 연구가 필요하다고 강조하였다. Baer(1999)는 창의성 연구자에 의해 영역-특수성의 이론을 지지하는 경향이 확산되어 가고 있으나, 차후에 더 많은 이론적 연구와 교육현장에서의 경험적 연구가 있어야 한다고 하였다.

Diakidoy와 Spanoudis(2002)는 영역-특수성을 주장하는 학자들 가운데 불일치하고 있는 것은 다양한 인지 영역들을 구성하는 지식과 기술 간의 상호작용의 가능성이라고 지적하였다. 최일호와 최인수(2001)는 과학영역과 예술영역에서의 창의성 발현 과정에 어떤 보편성과 특수성을 갖는가에 대해 연구하면서, 아직 이 문제에 대한 연구 성과가 미진하다고 하면서, 오히려 지금까지는 이것을 구분하지 않은 경향이 강하였다고 주장하였다.

창의성의 영역-특수성에 대하여, 더 많은 이론의 정교화와 교육현장에서의 실증적 검증이 요구되고 있긴 하지만, 만약에 새로운 영역-특수성의 견해가 지지된다면, 영역-일반성이 주류적 경향이었던 지금까지의 창의성 연구는 다음과 같은 측면에서 재검토가 있어야 할 것이다.

첫째, 창의성의 '측정'에 대한 재검토이다. 지난 50여 년간 영역-일반성을 측정하기 위해 널리 사용되어온 확산적 사고 검사의 사용이 제한될 수 있다(Feldhusen, 1994; Diakidoy & Spanoudis, 2002; 한기순, 2000, 2003). 따라서 영역-특수성의 이론에 기초하여 창의성을 측정하기 위해서는 각 영역별 전문가에 의한 합의적 측정기법인 주관적 측정법이 사용되어야 한다.

둘째, 창의성의 '계발 프로그램'의 재검토이다. Plucker(1998)와 Baer(1994a, 1994b, 1999)는 만약에 영역-특성성의 견해가 지지된다면 확산적 사고의 계발 프로그램의 사용은 제한될 것이다고 하였다. 그리고 지금까지의 영역-일반성에 근거한 창의성 교육은 교육자원의 막대한 낭비였으며 창의적 아동에 대한 부당한 처우였다고 하였다. 또한 Baer(1999)는 "만일 창의성이 전체적인 창의적 수행에 영향을 미치는 일반적 특성 또는 인지적 기술에서 단일 요인(single factor)이라고 한다면, 우리는 창의성을 이해하고, 계발하고, 평가하는데 훨씬 쉬웠을 것이다."고 하면서 영역-특수성에 기초한 창의성 계발 프로그램은 그리 쉽지 않을 것이라고 예측하였다.

따라서 지금까지는 다양한 영역에 걸쳐 유창성, 독창성, 융통성, 정교성 등을 계발하기 위한 확산적 사고 계발·증진 프로그램 위주였다면, 이제는 각 영역에서 요구되는 고유의 인지능력

과 기술에 걸맞은 영역별 창의성 계발 프로그램이 개발되어야
할 것이다.

마지막으로, 창의성의 '지도 방안'의 재검토이다. 교사와 학부
모는 학생들에게 지금과 같이 모든 영역에서 우수한 인지적 능
력을 요구하기 보다는, 어느 한 영역이라도 잠재된 우수한 역량
을 조기에 발견해주고 (혹은 발견시켜 주어서), 이를 지속적으로
육성발전 시켜주어야 한다. 왜냐하면, 조기에 발견하더라도 지속
적인 교육계발이 있지 않는 한, 쉽게 사장될 수 있기 때문이다.

# 3. 창의성의 영역성과 측정과의 관계성

확산적 사고가 창의성의 중요한 요소라는 가정 하에Guilford,
1956), 창의성을 측정하기 위한 확산적 사고 검사의 개발과 사용
이 계속되어 왔다. 확산적 사고검사에서의 다양하면서도 독창적인
많은 반응들, 문제해결법, 아이디어의 생성 능력은 창의성을 증진
시킨다는 전제하에 사용되어 왔다(Diakidoy & Spanoudis,
2002). 그리고 확산적 사고검사는 창의성의 잠재력을 측정하는 검
사로서 영역-일반적인 것으로 인식되어 널리 사용되어 왔다. 이는
비교적 영역-독립적이며 내용-자유적인 확산적 사고검사의 대부
분의 항목에서 증명할 수 있다(Davis, 1989; Torrance, 1990a;
Parkhurst, 1999; Diakidoy & Spanoudis, 2002).

Baer(1999)는 창의성의 영역-특수성의 이해는 창의성의 측정
에 있어서도 현재 사용되고 있는 창의성 측정법에 대한 매우 직
접적인 도전이라고 하였다. 그는 "영역-특수성은 창의성의 측정

을 매우 어렵게 만든다. 창의성의 영역-특수성을 어떻게 측정할 것인가? 측정자들은 관심을 두는 창의성의 영역(들) 안에서 측정을 하여야 한다."고 하였다. 창의적 산출물을 측정하기 위한 합의적 평가 기법과 같은 창의성의 영역-특수성을 측정하는 기법이 현재 개발되어 연구자들 간에 사용되어지고 있다고 하였다.

창의성의 '측정'과 '영역성'에 대한 논쟁을 고찰해보면 두 논쟁 간에 상호 밀접한 관계성이 존재함을 알 수 있다. 즉, 지금까지의 창의성은 모든 영역에 고루 적용되는 '영역-일반성'이며, 확산적 사고로 널리 인식되어 왔다. 그리고 이러한 인식에 기초하여 확산적 사고 능력을 측정하고자 하는 측정도구들이 개발되었으며, 참가자들의 반응에 대한 다양한 반응과 전체반응 중에 얼마나 희귀한가에 따른 통계적 희귀성에 근거하여 양화되었으므로 이를 '객관적 측정'이라고 한다.

그러나 이에 반하여, 창의성은 각 영역별로 요구되는 고유의 창의적 수행 능력이 요구되는 '영역-특수성'의 개념이다. 이러한 영역-특수성에 기초하여 복잡 다양한 일상생활 속의 창의성의 속성을 측정하기 위해서는 각 영역별 전문가들의 주관적 관점에 의한 '주관적 측정'으로 측정되어야 한다는 것이다.

위에서 서술된 두 논쟁간의 관계를 <표 2-2>에서 정리되었다.

<표 2-2> 창의성의 영역성 및 측정 간의 관계

| 영역성 | 영역-일반성 | 영역-특수성 |
|---|---|---|
| 측정 방법 | 객관적 측정 | 주관적 측정 |
| 측정 기준 | 객관적 측정 규준표<br>(통계적 회귀성) | 전문가집단의<br>주관적 기준 |
| 측정 도구 | 확산적 사고 능력 검사<br>(예, TTCT) | 전문가 합의 평정기법<br>(예, CAT) |
| 실험 과제 | algorithmic 과제 | heuristic 과제 |
| 실험 과제(예) | 단어생성,<br>원형 그리기,<br>불완전 자극 완성하기 등 | 이야기 구술,<br>시 짓기,<br>수학문제 만들기,<br>콜라주 등 |

※  "연구문제 1"은 이론적 배경에서의 창의성의 '측정'과 '영역성'에 관한 논쟁의 논지와 문제점 및 관계성에 대한 탐색적 고찰에 근거하여 위와 같이 규명되었다.

# Ⅲ. 연구방법

## 1. 연구 대상자

서울지역의 초등학교 3학년, 중학교 1학년, 고등학교 1학년을 대상으로 3개 집단을 형성하였다. 초~고등학교는 학교급별로 2개 학교(강남지역 1개교, 강북지역 1개교)이며, 각 학교별로 3개 학급의 학생을 대상으로 이루어졌다. 각 학급은 자연적으로 형성된 전체 학급인원으로 하였다. 3개 학교급×2개 학교×3개 학급으로, 이중 결측치가 많거나 잘못된 방법으로 답을 한 43명을 제외하고 총 668명이었다.

<표 3-1> 연구에 참여한 학생 수

| | | 성별 | | 전체 |
|---|---|---|---|---|
| | | 남자 | 여자 | |
| 학교 | 초 3 | 124 | 106 | 230 |
| | 중 1 | 87 | 114 | 201 |
| | 고 1 | 117 | 120 | 237 |
| 전체 | | 328 | 340 | 668 |

## 2. 연구절차

창의성 검사를 실시하기 전에 각급학교별 담임교사와 특히, 중·고등학교에서는 해당 교과담당 교사에게도 검사 실시요강에 대하여 워크숍을 실시하였다. 측정기간은 학교별로 1학기 기말고사를 마치고 방학하기 전까지의 약 3주간의 기간을 활용하여 실시되었다. 그리고 연구자 및 연구 보조자(창의성을 연구하는 박사과정 수료자 2명) 중 1명과, 담임교사와 교과담당 교사 중 1명으로, 검사는 2인 1조로 편성하여 실시하였다.

영역-일반성의 객관적 측정으로서, 확산적 사고를 측정하기 위해 창의적 사고능력검사(TTCT)를 사용하였다. 특히, TTCT 중에서도 언어형 검사는 문화적인 배경에 따라 창의성 점수에 영향을 받으며 내용타당도에 문제가 있음이 제기되었기에(Cooper, 1991), 본 연구에서는 TTCT 도형 A형 검사를 사용하였다.

먼저 TTCT 도형A형 검사는 연구자 및 연구 보조자들에 의해 40분간 실시되었다. 이후 주관적 측정으로서 3주 동안에 초등학교는 연구자(또는 연구보조자) 및 담당교사와 함께, 중~고등학교는 연구자(또는 연구보조자) 및 해당 교과담당 교사가 함께 각 영역별(언어, 과학, 수학, 미술) 해당 교과 시간을 활용하여 각 검사별로 30분간 실시되었다.

창의성 수행 수준을 점수화하는 방법에 있어서 객·주관적 측정방법은 다음과 같은 연구절차에 의해 창의적 수행수준을 측정하였다.

먼저, 객관적 측정은 2차에 걸쳐 점수화하였다. TTCT 도형A

형 검사의 채점은 연구자를 포함한 창의성을 연구하는 박사과정 수료자 2명을 포함하여 3명에 의해 채점하였다. 1차 측정은 예비검사로서 학교급별 전체 학생들의 검사지 중에서 단순 무작위 추출법(simple random sampling)으로 10부씩의 답안지를 추출하여 3부씩 총 30부를 복사하였다. 그리고 복사된 답안지를 측정자들에게 각각 분배하였다. 측정자들은 같은 시간에 함께 측정하되 각자 독립된 공간에서 측정 규준표에 의해 채점을 실시하였다. 이후에 다시 모여 채점 간 합의점을 도출하는 워크숍을 실시하였다. 2차는 본 검사로서 1차와 동일한 대상자가 작성한 검사지를 각자 독립된 공간에서 채점을 실시하였다. 그리고 3인의 측정자간 일치도인 Cronbach's α계수를 구하였다.

다음으로, 주관적 측정은 Amabile 등(1983, 1985, 1996, 1999)의 '합의적 평가기법(CAT; Consensual Assessment Technique)'을 만족하는 조건하에서 실시하였다. 언어, 과학, 수학, 미술의 각 영역별 산출물에 대한 측정은 경력 5년 이상의 현직교사 3명으로 총 12명의 교사(4개 영역×3명=12명)들의 주관적인 관점에 의해 측정하였다.

측정에 들어가기 전에 연구자에 의하여 연구의 목적이나 측정의 기준 등에 대한 언급은 일체 하지 않았으며, 단지 각 영역별로 측정자의 주관적 기준에 의해 창의성 차원과 기술적 적합성/심미안적차원의 2개 하위차원으로 구분하여 점수화 하도록 하였다. 2개 하위 차원 모두 5점 평점척도(1점: 매우 낮음 ~ 5점: 매우 높음)의 채점을 실시하였다. 그리고  2가지의 하위차원을 서로 곱하여 하나의 단일 지표(a single index)로 채점하였다(Zhou & Oldham, 2001; 김혜숙과 최인수, 2002). 각 학생의 창의성의 점수는 측정자들의 점수를 산술 평균하여 산출하며,

점수가 높을수록 창의성이 높다고 평가하였다.

이때 측정자들이 주의할 사항은 학생들의 각 영역별 산출물에 대하여 교사의 절대적인 측정 점수보다는, 학생들 간의 상대적 평가에 중점을 두고 측정토록 하였다. 이후 측정자간의 일치도를 알아보기 위해 측정변인별로 Cronbach's α계수를 구하였다. 이러한 연구절차를 <표 3-2>에 간략히 정리하였다.

<표 3-2> 연구 절차

| 구분 | 영역-일반성/<br>객관적 측정 | 영역-특수성/<br>주관적 측정 |
|---|---|---|
| 검사<br>도구 | TTCT 도형 A형 검사 | 4개 영역별 산출물 검사<br>(언어, 수학, 과학, 미술) |
| 측정자 | ▶ 연구자<br>▶ 연구보조자<br>(창의성을 연구하는 박사과정 수료자 2명) | ▶ 각 영역별 경력 5년 이상의 현직교사 3명에 의해 실시<br>▶ 담임교사 및 해당교과 교사 3명<br>▶ 4개 영역×3명=12명의 교사 |
| 측정<br>기준 | ▶ 학년별 규준표에 의해 표준점수화 | ▶ 2개 하위차원 구분<br>　- 창의성 차원<br>　- 기술적/심미안적 차원<br>▶ 하위 차원별 5점 평점척도<br>　(1점 : 매우 낮음 ~<br>　5점 : 매우 높음) |
| 1차 | 각 학교급별로 10명분의 답안지를 단순무작위추출<br>↓<br>10명의 답안지를 복사하여 측정자 3인에게 분배<br>↓<br>동시에 각자 독립된 공간에서 채점<br>↓<br>측정간 문제점 및 합의점 토의 | ▶ 연구자에 의한 연구목적 및 측정지침에 대한 언급 없음<br>▶ 측정자간 협의 없음<br>▶ 측정자의 주관적인 기준에 의해 측정<br>▶ 측정간 교사의 절대적 기준보다 학생들 간의 상대적 평가에 중점<br>※ 1차는 실시하지 않음 |
| 2차 | ▶ 동시에 독립된 공간에서 측정<br>▶ 측정자간 일치도(Cronbach's α 계수) 산출 | |

# 3. 측정도구

## (1) 창의적 사고 검사(TTCT)

Torrance(1962)가 개발한 TTCT(Torrance Test of Creative Thinking)는 40여 년 동안 세계적으로 다양한 문화권에서 널리 사용되는 검사로서 유치원생에서부터 성인에 이르기까지 사용할 수 있도록 개발되었다. TTCT 도형 A형에서 나온 창의성 점수는 창의성의 인지적 능력으로서 측정된다. 언어검사와 달리 도형검사는 도형을 사용하여 창의성을 검사하므로 피검사자의 연령과 문화를 초월하여 사용할 수 있다는 장점이 있다.

TTCT 도형형 검사의 구성은 3개 활동으로 구성되어 있으며, 각 활동은 창의적 사고의 측면들 가운데서 각기 상이한 측면을 요구하고 있다는 가정 하에서 설계되었다. 활동 1은 그림 구성하기, 활동 2는 그림 완성하기, 활동 3은 선 더하기로 구성되어 있다. 소요시간은 30분으로 각 활동은 제한시간을 10분으로 한다.

TTCT는 다음과 같은 확산적 사고의 변인을 채점한다.

(1) 유창성(fluency) : 주어진 자극을 유의미하게 사용하여 해석 가능한 반응으로 표현한 아이디어의 수이다(활동 2, 3만 채점).

(2) 독창성(originality) : 그 반응이 통계적으로 보아 얼마나 드물게 일어나며 특별한지에 따라 한다(활동 1, 2, 3 채점).

(3) 제목의 추상성(abstractness of titles) : 좋은 제목을 생산해 내는 능력에는 종합과 조직화라는 사고과정이 포함된다. 가장 높은 수준에서는 포함된 정보의 본질을 포착하고 무

엇이 중요한지를 아는 능력이 작용한다(활동 1, 2만 채점).

(4) 정교성(elaboration) : 원래의 자극도형에 그것의 경계선에 그리고 주변의 공간에 세부적인 내용(아이디어, 정보조각)을 추가시킬 때마다 점수를 준다(활동 1, 2, 3 채점).

(5) 성급한 폐쇄나 종결에 대한 저항(resistance to premature closure) : 창의적인 사람은 정신적인 비약을 하여 독창적인 아이디어를 얻을 수 있는 만큼 충분히 긴 시간동안 마음을 열고, 성급한 종결을 하지 않도록 지연시킬 수 있다(활동 2만 채점)

(6) 창의성의 평균표준점수(average) : (1)~(5)의 변인들의 표준점수의 합을 5로 나눈 평균값을 산출하였다.

## (2) 영역별 산출물 검사

창의적 산출물에 대하여 주관적 측정을 실시한 대부분의 선행연구들이 제한된 1~2개 영역의 산출물에 대해서만 측정을 실시하였기에 이러한 연구결과를 영역-특수성을 측정하기 위한 주관적 측정방법으로 일반화하기에는 무리가 있다는 지적이 있었다 (Kogan, 1994; Amabile, 1996).

따라서 본 연구에서는 창의성의 영역 특수성 및 주관적 측정을 연구한 선행연구들에서 사용한 각 영역별 실험 과제를 취합하기로 하였다.

첫째, Amabile (1983, 1985, 1996), 인문·사회 영재 판별도구 개발연구(Ⅲ) -언어 영재 판별 검사 도구개발을 중심으로- (한국교육개발원, 2002)의 이야기 구술하기(story-telling)와 콜라주 만들기는 많은 경험적 연구결과를 통해 이미 신뢰성과 타당성을 검증받은 산출물 검사이다.

둘째, Baer(1991), 한기순(2002, 2003)의 수학문제 만들기도 높은 측정자간 신뢰도(.92)를 보였다.

셋째, 과학적 발명산출물 검사(CIT; Creativity Invention Task)는 손향숙(1997), 김종안(1997), 김명숙(1998)이 사용한 검사로서 측정자간 높은 신뢰도(.72 ~.87)를 보였다.

최종적으로 아래와 같은 4개 영역(언어, 수학, 과학, 미술)에서 일상속의 개방적이며 발견적(heuristic) 과제가 선정되었다.

### (가) 언어 영역 : 전혀 새로운 이야기로 완성하기
### (부록 1 참조)

언어 영역의 창의적인 산출물을 측정하기 위해, 기존 동화(성냥팔이 소녀)의 도입부문을 지문으로 제공하고 기존의 이야기와 전혀 다른 새로운 이야기로 완성하라고 하였다. 마지막으로 성냥팔이 소녀에게 하고 싶은 이야기를 작성하라고 하였다(인문ㆍ사회 영재 판별도구 개발연구(Ⅲ) -언어 영재 판별 검사 도구개발을 중심으로- 한국교육개발원, 2002).

### (나) 수학 영역 : 창의적인 수학문제 만들기
### (부록 2, 부록 2-1 참조)

수학 영역의 창의적인 산출물을 측정하기 위해, 재미있는 수학문제를 가능한 많이 만들어 보라고 하였다. 중ㆍ고등학생의 경우에는 필요하면 문제해결을 위한 단서도 제공하라고 하였다(Baer, 1991; 한기순, 2002, 2003).

### (다) 과학 영역 : 로빈슨 쿠르소의 발명 (부록 3 참조)

과학 영역의 창의적인 산출물을 측정하기 위해, 무인도에 살게
된 로빈슨 쿠르소가 되어 난파선에서 획득한 15개의 불완전한
도형을 생활에 필요한 발명품으로 만들어 보라고 하였다. 그리
고 발명품의 제목을 붙이고 사용된 재료와 쓰임새에 대해 작성
하라고 하였다(손향숙, 1996; 김남성, 1997; 김종안, 1997; 김
명숙, 1998).

### (라) 미술 영역 : 콜라주 만들기 (부록 4 참조)

미술 영역의 창의적인 산출물을 측정하기 위해, 개인별 흰색
도화지 1, 딱풀 1, 형형색색의 색종이 약 50여개를 봉투에 담아
학생에게 제공하고, 재미있고 독창적인 모양의 콜라주를 만들고
적절한 제목을 작성하라고 하였다(Amabile, 1983, 1996; 김종
안, 1997; 한기순, 2002, 2003).

## 4. 고 창의성 집단과 저 창의성 집단의 분류

창의성의 수행 수준에 따른 집단의 분류는 아래와 같이 조작
적으로 정의되었다.
첫째, 고창의성 집단은 영역별 상위 20%의 점수에서 두개 영역
이상에 포함되는 집단으로, 고창의성 집단의 점수기준 및 학생수
와 비율이<표 3-3>에서 제시되었다. 전체학생 중에서 19.76%인

132명이 고창의성 집단에 속하였다.

둘째, 저창의성 집단은 영역별 하위 20%의 점수에서 두개 영역 이상에 포함하는 집단으로 <표 3-3>에 제시되었다. 전체 학생 중에서 96명의 학생으로 14.37%가 저창의성 집단에 속하였다.

<표 3-3> 고 창의성 집단(영역별 상위 20%의 점수기준과 학생수)

|  | 언어영역<br>(n) | 과학영역<br>(n) | 수학영역<br>(n) | 미술영역<br>(n) | 2개 영역 이상<br>중첩된 학생수(%) |
|---|---|---|---|---|---|
| 초 3 | 14.66(49) | 18.66(24) | 11.11(20) | 12.22(8) | 44(19.13) |
| 중 1 | 14.44(42) | 14.66(42) | 16.0(42) | 14.66(42) | 48(23.88) |
| 고 1 | 11.0(54) | 12.22(62) | 11.04(46) | 11.0(49) | 55(23.21) |
| 전체 | 13.33(137) | 18.67(61) | 15.88(73) | 14.44(78) | 132(19.76) |

<표 3-4> 저 창의성 집단(영역별 하위 20%의 점수기준과 학생수)

|  | 언어영역<br>(n) | 과학영역<br>(n) | 수학영역<br>(n) | 미술영역<br>(n) | 2개 영역 이상<br>중첩된 학생수(%) |
|---|---|---|---|---|---|
| 초 3 | 4.0(57) | 5.33(29) | 2.22(42) | 2.22(27) | 39(16.95) |
| 중 1 | 3.88(39) | 2.66(39) | 2.22(24) | 4.66(36) | 30(14.92) |
| 고 1 | 2.22(37) | 2.67(51) | 1.78(67) | 3.89(52) | 43(18.1) |
| 전체 | 2.66(106) | 3.33(118) | 2.22(120) | 2.89(132) | 96(14.37) |

# 5. 분석방법

통계 분석은 SPSS 10.0.7판을 사용하여 수행하였다.

1) 객관적 측정(TTCT)과 주관적 측정(각 영역별 산출물)에 대해 측정자 3인간의 신뢰도(inter-judge reliability)를 구하기 위하여, Cronbach's α계수를 산출하였다.

2) 영역별 중첩성을 알아보기 위해, 영역별 산출물 검사에서 논리식, 연산식을 활용하여 케이스선택을 실시하였다.

3) 영역-특수성을 규명하기 위하여, 4개 영역간의 Pearson 적률상관 계수를 산출하였다.

4) 영역-일반성(객관적 측정)과 영역-특수성(주관적 측정)간의 상관관계를 규명하기 위하여, TTCT의 표준점수와 각 영역별 창의성 점수간의 Pearson 적률상관계수를 산출하였다.

5) 영역-일반성(객관적 측정)이 영역-특수성(주관적 측정)에 대한 상대적인 설명력과 예측력을 규명하기 위해, TTCT의 표준점수를 독립변인으로 하고, 주관적 창의성 점수를 종속변수로 하여 중다회귀분석을 하였다.

6) 영역-일반성(객관적 측정)과 영역-특수성(주관적 측정)의 학년별, 성별의 차이를 규명하기 위하여, 중다변량분석(MANOVA)을 실시 하였다.

7) 학년별 발달경향을 규명하기 위하여

   7-1) 학년별로 상위 20%이상의 점수에서 2개 영역이상 중첩된 학생수를 산출하였다.

   7-2) 학년별로 확산적 사고의 변인간의 상관, 영역간의 상관, 그리고 확산적사고의 변인과 영역간의 Pearson

적률상관계수를 산출 하였다.

7-3) 학년별로 수행한 영역-일반성(객관적 측정)이 영역-특수성(주관적 측정)에 대한 상대적인 설명력과 예측력을 규명하기 위해, TTCT의 표준점수를 독립변인으로 하고, 주관적 창의성 점수를 종속변수로 하여 중다회귀분석을 하였다.

7-4) 학년별로 각 변인별, 영역별 평균점수로서 발달곡선을 제시 하였다.

8) 고창의성 집단과 저창의성 집단과의 차이를 알아보기 위하여, 각 영역별 점수와 TTCT의 표준점수와의 Pearson 적률상관계수를 산출하였다. 또한 영역-특수성이 영역-일반성에 의해 얼마나 설명되는지를 알아보기 위하여 각 영역별 점수를 독립변인으로 하고, 주관적 창의성 점수를 종속변수로 하여 중다회귀분석을 하였다.

# Ⅳ. 연구 결과

## 1. 기술 통계치

객관적으로 측정된 영역-일반성의 확산적 사고의 변인과 주관적으로 측정된 영역-특수성의 4개 영역의 산출물에 대한 평균 및 표준편차가 <표 4-1>에 제시되었다. 그리고 전체 학생의 각 영역별 산출물의 측정결과를 히스토그램으로 제시하면 [그림 4-1], [그림4-2], [그림 4-3], [그림4-4]와 같다.

<표 4-1> 학년별 평균 점수 및 표준편차

|  |  | 초 3(N=228) | 중 1(N=198) | 고 1(N=225) |
|---|---|---|---|---|
|  |  | M(SD) | M(SD) | M(SD) |
| 영역-일반성 | 유창성 | 116.84(11.11) | 125.13(15.69) | 116.21(16.44) |
|  | 독창성 | 111.11(16.97) | 109.49(17.62) | 104.76(19.04) |
|  | 제목추상성 | 69.76(16.35) | 78.93(50.77) | 77.28(19.62) |
|  | 정교성 | 81.13(14.43) | 83.20(43.92) | 78.22(12.53) |
|  | 성급한 종결 | 71.74(13.92) | 74.25(34.38) | 74.95(16.27) |
|  | 평균표준점수 | 31.94(23.67) | 38.18(27.21) | 37.42(27.16) |
| 영역-특수성 | 언어영역 | 9.20(5.45) | 9.01(5.45) | 6.49(4.43) |
|  | 과학영역 | 10.91(5.89) | 8.79(6.35) | 8.35(5.02) |
|  | 수학영역 | 6.29(4.69) | 9.35(6.79) | 6.87(4.65) |
|  | 미술영역 | 7.27(4.74) | 9.72(5.09) | 7.12(3.59) |

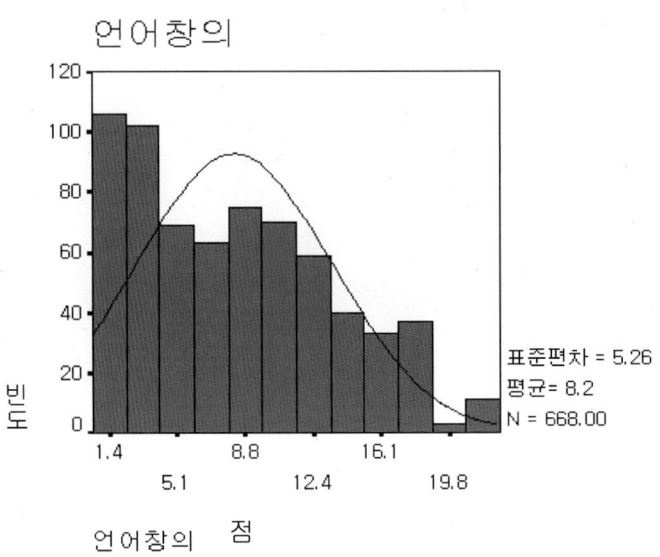

[그림 4-1] 언어 영역에서의 창의성 점수분포도

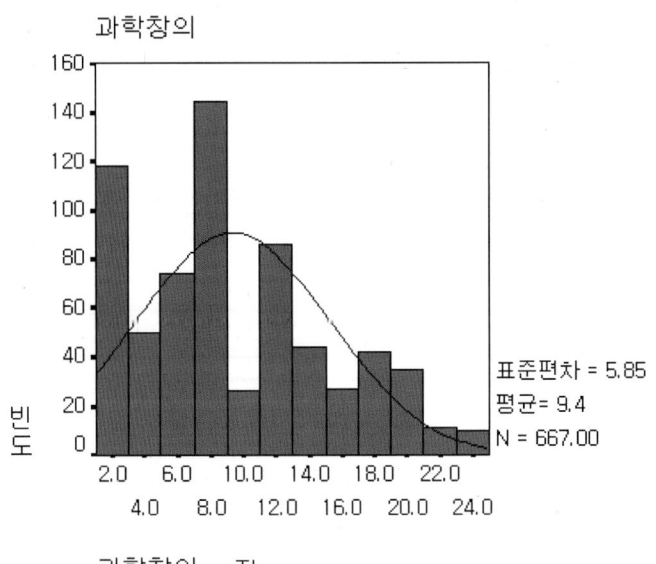

[그림 4-2] 과학 영역에서의 창의성 점수분포도

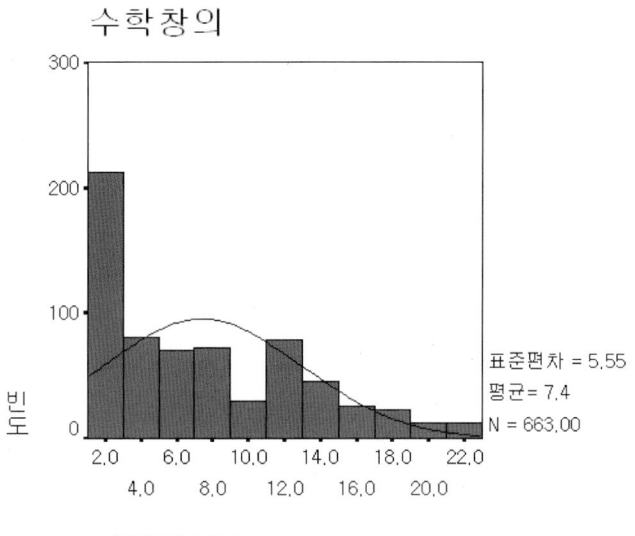

[그림 4-3] 수학 영역에서의 창의성 점수분포도

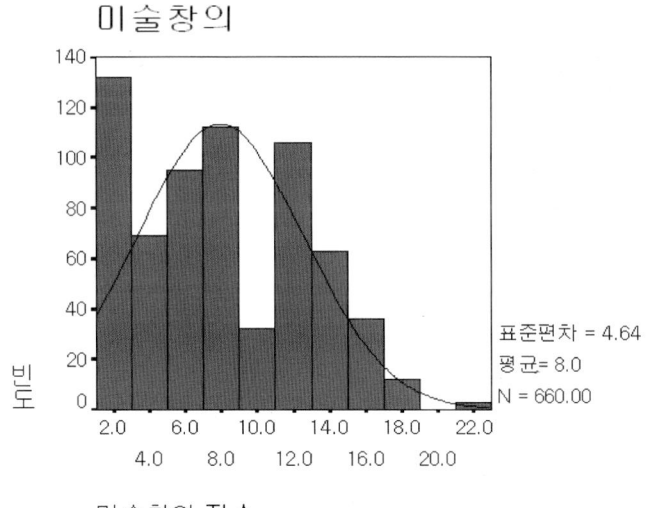

[그림 4-4] 미술 영역에서의 창의성 점수분포도

## 2. 검사도구의 신뢰도

연구절차에서 제시된 측정방법에 의해 객관적, 주관적 측정에 대한 측정자 3인 간의 신뢰도(inter-judge reliability)인 Cronbach's α계수를 <표 4-2>에 제시하였다. 신뢰도는 .74~.91로 전체적으로 양호한 신뢰도를 나타내고 있다.

<표 4-2> 측정도구의 신뢰도

| 객관적 측정 | | | | | 주관적 측정 | | | | | | | |
|---|---|---|---|---|---|---|---|---|---|---|---|---|
| | | | | | 언어 | | 과학 | | 수학 | | 미술 | |
| 유창성 | 독창성 | 제목추상성 | 정교성 | 성급한종결 | 창의성 | 기술/심미안 | 창의성 | 기술/심미안 | 창의성 | 기술/심미안 | 창의성 | 기술/심미안 |
| .91 | .87 | .74 | .88 | .76 | .91 | .81 | .89 | .76 | .77 | .81 | .83 | .78 |

## 3. 영역간의 중첩관계

4개 영역간의 중첩 혹은 공유관계의 분석을 통해, 영역-일반성의 견해가 지지되려면 영역간의 공유된 부분, 혹은 중첩되는 부분이 많아야 할 것이다. 반면, 영역별 고유의 인지적 능력이 있으며 다른 영역의 인지적 능력과는 무관하다는 영역-특수성의 견해가 지지되기 위해서는 영역간의 중첩되는 학생의 수나 비율이 극소수로 나타나야 할 것으로 예측되었다.

　각 영역별 고창의성 집단, 즉 상위 20% 이상에서 2개 영역이상 중첩된 학생수를 규명하기 위하여, 영역별로 중첩된 학생수를 산출한 결과를 <표 4-3>와 [그림 4-5]에 제시하였다. 이중에서 3개 영역이상 중첩된 학생수는 15명~23명(2.26~3.44%)으로 나타났으며, 4개 영역 모두 우수한 창의성을 보인 학생은 전체적으로 9명(1.34%)으로 극소수에 불과했다. 여기서 흥미로운 사실은 영역간의 중첩된 결과에서 4가지 영역 중에서 언어 영역이 포함될 때 학생의 수가 증가된 것이다. 이는 언어영역에서 상위 20%이상에 해당되는 학생수가 다른 영역의 학생수에 비해 많기 때문이다(언어 137명, 과학 61명, 수학 73명, 미술, 78명).

　이와 반대로 저창의성 집단, 즉 하위 20%이하에서 2개 영역이상 중첩된 학생수를 규명한 결과를 <표 4-4>와 [그림 4-6]에 제시하였다. 이중에서 3개 영역이상 중첩된 학생수는 6명~14명(0.8~2.1%)으로 나타났으며, 4개 영역 모두 우수한 창의성을 보인 학생은 전체적으로 4명(0.6%)으로 극소수에 불과했다.

　두 집단의 결과를 종합 분석해보면, 첫째, 3개 영역이상에서 중첩된 학생의 수가 고창의성 집단이 저창의성집단에 비해 학생수가 조금 많기는 해도 극소수에 불과하다는 것이다. 이는 영역-일반성을 지지하기 어려운 결과로 해석된다. 둘째, 고창의성 집단은 저창의성 집단에 비해 한개 영역에서 우수한 창의적 수행을 보인 학생의 수가 저창의성 집단보다 적은 것으로 나타났다. 이는 위의 [그림 4-1], [그림 4-2], [그림 4-3], [그림 4-4]의 창의성 점수의 분포(히스토그램)에서 본 결과와 일치한다. 셋째,

66

고창의성 집단에서 2개 이상의 영역에서 중첩된 학생의 수가 저창의성 집단보다 많은 것으로 나타났다. 이는 고창의성 집단이 저창의성 집단에 비해 영역-일반성의 경향이 많다는 것을 보여준다.

학년별로 영역별 상위 20%이상에서 2개 영역이상 중첩된 학생수는 <표 4-5>, <표 4-6>, <표 4-7>과 [그림 4-7], [그림 4-8], [그림 4-9]에 제시되어 있다. 학년별로 상위 20%에서 2개 영역 이상 중첩된 학생은 초 3은 19.13%, 중 1은 23.88%, 고 1은 23.21%로 학년과 무관하게 고른 중첩의 분포를 나타냈다. 그러나 4개 영역 모두 상위 20%이상의 점수를 획득한 학생의 비율은 초 3은 3.47%, 중 1은 4.5%, 고 1은 2.9%로 극소수에 불과했다.

<표 4-3> 상위 20%이상의 영역별 중첩된 학생수

| 영역 | 2개 영역 | | | | | | 3개 영역 | | | | 4개 영역 |
|---|---|---|---|---|---|---|---|---|---|---|---|
| | 언어 × 과학 | 언어 × 수학 | 언어 × 미술 | 과학 × 수학 | 과학 × 미술 | 수학 × 미술 | 언어 × 과학 × 수학 | 언어 × 과학 × 미술 | 언어 × 수학 × 미술 | 과학 × 수학 × 미술 | 언어× 과학× 수학× 미술 |
| n | 41 | 38 | 39 | 20 | 23 | 28 | 16 | 23 | 18 | 15 | 9 |
| % | 6.13 | 5.68 | 5.83 | 2.99 | 3.44 | 4.19 | 2.39 | 3.44 | 2.69 | 2.26 | 1.34 |

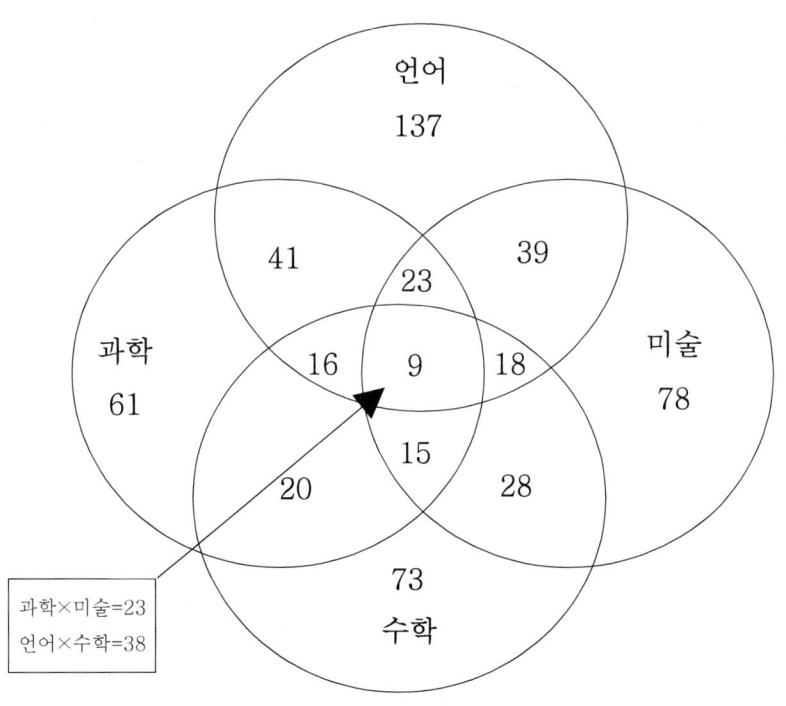

[그림 4-5] 영역별 상위 20%이상의 중첩도

<표 4-4> 영역별 하위 20%이하의 중첩된 전체 학생수(N=668)

| 영역 | 2개 영역 | | | | | | 3개 영역 | | | | 4개 영역 |
|---|---|---|---|---|---|---|---|---|---|---|---|
| | 언어 × 과학 | 언어 × 수학 | 언어 × 미술 | 과학 × 수학 | 과학 × 미술 | 수학 × 미술 | 언어 × 과학 × 수학 | 언어 × 과학 × 미술 | 언어 × 수학 × 미술 | 과학 × 수학 × 미술 | 언어× 과학× 수학× 미술 |
| n | 31 | 28 | 25 | 21 | 24 | 25 | 9 | 6 | 14 | 7 | 4 |
| % | 4.6 | 4.2 | 3.8 | 3.2 | 3.6 | 3.8 | 1.3 | 0.8 | 2.1 | 1.1 | 0.6 |

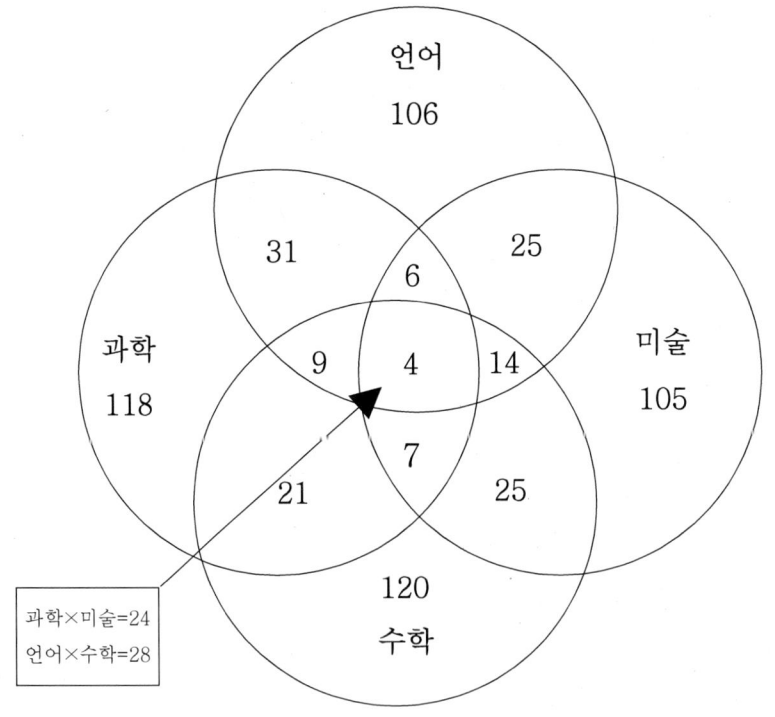

[그림 4-6] 영역별 하위 20%이하의 중첩도

<표 4-5> 초 3의 영역별 상위 20% 이상의 중첩된 학생수(N=230)

| 영역 | 2개 영역 | | | | | | 3개 영역 | | | | 4개 영역 |
|---|---|---|---|---|---|---|---|---|---|---|---|
| | 언어 × 과학 | 언어 × 수학 | 언어 × 미술 | 과학 × 수학 | 과학 × 미술 | 수학 × 미술 | 언어 × 과학 × 수학 | 언어 × 과학 × 미술 | 언어 × 수학 × 미술 | 과학 × 수학 × 미술 | 언어 × 과학 × 수학× 미술 |
| n | 24 | 32 | 18 | 26 | 16 | 26 | 20 | 8 | 18 | 12 | 8 |
| % | 9.58 | 13.9 | 7.8 | 11.3 | 6.95 | 11.3 | 8.69 | 3.47 | 7.82 | 5.2 | 3.47 |

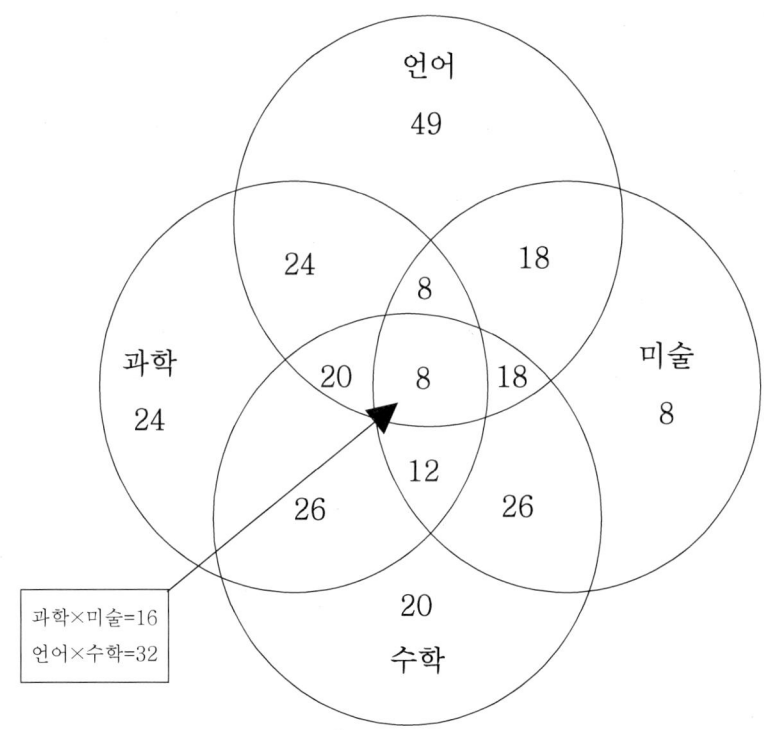

[그림 4-7] 초 3의 영역별 상위 20%이상의 중첩도

70

<표 4-6> 중 1의 영역별 상위 20%이상의 중첩된 학생수(N=201)

| 영역 | 2개 영역 | | | | | | 3개 영역 | | | | 4개 영역 |
|---|---|---|---|---|---|---|---|---|---|---|---|
| | 언어<br>×<br>과학 | 언어<br>×<br>수학 | 언어<br>×<br>미술 | 과학<br>×<br>수학 | 과학<br>×<br>미술 | 수학<br>×<br>미술 | 언어<br>×<br>과학<br>×<br>수학 | 언어<br>×<br>과학<br>×<br>미술 | 언어<br>×<br>수학<br>×<br>미술 | 과학<br>×<br>수학<br>×<br>미술 | 언어×<br>과학×<br>수학×<br>미술 |
| n | 27 | 21 | 18 | 21 | 18 | 21 | 15 | 15 | 12 | 9 | 9 |
| % | 13.4 | 10.4 | 8.9 | 10.4 | 8.9 | 10.4 | 7.5 | 7.5 | 5.9 | 4.5 | 4.5 |

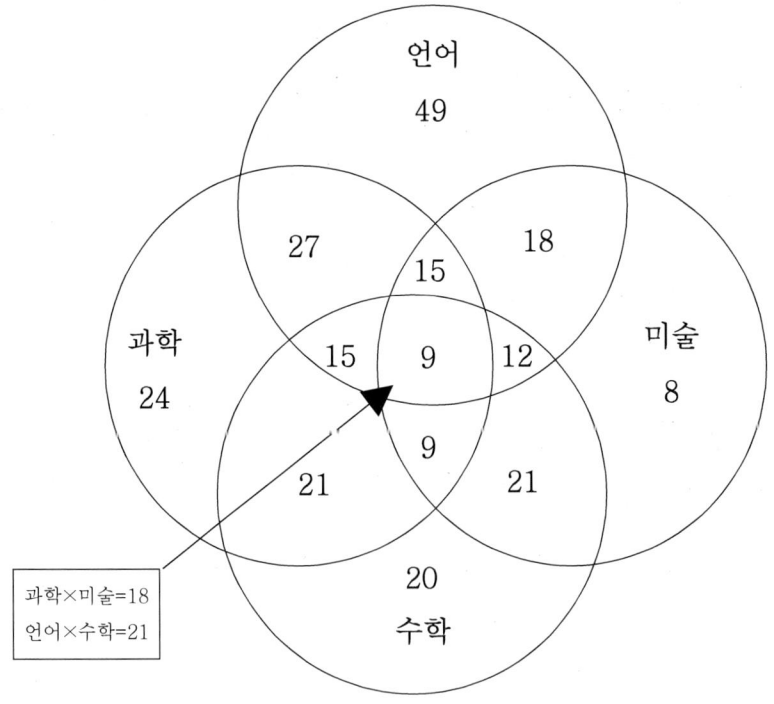

[그림 4-8] 중 1의 영역별 상위 20%이상의 중첩도

<표 4-7> 고 1의 영역별 상위 20%의 학생 중첩수와 비율(N=237)

| 영역 | 2개 영역 | | | | | | 3개 영역 | | | | 4개 영역 |
|---|---|---|---|---|---|---|---|---|---|---|---|
| | 언어 × 과학 | 언어 × 수학 | 언어 × 미술 | 과학 × 수학 | 과학 × 미술 | 수학 × 미술 | 언어 × 과학 × 수학 | 언어 × 과학 × 미술 | 언어 × 수학 × 미술 | 과학 × 수학 × 미술 | 언어× 과학× 수학× 미술 |
| n | 18 | 13 | 20 | 29 | 19 | 17 | 7 | 11 | 10 | 11 | 7 |
| % | 7.6 | 5.5 | 8.4 | 12.2 | 8.0 | 7.2 | 2.9 | 4.6 | 4.2 | 4.6 | 2.9 |

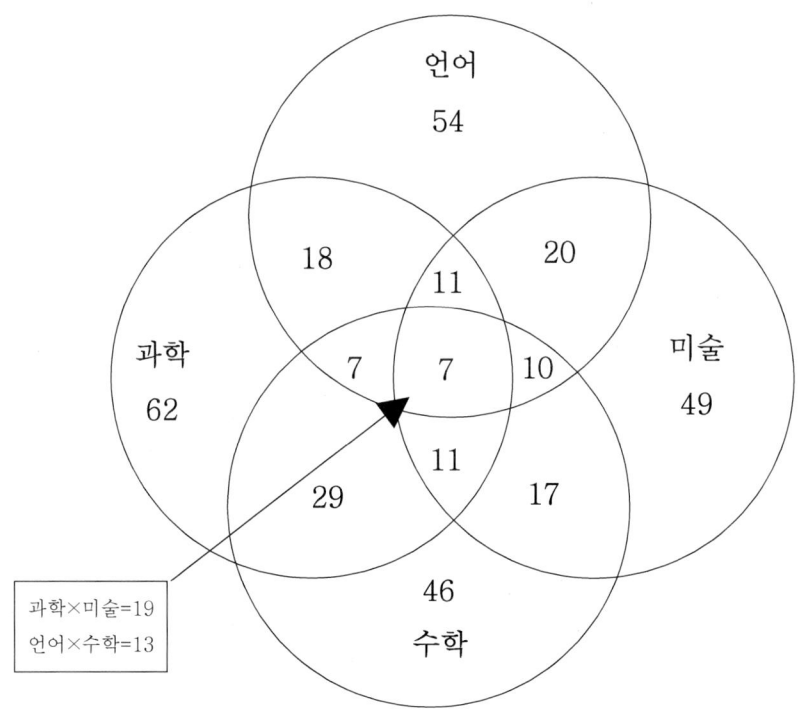

[그림 4-9] 고 1의 영역별 상위 20%이상의 중첩도

## 4. 영역-일반성의 확산적 사고의 변인 간의 상관관계

### 가. 전체학생

영역 일반성의 확산적 사고능력을 측정하기 위한 검사인 TTCT 의 변인들 간의 Pearson 적률상관계수가 <표 4-8>에 제시되었 다. 모든 변인 간에 유의하게 높은 상관관계가 나타났다. 창의성 평균표준점수와 상관관계가 높은 순으로 독창성(.803) > 유창성 (.692) > 성급한 종결에 대한 저항(.590) > 제목추상성(.493) > 정교성(.414) 순으로 높은 상관관계를 보였다.

그리고 유창성은 독창성(.63), 제목추상성(.439), 정교성(.544), 성급한 종결에 대한 저항(.541)과 다소 높은 상관관계를 나타냈 다. 그리고 제목추상성은 정교성(.848) 및 성급한 종결에 대한 저항(.817)간의 높은 상관관계를 보였으며, 정교성은 성급한 종 결에 대한 저항(.89)과 높은 상관관계가 나타났다. 반면에, 독창 성은 제목추상성, 정교성, 성급한 종결에 대한 저항 간의 낮은 상관관계를 나타내고 있다.

<표 4-8> 전체학생의 영역-일반성의 확산적 사고 변인 간의
상관행렬표

| | 유창성 | 독창성 | 제목추상성 | 정교성 | 성급한 종결 | 창의성평균 표준점수 |
|---|---|---|---|---|---|---|
| 유창성 | - | .630$^{**}$ | .439$^{**}$ | .544$^{**}$ | .541$^{**}$ | .692$^{**}$ |
| 독창성 | | - | .102$^{**}$ | .192$^{**}$ | .251$^{**}$ | .803$^{**}$ |
| 제목추상성 | | | - | .848$^{**}$ | .817$^{**}$ | .493$^{**}$ |
| 정교성 | | | | - | .890$^{**}$ | .414$^{**}$ |
| 성급한 종결 | | | | | - | .590$^{**}$ |
| 창의성 평균표준점수 | | | | | | - |

$^{**}$ p< .01

## 나. 고 창의성 집단 vs. 저 창의성 집단

고창의성 집단과 저창의성 집단간의 확산적 사고의 변인간의 Pearson 적률상관계수가 <표 4-9>, <표 4-10>에 제시되었다.

고창의성 집단의 제목추상성과 독창성(.188)간, 제목추상성과 유창성(.280)간의 낮은 상관관계를 제외하고는 대체로 .461~.839 의 상관관계를 보이고 있다. 저창의성 집단에서도 확산적 사고의 변인간의 .369 ~ .799의 상관관계로 나타났다.

<표 4-9> 고 창의성 집단의 확산적 사고의 변인 간의 상관행렬표

|  | 유창성 | 독창성 | 제목<br>추상성 | 정교성 | 성급한<br>종결 | 창의성평균<br>표준점수 |
|---|---|---|---|---|---|---|
| 유창성 | - | 540** | .280** | .577** | .598** | .734** |
| 독창성 |  | - | .188* | .461** | .560** | .728** |
| 제목추상성 |  |  | - | .494** | .609** | .656** |
| 정교성 |  |  |  | - | .680** | .822** |
| 성급한 종결 |  |  |  |  | - | .839** |
| 창의성<br>평균표준점수 |  |  |  |  |  | - |

** p< .01

<표 4-10> 저 창의성 집단의 확산적 사고의 변인 간의
상관행렬표

|  | 유창성 | 독창성 | 제목<br>추상성 | 정교성 | 성급한<br>종결 | 창의성평균<br>표준점수 |
|---|---|---|---|---|---|---|
| 유창성 | - |  |  |  |  |  |
| 독창성 | .751** | - |  |  |  |  |
| 제목추상성 | .360** | .474** | - |  |  |  |
| 정교성 | .393** | .653** | .168** |  |  |  |
| 성급한 종결 | .461** | .487** | .360** | .572** | - |  |
| 창의성<br>평균표준점수 | .572** | .793** | .674** | .799** | .725** | - |

** p< .01

## 다. 학년별

　학년별 영역-일반성의 확산적 사고의 변인간의 Pearson 적률상
관계수가 <표 4-11>에 제시되었다. 창의성의 평균표준점수와 각
변인간의 상관관계에서는 학년별로 높은 순서로는 고 1(.713~.880)
> 초 3(.595~.842) > 중 1(.195~.463, 독창성(.814) 제외)의 순으
로 높았다.

　이를 학년별로 살펴보면 초 3에서는 창의성의 평균점수가 유
창성(.595)를 제외하고는 .7이상의 유의한(p<.01) 높은 상관관계
가 나타났다. 중 1에서는 독창성이 창의성의 평균점수간의 .814
의 유의한(p<.01) 높은 상관관계를 나타낸 반면, 다른 변인들은
창의성의 평균점수와의 상관관계가 그리 높지 않았다. 특히, 제
목추상성은 정교성(.983)과 성급한 종결에 대한 저항(.916)간의,
또한 정교성과 성급한 종결에 대한 저항(.968)간의 아주 높은
상관관계를 보이고 있다. 반면 독창성은 유창성변인(.234)을 제
외하고, 다른 변인간은 아주 낮은 상관이기는 하나, 부적 상관관
계를 보였다.

　마지막으로, 고 1에서는 모든 변인들이 창의성 평균표준점수
와 유의한(p<.01) 높은 상관관계(.713~.880)를 보였다. 변인간
의 상관계수도 .368~.798의 상관관계를 보였다.

76

<표 4-11> 학년별 확산적 사고의 변인 간의 상관행렬표

|  | | 유창성 | 독창성 | 제목<br>추상성 | 정교성 | 성급한<br>종결 | 창의성평균<br>표준점수 |
|---|---|---|---|---|---|---|---|
| 초 3 | 유창성 | - | .519** | .412** | .386** | .318** | .595** |
| | 독창성 | | - | .478** | .533** | .473** | .775** |
| | 제목추상성 | | | - | .539** | .441** | .725** |
| | 정교성 | | | | - | .637** | .842** |
| | 성급한 종결 | | | | | - | .758** |
| | 창의성<br>평균표준점수 | | | | | | - |
| 중 1 | 유창성 | - | .234** | .563** | .687** | .607** | .463** |
| | 독창성 | | - | -.180* | -.106 | -.053 | .814** |
| | 제목추상성 | | | - | .983** | .916** | .195** |
| | 정교성 | | | | - | .968** | .237** |
| | 성급한 종결 | | | | | - | .280** |
| | 창의성<br>평균표준점수 | | | | | | - |
| 고 1 | 유창성 | - | .785** | .369** | .660** | .590** | .713** |
| | 독창성 | | - | .509** | .797** | .708** | .880** |
| | 제목추상성 | | | - | .564** | .648** | .726** |
| | 정교성 | | | | - | .798** | .862** |
| | 성급한 종결 | | | | | - | .861** |
| | 창의성<br>평균표준점수 | | | | | | - |

** p< .01

# 5. 영역-특수성의 영역 간의 상관관계

4개 영역간의 상관분석에서 개인의 창의적 수행수준은 모든 영역에 걸쳐 유사한 수준으로 나타날 것이라는, 즉 어느 한 영역에서 우수한 개인은 다른 영역에서도 우수한 수행수준이 나타날 것이라는 영역-일반성이 지지되기 위해서는 영역간의 상관계수가 높아야 할 것으로 예측되었다. 반대로 각 영역마다의 고유한 인지적 능력과 기술 및 이해가 요구된다는 영역-특수성의 견해가 지지되기 위해서는 4개 영역 간의 상관관계가 아주 낮거나 무의미한 상관관계로 나타날 것이다.

## 가. 전체학생

전체학생의 창의성의 영역-특수성을 규명하기 위해 언어, 과학, 수학, 미술의 4개 영역간의 Pearson 적률상관계수가 <표 4-12>에 제시되었다. 4개 영역간의 상관관계가 전체적으로 .365~.614(p<.01)의 다소 높은 유의한 상관관계를 보이고 있는 것으로 나타났다. 또한 영역 간의 상관관계를 살펴보면 언어영역과 수학영역간의 상관관계(.614) 및 과학영역과 미술영역간의 상관관계(.562)가 다소 높은 것으로 나타났다.

<표 4-12> 전체학생의 영역 간의 상관행렬표

|  | 언어영역 | 과학영역 | 수학영역 | 미술영역 |
|---|---|---|---|---|
| 언어영역 | – | .365** | .614** | .388** |
| 과학영역 |  | – | .432** | .562** |
| 수학영역 |  |  | – | .462** |
| 미술영역 |  |  |  | – |

** p< .01

## 나. 고 창의성 집단 vs. 저 창의성 집단

고창의성 집단과 저창의성 집단간의 영역성을 규명하기 위해 4개 영역간의 Pearson 적률상관계수가 <표 4-13>, <표 4-14>에 제시되었다. 집단별로 살펴보면, 고창의성 집단에서는 미술영역과 수학영역간의 상관이 .324로 다소 높은 상관을 제외하고는 영역간의 상관이 아주 낮은 수치로 나타났다. 또한 저창의성 집단에서도 언어영역과 과학영역의 상관이 .350으로 다소 높은 상관이 나타난 것을 제외하고는 다른 영역들 간의 상관은 거의 없는 것으로 나타났다.

<표 4-13> 고 창의성 집단의 영역 간의 상관행렬표

|  | 언어영역 | 과학영역 | 수학영역 | 미술영역 |
|---|---|---|---|---|
| 언어영역 | - | -.006 | .141 | .242** |
| 과학영역 |  | - | .062 | -.203* |
| 수학영역 |  |  | - | .324** |
| 미술영역 |  |  |  | - |

* p< .05        ** p< .01

<표 4-14> 저 창의성 집단의 영역 간의 상관행렬표

|  | 언어영역 | 과학영역 | 수학영역 | 미술영역 |
|---|---|---|---|---|
| 언어영역 | - |  |  |  |
| 과학영역 | .350** | - |  |  |
| 수학영역 | -.084 | .092 | - |  |
| 미술영역 | -.178 | 0.02 | -.140 | - |

* p< .05        ** p< .01

## 다. 학년별

학년별 창의성의 영역-특수성을 규명하기 위하여 4개 영역간의 Pearson 적률상관계수가 <표 4-15>에 제시되었다. 학년별로 살펴보면, 초 3은 언어영역과 수학영역간의 상관계수가 .690으로 가장 높게 나타났다. 중 1은 언어영역과 수학영역간의 상

관이 .630, 수학영역과 미술영역간의 상관이 .610으로 높게 나
타났다. 고 1에서는 수학영역과 과학영역간의 상관계수가 .444,
과학영역과 미술영역이 .484로 다소 높게 나타났다.

<표 4-15> 학년별 영역 간의 상관행렬표

|  |  | 언어영역 | 과학영역 | 수학영역 | 미술영역 |
|---|---|---|---|---|---|
| 초 3 | 언어영역 | - | .332$^{**}$ | .690$^{**}$ | .351$^{**}$ |
|  | 과학영역 |  | - | .520$^{**}$ | .241$^{**}$ |
|  | 수학영역 |  |  | - | .299$^{**}$ |
|  | 미술영역 |  |  |  | - |
| 중 1 | 언어영역 | - | .481$^{**}$ | .630$^{**}$ | .472$^{**}$ |
|  | 과학영역 |  | - | .475$^{**}$ | .462$^{**}$ |
|  | 수학영역 |  |  | - | .610$^{**}$ |
|  | 미술영역 |  |  |  | - |
| 고 1 | 언어영역 | - | .198$^{**}$ | .321$^{**}$ | .297$^{**}$ |
|  | 과학영역 |  | - | .444$^{**}$ | .484$^{**}$ |
|  | 수학영역 |  |  | - | .300$^{**}$ |
|  | 미술영역 |  |  |  | - |

$^{**}$ $p < .01$

# 6. 확산적 사고의 변인과 영역 간의 상관관계

영역-일반성의 확산적 사고의 변인들과 영역-특수성의 영역간의 상관관계에서, 만약 영역-일반성이 지지되려면 확산적 사고의 62변인이 모든 영역과 유의한 수준에서 높은 상관관계가 나타나야 할 것이다. 또한 영역별로 고유의 창의적 수행기술과 이해가 요구된다는 영역-특수성의 견해가 지지되기 위해서는, 창의성의 모든 영역에 적용 가능하다는 영역-일반성의 확산적 사고의 변인과 4개 영역과는 상관관계가 아주 낮거나 무의미하게 나타나야 할 것이다.

## 가. 전체학생

전체학생의 영역-일반성의 확산적 사고의 변인과 영역-특수성의 영역 간의 상관관계를 규명하기 위하여, Pearson 적률상관계수를 산출하였다. 산출된 결과가 <표 4-16>에 제시되었다. 확산적 사고의 5개 변인의 평균점수인 창의성의 평균표준점수가 4개 영역에 걸쳐 다소 높은 상관관계(.330~.475 p<.01)와 고른 상관분포를 나타내고 있다.

또한 독창성 변인이 다른 변인들에 비하여, 4개 영역에 걸쳐 다소 높은 상관관계(.425~.576, p<.01)를 보이고 있다. 또한 확산적 사고의 각 변인과 4개 영역의 창의적 수행간의 상관관계가 영역의 고유한 특성과는 무관하게 고른 상관분포를 보이고 있다.

<표 4-16> 전체학생의 확산적 사고의 변인과 영역 간의
상관행렬표

|  | 유창성 | 독창성 | 제목 추상성 | 정교성 | 성급한 종결 | 창의성 평균표준 점수 |
|---|---|---|---|---|---|---|
| 언어영역 | .367** | .432** | .158** | .203** | .250** | .413** |
| 과학영역 | .339** | .576** | .286** | .296** | .274** | .475** |
| 수학영역 | .242** | .455** | .243** | .245** | .239** | .423** |
| 미술영역 | .202** | .425** | .243** | .282** | .177** | .330** |

** p< .01

## 나. 고 창의성 집단 vs. 저 창의성 집단

고창의성 집단과 저창의성 집단에서의 확산적 사고의 변인과 4개 영역간의 Pearson 적률상관계수가 <표 4-17>, <표 4-18>에 제시되었다. 고창의성 집단에서는 확산적 사고의 5개 변인의 평균표준점수에 해당되는 창의성 표준평균점수와 각 영역간의 상관이 .21~.30(p<.01)으로 모든 영역에 걸쳐 분포되어 있고, 다소 낮은 상관관계인 것으로 나타났다. 그중에서도 정교성과 언어영역간의 상관관계만이 .45로 다소 높게 나타났다.

저창의성 집단에서는 창의성 표준평균점수와 과학영역간의 상관만이 .56(p<.01)으로 유의하게 나타났으며, 수학영역간의 상관은 -.63이지만 유의한 수준이 아닌 것으로 밝혀졌다. 미술영역은 .22, 언어영역은 .05로 상관이 없는 것으로 나타났다. 여기서 특이한 것은 비록 상관관계가 낮긴 하나, 고창의성 집단에 비해 저창의성 집단에서 부적 상관관계가 많이 나타났다는 것이다.

<표 4-17> 고 창의성 집단의 확산적 사고의 변인과 영역 간의
상관행렬표

| | 유창성 | 독창성 | 제목<br>추상성 | 정교성 | 성급한<br>종결 | 창의성<br>평균표준<br>점수 |
|---|---|---|---|---|---|---|
| 언어영역 | .02 | .18** | .11 | .45** | .19* | .28** |
| 과학영역 | .35** | .15 | .09 | .19** | .31** | .23** |
| 수학영역 | .24** | .22* | -.11 | .13 | .12 | .21* |
| 미술영역 | .28** | .21* | .03 | .25** | .21* | .30** |

** p< .01

<표 4-18> 저 창의성 집단의 확산적 사고의 변인과 영역 간의
상관행렬표

| | 유창성 | 독창성 | 제목<br>추상성 | 정교성 | 성급한<br>종결 | 창의성<br>평균표준<br>점수 |
|---|---|---|---|---|---|---|
| 언어영역 | .01 | .07 | .19* | .01 | -.13 | .05 |
| 과학영역 | .28** | .52** | .51** | .29** | .31** | .56** |
| 수학영역 | .07 | -.08 | -.13 | -.21 | .08 | -.63 |
| 미술영역 | -.09 | .33** | -.02 | .34** | -.01 | .22* |

** p< .01

## 다. 학년별

학년별로 영역-일반성의 확산적 사고의 변인과 영역-특수성의 영역 간의 Pearson 적률상관계수를 산출하였으며, 이를 <표 4-19>에 제시하였다. 학년별로 살펴보면, 초 3에서는 5개 변인의 평균점수인 창의성 평균표준점수와 3개 영역간의 상관이 .407 ~.595(p<.01, 수학영역(.176)은 제외)이 나타났다. 특히 독창성과 정교성 변인이 과학영역에서는 .466, .403으로 나타났으며, 수학 영역에서는 .415, .420으로 다소 높게 나타났다.

중 1에서는 창의성 평균표준점수와 3개 영역간의 상관(.407 ~.445 (p<.01, 미술영역(.176)은 제외)이 나타났다. 특히 독창성 변인이 4개 영역에 걸쳐 .378~.479(p<.01)로 고른 상관분포를 보이고 있는 것으로 나타났다.

고 1에서는 창의성 평균표준점수와 과학영역간의 상관(.460, p<.01)만이 다소 높은 상관관계를 보이고 있다. 언어영역과 제목의 추상성간의 상관이 .417로 나타났으며, 과학영역에서는 독창성(.512), 제목추상성(.447), 정교성(.409)간의 상관이 다소 높은 것으로 나타났다.

<표 4-19> 학년별 확산적 사고의 변인과 영역 간의 상호상관행렬

|  |  | 유창성 | 독창성 | 제목 추상성 | 정교성 | 성급한 종결 | 창의성 평균표 준점수 |
|---|---|---|---|---|---|---|---|
| 초 3 | 언어영역 | .252** | .382** | .349** | .321** | .288** | .407** |
|  | 과학영역 | .176** | .466** | .324** | .415** | .283** | .447** |
|  | 수학영역 | .187** | .403** | .245** | .420** | .234** | .176** |
|  | 미술영역 | .029 | .211** | -.045 | .217** | .241** | .595** |
| 중 1 | 언어영역 | .058 | .378** | .066 | .148* | .106 | .407** |
|  | 과학영역 | .178* | .442** | .132 | .161* | .209** | .447** |
|  | 수학영역 | .250** | .479** | .198** | .247** | .254** | .445** |
|  | 미술영역 | .147* | .473** | .169* | .146* | .157* | .176** |
| 고 1 | 언어영역 | .159* | .165* | .417** | .350** | .227** | .223** |
|  | 과학영역 | .360** | .512** | .447** | .409** | .337** | .460** |
|  | 수학영역 | .136* | .207** | .371** | .102 | .223** | .204** |
|  | 미술영역 | .278** | .295** | .276** | .342** | .217** | .269** |

** $p < .01$

# 7. 영역-특수성에 대한 영역-일반성의 설명력

지금까지는 창의성의 영역-일반성 및 영역-특수성의 관계를 규명하기 위해 (1) 영역간의 중첩관계, (2) 영역-일반성의 확산적 변인간의 상관관계, (3) 영역-특수성의 영역간의 상관관계, (4) 영역-일반성의 변인과 영역-특수성의 영역간의 상관관계를 규명하였다.

여기서는 전체학생을 대상으로 영역-특수성에 대하여 영역-일반성이 어느 정도 설명력이 있으며 상대적인 예측력이 있는가를 규명하였다. 만약에, 영역-일반성이 지지되려면 4개 영역에 대한 확산적 사고의 변인의 설명력 혹은 예측력이 어느 정도 높아야 할 것이다. 또한 영역-특수성이 지지되려면 설명력이 유의하지 않거나, 낮게 나타나야 할 것이다.

## 가. 전체학생

확산적 사고의 변인들의 점수를 독립변인으로 하고, 각 영역별 창의성 점수를 종속변수로 하였으며, 변수의 투입은 Enter 방식으로 하여 중다회귀분석을 실시하였다. 전체학생을 대상으로 실시한 결과는 <표 4-20>에 제시되었다.

분석결과, 영역-일반성의 확산적 사고가 과학(27.2%) > 수학(19.9%) > 언어(16.7%) > 미술(15.9%)의 순으로 $p < .001$ 수준에서 모두 유의하게 설명력이 있는 것으로 나타났다. 특히 언어, 과학, 미술의 3개 영역을 설명하고 예측하는 독립변인 중에서 독창성의 β값이 .309~.480($p < .01$), 정교성의 β값이 .240~.436($p <$

.05)으로 다른 확산적 사고의 변인에 비하여 설명력이 높은 변인
인 것으로 나타났다.

<표 4-20> 전체학생의 영역-특수성에 대한 영역-일반성이 미치는
영향에 대한 중다회귀분석

| 종속변인 | 독립변인 | β | t | p | $R^2$ |
|---|---|---|---|---|---|
| 언어영역 | 유창성 | -.147 | -.2930 | .004 | .167*** |
| | 독창성 | .339 | 3.540 | .000 | |
| | 제목추상성 | .036 | .498 | .619 | |
| | 정교성 | .436 | 4.752 | .000 | |
| | 성급한 종결 | -.358 | -4.138 | .000 | |
| | 창의성 평균점수 | .215 | 2.927 | .004 | |
| 과학영역 | 유창성 | -.209 | -4.459 | .000 | .272*** |
| | 독창성 | .480 | 7.592 | .000 | |
| | 제목추상성 | .077 | 1.133 | .258 | |
| | 정교성 | .240 | 2.793 | .005 | |
| | 성급한 종결 | -.111 | -1.375 | .169 | |
| | 창의성 평균점수 | .101 | 1.466 | .143 | |
| 수학영역 | 유창성 | -.077 | -1.568 | .117 | .199*** |
| | 독창성 | .320 | 1.793 | .073 | |
| | 제목추상성 | .139 | 1.937 | .053 | |
| | 정교성 | .180 | 2.001 | .046 | |
| | 성급한 종결 | -.198 | -2.333 | .020 | |
| | 창의성 평균점수 | .344 | 4.735 | .000 | |
| 미술영역 | 유창성 | -.055 | -1.064 | .288 | .159*** |
| | 독창성 | .309 | 3.001 | .003 | |
| | 제목추상성 | .004 | .051 | .959 | |
| | 정교성 | .293 | 2.022 | .044 | |
| | 성급한 종결 | -.102 | -1.147 | .252 | |
| | 창의성 평균점수 | .165 | 2.156 | .031 | |

*** p< .001

## 나. 고 창의성 집단 vs. 저 창의성 집단

창의적 수행수준이 우수한 고창의성 집단과 하지 못한 저창의 성 집단에서 확산적 사고의 변인이 각 영역을 얼마나 설명하고 상대적으로 예측하는가를 살기 위해, 중다회귀분석을 실시한 결 과가 <표 4-21>, <4-22>에 제시되었다.

고창의성 집단에서는 영역-일반성의 확산적 사고가 언어영역 (31.8%) > 수학영역(19.5%) > 미술영역(18,8%) > 과학영역 (17.7%)의 순으로 유의한 수준(p<.001)에서 설명력이 높게 나타 났다.

반면에 저창의성 집단에서는 미술 영역(42.2%, p<.001)만 높 게 나타났으며, 수학영역(13.6%), 과학영역(17.7%)은 유의하지 못한 수준에서 나타났다.

각 영역별로 확산적 사고의 변인의 β값은 살펴보면
(1) 언어영역에서의 고창의성 집단에서는 창의성 평균표준점 수가 -.556, 정교성이 .541, 유창성이 -.503이며, 저창의 성 집단에서는 그리 높지 않았다.
(2) 과학영역에서의 고창의성 집단에서는 창의성 평균표준점 수가 .411, 성급한 종결에 대한 저항은 .408, 유창성이 .388이며, 저창의성 집단에서는 창의성 평균표준점수가 .560, 독창성은 .551, 정교성이 -.468로 나타났다.
(3) 수학영역에서의 고창의성 집단에서는 창의성 평균표준점 수가 1.543, 제목추상성이 -.715, 독창성은 -.434, 정교 성이 -.427이며, 저창의성 집단에서는 정교성이 .442로 나타났다.

(4) 미술영역에서의 고창의성 집단에서는 창의성 평균표준점
수가 1.493, 제목추상성은 -.595, 독창성이 -.491이며,
저창의성 집단에서는 독창성이 .643, 유창성은 -.610으로
나타났다.

<표 4-21> 고 창의성 집단의 영역-일반성이 영역-특수성에
미치는 영향에 대한 중다회귀분석

| 종속변인 | 독립변인 | β | t | R² |
|---|---|---|---|---|
| 언어영역 | 유창성 | -.503 | -3.737*** | .318*** |
| | 독창성 | -.076 | -.449 | |
| | 제목추상성 | -.296 | -1.869 | |
| | 정교성 | .541 | 3.284*** | |
| | 성급한 종결 | -.120 | -.837 | |
| | 창의성평균표준점수 | -.556 | 1.396 | |
| 과학영역 | 유창성 | .388 | 2.618** | .170*** |
| | 독창성 | -.001 | -.008 | |
| | 제목추상성 | -.019 | -.110 | |
| | 정교성 | .039 | .214 | |
| | 성급한 종결 | .408 | 2.569 | |
| | 창의성평균표준점수 | .411 | -.937 | |
| 수학영역 | 유창성 | -.144 | -.983 | .195*** |
| | 독창성 | -.434 | -2.349* | |
| | 제목추상성 | -.715 | -4.160*** | |
| | 정교성 | -.427 | -2.385* | |
| | 성급한 종결 | -.117 | -.751 | |
| | 창의성평균표준점수 | 1.543 | 3.570*** | |
| 미술영역 | 유창싱 | -.135 | -.918 | .188*** |
| | 독창성 | -.491 | -2.645** | |
| | 제목추상성 | -.595 | -3.449*** | |
| | 정교성 | -.289 | -.609 | |
| | 성급한 종결 | -.134 | -.852 | |
| | 창의성평균표준점수 | 1.493 | 3.440*** | |

* p< .05.  ** p< .01.  *** p< .001.

<표 4-22> 저 창의성집단의 영역-일반성이 영역-특수성에 미치는 영향에 대한 중다회귀분석

| 종속변인 | 독립변인 | β | t | $R^2$ |
|---|---|---|---|---|
| 언어영역 | 유창성 | .171 | 1.093 | .100 |
| | 독창성 | -.091 | -.417 | |
| | 제목추상성 | .212 | 1.501 | |
| | 정교성 | -.019 | -.115 | |
| | 성급한 종결 | -.326 | -2.073* | |
| | 창의성평균표준점수 | .133 | .442 | |
| 과학영역 | 유창성 | -.342 | -2.58** | .047*** |
| | 독창성 | .551 | 3.131*** | |
| | 제목추상성 | .213 | 1.966 | |
| | 정교성 | -.468 | -3.654*** | |
| | 성급한 종결 | -.021 | -.172 | |
| | 창의성평균표준점수 | .560 | 2.423* | |
| 수학영역 | 유창성 | .181 | 1.182 | .136 |
| | 독창성 | -.193 | -.909 | |
| | 제목추상성 | -.199 | -1.436 | |
| | 정교성 | .442 | -2.698** | |
| | 성급한 종결 | .156 | 1.014 | |
| | 창의성평균표준점수 | .360 | 1.220 | |
| 미술영역 | 유창성 | -.610 | -5.815*** | .422*** |
| | 독창성 | .643 | 3.679*** | |
| | 제목추상성 | -.356 | -2.882** | |
| | 정교성 | .175 | 1.283 | |
| | 성급한 종결 | -.305 | -2.251 | |
| | 창의성평균표준점수 | .371 | 1.326 | |

* p< .05.  ** p< .01.  *** p< .001.

## 다. 학년별

학년별 TTCT의 변인들의 점수를 독립변인으로 하고, 각 영역별 창의성 점수를 종속변수로 한 중다회귀분석의 결과가 <표 4-23>, <표4-24>, <표 4-25>에 제시되어 있다.

학년별 영역-특수성에 대한 영역-일반성의 확산적 사고의 상대적인 예측력 및 설명력이 중 1(30.5%~38.9%) > 고 1(19.8%~34.6%) > 초 3(14.4%~27.4%)의 순으로 유의한 수준(p< .001)에서 높은 것으로 밝혀졌다. 이러한 분석결과는 학년별 영역간의 상관분석 결과와도 일치하는 것이다.

<표 4-23> 초 3의 영역-일반성이 영역-특수성에 미치는 영향에
대한 중다회귀분석

| 종속변인 | 독립변인 | β | t | p | $R^2$ |
|---|---|---|---|---|---|
| 언어<br>영역 | 유창성 | .030 | .365 | .716 | .189*** |
| | 독창성 | .251 | 2.137 | .034 | |
| | 제목추상성 | .191 | 1.870 | .063 | |
| | 정교성 | .088 | .648 | .518 | |
| | 성급한 종결 | .079 | .712 | .477 | |
| | 창의성평균표준점수 | -.079 | -.266 | .790 | |
| 과학<br>영역 | 유창성 | .042 | -1.646 | .101 | .274*** |
| | 독창성 | .039 | 3.753 | .000 | |
| | 제목추상성 | .035 | 1.084 | .279 | |
| | 정교성 | .053 | 2.191 | .029 | |
| | 성급한 종결 | .044 | -.284 | .777 | |
| | 창의성평균표준점수 | .070 | -.327 | .744 | |
| 수학<br>영역 | 유창성 | -.196 | -2.494 | .013 | .271*** |
| | 독창성 | .032 | .290 | .772 | |
| | 제목추상성 | -.240 | -2.470 | .014 | |
| | 정교성 | .033 | .258 | .797 | |
| | 성급한 종결 | -.355 | -3.390 | .001 | |
| | 창의성평균표준점수 | .951 | 3.378 | .001 | |
| 미술<br>영역 | 유창성 | -.039 | -.455 | .649 | .144*** |
| | 독창성 | .325 | 2.685 | .008 | |
| | 제목추상성 | -.198 | -1.880 | .061 | |
| | 정교성 | .310 | 2.215 | .028 | |
| | 성급한 종결 | .279 | 2.464 | .015 | |
| | 창의성평균표준점수 | -.382 | -1.252 | .212 | |

***p< .001.

<표 4-24> 중 1의 영역-일반성이 영역-특수성에 미치는 영향에
대한 중다회귀분석

| 종속변인 | 독립변인 | β | t | p | $R^2$ |
|---|---|---|---|---|---|
| 언어<br>영역 | 유창성 | -.526 | -5.770 | .000 | .389*** |
| | 독창성 | .033 | .269 | .788 | |
| | 제목추상성 | -.745 | -4.052 | .000 | |
| | 정교성 | 1.847 | 6.676 | .000 | |
| | 성급한 종결 | -.803 | -3.463 | .001 | |
| | 창의성평균표준점수 | .598 | 4.823 | .000 | |
| 과학<br>영역 | 유창성 | -.240 | -2.470 | .014 | .305*** |
| | 독창성 | .149 | 1.145 | .254 | |
| | 제목추상성 | -.160 | -.817 | .415 | |
| | 정교성 | -.088 | -.299 | .765 | |
| | 성급한 종결 | .498 | 2.013 | .046 | |
| | 창의성평균표준점수 | .415 | 3.135 | .002 | |
| 수학<br>영역 | 유창성 | -.241 | -2.615 | .010 | .375*** |
| | 독창성 | .208 | 1.684 | .094 | |
| | 제목추상성 | -.196 | -1.056 | .293 | |
| | 정교성 | .677 | 2.417 | .017 | |
| | 성급한 종결 | -.167 | -.709 | .479 | |
| | 창의성평균표준점수 | .437 | 3.481 | .001 | |
| 미술<br>영역 | 유창성 | -.214 | -2.217 | .028 | .339*** |
| | 독창성 | .401 | 3.120 | .002 | |
| | 제목추상성 | .463 | 2.399 | .017 | |
| | 정교성 | .127 | .427 | .670 | |
| | 성급한 종결 | -.293 | -1.183 | .238 | |
| | 창의성평균표준점수 | .252 | 1.934 | .055 | |

***p< .001.

<표 4-25> 고 1의 영역-일반성이 영역-특수성에 미치는 영향에
대한 중다회귀분석

| 종속변인 | 독립변인 | β | t | p | $R^2$ |
|---|---|---|---|---|---|
| 언어<br>영역 | 유창성 | .125 | 1.421 | .157 | .344*** |
| | 독창성 | .019 | .134 | .893 | |
| | 제목추상성 | .687 | 7.914 | .000 | |
| | 정교성 | .773 | 6.869 | .000 | |
| | 성급한 종결 | .079 | -.700 | .484 | |
| | 창의성평균표준점수 | -.980 | -4.792 | .000 | |
| 과학<br>영역 | 유창성 | -.044 | -.503 | .615 | .346*** |
| | 독창성 | .709 | 5.120 | .000 | |
| | 제목추상성 | .438 | 5.053 | .000 | |
| | 정교성 | .090 | .804 | .422 | |
| | 성급한 종결 | -.152 | -1.355 | .177 | |
| | 창의성평균표준점수 | -.398 | -1.948 | .053 | |
| 수학<br>영역 | 유창성 | .020 | .202 | .840 | .221*** |
| | 독창성 | .563 | 3.637 | .000 | |
| | 제목추상성 | .569 | 5.973 | .000 | |
| | 정교성 | -.315 | -2.510 | .013 | |
| | 성급한 종결 | .300 | 2.435 | .016 | |
| | 창의성평균표준점수 | -.707 | -3.143 | .002 | |
| 미술<br>영역 | 유창성 | .200 | 2.077 | .039 | .198*** |
| | 독창성 | .341 | 2.170 | .031 | |
| | 제목추상성 | .427 | 4.195 | .000 | |
| | 정교성 | .468 | 3.810 | .000 | |
| | 성급한 종결 | -.033 | -.258 | .796 | |
| | 창의성평균표준점수 | -.849 | -3.348 | .001 | |

***p< .001.

# 8. 영역-일반성에 대한 발달경향

## 가. 학년별, 성별의 차이검증

먼저, 창의성의 영역-일반성에 대하여 학년별, 성별에 의한 차이를 규명하기 위하여, 독립변인의 주효과 및 학년별×성별의 상호작용 효과를 검증하는 다중변량분석(MANOVA)을 실시하였다. 개체 간 효과검정을 한 결과를 <표 4-26>에 제시하였다. 통계적인 결과를 살펴볼 때는 학년별, 성별의 상호작용의 효과에서는 독창성, 유창성, 창의성의 평균표준점수가 유의확률 $p < .05$ 수준에서 유의한 차이가 나타났다. 그리고 학년별 주효과에서는 유창성($p < .001$), 독창성($p < .001$), 제목의 추상성($p < .05$), 창의성의 평균표준점수($p < .05$)의 변인에서 매우 유의하였으며, 성별의 주효과에서는 유창성, 독창성, 창의성의 평균표준점수가 $p < .001$ 수준에서, 정교성과 성급한 종결에 대한 저항은 $p < .05$ 수준에서 매우 유의한 차이가 있음을 알 수 있다.

특히, MANOVA를 통해 독립변인이 종속변인을 설명하는 분산비율(종속변인에 대한 독립변인의 설명분산)을 알 수 있다. 다시 말해, 독립변인들이 종속변인들의 선형조합에 유의한 효과를 가진다면, 각 독립변인이 종속변인의 선형조합을 어느 정도 잘 설명하는지 변인간의 인과성을 검토할 수 있는 것이다. Wilks Lamda의 값(집단내자승화 / 전체자승화)은 전체분산 중에서 집단내분산이 차지하는 비율로서, 개별 예측변인이 집단을 구분하는 능력이 있는지를 검증하는 통계치가 된다. 즉 Wilks Lamda 값이 1에 가깝다는 것은 전체분산과 집단내분산이 같아지는 것이므로 집단간 차이가 없다는 것을 의미한다. 객관적 측정의 Wilks Lamda 값을 <표 4-27>에 제시하였다. Wilks Lamda 값이 학년별×성별의 상호작용에서는 .919, 성별의 주효과에서는 .922로 집단간 차이가 없었으므로, 학년별 주효과만 나타난 것으로 밝혀졌다.

특히, 대표집일 경우 사소한 오차도 통계적인 결과에 유의한 영향을 미칠 수 있다. 따라서 보다 자세히 학년별, 성차의 주효과와 상호작용효과를 살펴보기 위해 결정계수로 해석되는 집단간 자승화 / 전체자승화 값인 $eta^2$ 값($eta^2$=1-Wilks Lamda 값)을 구하였다. 학년별, 성별의 주효과와 학년별×성별의 상호작용효과의 $eta^2$ 값은 각각 .346, .078, .081로 나타났으므로 성별의 주효과와 학년별×성별의 상호작용효과는 대표집에 의한 우연한 통계치 임이 밝혀졌다.

<표 4-26> 영역-일반성의 학년별, 성별에 의한 다변량분석

| 소스 | 종속변수 | 제 III 유형 제곱합 | 자유도 | 평균제곱 | F | 유의 확률 |
|---|---|---|---|---|---|---|
| 학년 | 유창성 | 10147.650 | 2 | 5073.825 | 24.734 | .000 |
| | 독창성 | 4987.407 | 2 | 2493.703 | 8.212 | .000 |
| | 제목추상성 | 10422.178 | 2 | 5211.089 | 5.226 | .006 |
| | 정교성 | 2680.228 | 2 | 1340.114 | 1.910 | .149 |
| | 성급한 종결 | 1289.254 | 2 | 644.627 | 1.260 | .284 |
| | 창의성평균표준점수 | 5082.736 | 2 | 2541.368 | 4.042 | .018 |
| 성 | 유창성 | 3806.916 | 1 | 3806.916 | 18.558 | .000 |
| | 독창성 | 10035.924 | 1 | 10035.924 | 33.049 | .000 |
| | 제목추상성 | 3457.210 | 1 | 3457.210 | 3.467 | .063 |
| | 정교성 | 5432.538 | 1 | 5432.538 | 7.741 | .006 |
| | 성급한 종결 | 3145.091 | 1 | 3145.091 | 6.146 | .013 |
| | 창의성평균표준점수 | 30334.433 | 1 | 30334.433 | 48.246 | .000 |
| 학년×성 | 유창성 | 1280.715 | 2 | 640.357 | 3.122 | .045 |
| | 독창성 | 2946.316 | 2 | 1473.158 | 4.851 | .008 |
| | 제목추상성 | 2847.941 | 2 | 1423.970 | 1.428 | .241 |
| | 정교성 | 1.134 | 2 | .567 | .001 | .999 |
| | 성급한 종결 | 987.654 | 2 | 493.827 | .965 | .382 |
| | 창의성평균표준점수 | 4987.858 | 2 | 2493.929 | 3.966 | .019 |

<표 4-27> 영역-일반성의 학년별, 성별에 의한 다변량검정

| 효　　과 | 값 | F | 가설<br>자유도 | 오차<br>자유도 | 유의<br>확률 |
|---|---|---|---|---|---|
| 학년 | Wilks Lamda | .654 | 20.686(a) | 12.000 | 1296.0 | .000 |
| 성 | Wilks Lamda | .922 | 9.090(a) | 6.000 | 648.0 | .000 |
| 학년×성 | Wilks Lamda | .919 | 4.638(a) | 12.000 | 1296.0 | .000 |

(a) 정확한 통계량

따라서 상호작용 효과와 성별 주효과는 대표집에 의한 우연한 통계치 임이 밝혀졌으며, 학년별 주효과를 보다 자세히 규명하기 위하여, 학년별 사후검증(Tukey HSD)을 실시한 결과를 <표 4-28>에 제시하였다.

(1) 유창성은 초 3과 중 1, 중 1과 고 1에서 $p<.001$ 수준에서 유의한 차이가 발생하였다.

(2) 독창성은 초 3과 고 1($p<.001$), 중 1과 고 1($p<.05$)에서 유의한 차이가 발생하였다.

(3) 제목의 추상성과 창의성의 평균표준점수에서는 초 3과 중 1, 초 3과 고 1에서 $p<.05$ 수준에서 유의한 차이가 나타났다.

(4) 정교성과 성급한 종결에 대한 저항에서는, 정교성에서의 중 1과 고 1에서 $p<.01$수준에서 유의한 차이가 나타난 것을 제외하고, 학년별로 유의한 차이가 나타나지 않았다.

<표 4-28> 영역-일반성의 학년별 사후검증(Tukey HSD)

| 종속변수 | (I) 학교 | (J) 학교 | 평균차(I-J) | 표준오차 | 유의확률 |
|---|---|---|---|---|---|
| 유창성 | 초3 | 중1 | -8.67 | 1.39 | .000 |
| | | 고1 | .47 | 1.33 | .935 |
| | 중1 | 초3 | 8.67 | 1.39 | .000 |
| | | 고1 | 9.13 | 1.38 | .000 |
| | 고1 | 초3 | -.47 | 1.33 | .935 |
| | | 중1 | -9.13 | 1.38 | .000 |
| 독창성 | 초3 | 중1 | .51 | 1.69 | .952 |
| | | 고1 | 6.18 | 1.62 | .000 |
| | 중1 | 초3 | -.51 | 1.69 | .952 |
| | | 고1 | 5.67 | 1.68 | .002 |
| | 고1 | 초3 | -6.18 | 1.62 | .000 |
| | | 중1 | -5.67 | 1.68 | .002 |
| 제목 추상성 | 초3 | 중1 | -9.54 | 3.07 | .005 |
| | | 고1 | -7.92 | 2.94 | .019 |
| | 중1 | 초3 | 9.54 | 3.07 | .005 |
| | | 고1 | 1.62 | 3.05 | .857 |
| | 고1 | 초3 | 7.92 | 2.94 | .019 |
| | | 중1 | -1.62 | 3.05 | .857 |
| 정교성 | 초3 | 중1 | -2.72 | 2.57 | .541 |
| | | 고1 | 2.64 | 2.47 | .532 |
| | 중1 | 초3 | 2.72 | 2.57 | .541 |
| | | 고1 | 5.36 | 2.56 | .091 |
| | 고1 | 초3 | -2.64 | 2.47 | .532 |
| | | 중1 | -5.36 | 2.56 | .091 |
| 성급한 종결 | 초3 | 중1 | -3.01 | 2.20 | .358 |
| | | 고1 | -3.31 | 2.11 | .259 |
| | 중1 | 초3 | 3.01 | 2.20 | .358 |
| | | 고1 | -.30 | 2.19 | .990 |
| | 고1 | 초3 | 3.31 | 2.11 | .259 |
| | | 중1 | .30 | 2.19 | .990 |
| 창의성 평균표준 점수 | 초3 | 중1 | -8.23 | 2.44 | .002 |
| | | 고1 | -5.92 | 2.34 | .030 |
| | 중1 | 초3 | 8.23 | 2.44 | .002 |
| | | 고1 | 2.30 | 2.42 | .608 |
| | 고1 | 초3 | 5.92 | 2.34 | .030 |
| | | 중1 | -2.30 | 2.42 | .608 |

## 나. 발달곡선

학년별 발달경향을 보다 자세히 규명하기 위하여, 각 학년별 영역-일반성의 확산적 사고 변인의 평균점수를 <표 4-29>에 제시하였다. 그리고 이러한 평균점수들의 곡선을 [그림 4-10]에 제시하였다.

학년별로는 독창성(109.49)을 제외한, 확산적 사고의 변인들은 중 1이 다른 학년에 비하여 상대적으로 높은 평균 점수분포를 보였다. 이러한 연구결과는 중 1이 다른 학년과 비교하여 볼 때 높게 나온 것은 영역-특수성의 4개 영역 간 상관관계의 결과 및 영역-특수성에 대한 영역일반성의 상대적 설명력과 예측력을 살펴본 중다회귀분석의 결과와도 일치하는 것이다.

창의성의 평균표준점수는 초 3이 31.94에서 중 1은 38. 18, 고 1은 37. 42로 증가되었다. 확산적 사고의 변인별로 자세히 규명하여 보면 아래와 같은 세 가지 유형이 있음이 밝혀졌다.

(1) 학년이 올라감에 따라 증가한 변인이다. 제목 추상성은 초 3(69.76) < 중 1(78.93) < 고 1(77.28), 과제 집착력은 초 3(71.74) < 중 1(74.25) < 고 1(75.95)로 증가되었다.
(2) 학년이 올라감에 따라 오히려 감소한 변인이다. 독창성이 초 3(111.11) > 중 1(109.49) > 고 1(104.76)로 나타났다.
(3) 초 3 때 낮았다가 중 1 때 증가하였지만 다시 고 1 때 낮아진 확산적 사고의 변인이다. 유창성, 정교성이 초 3(116.84, 81.13)에서 중 1 (125.13, 83.20)은 증가하였지만, 고 1(116.21, 78.22)로 감소하였다.

<표 4-29> 확산적 사고의 변인의 학년별 평균점수

|  | 유창성 | 독창성 | 제목 추상성 | 정교성 | 성급한 종결 | 창의성 평균표준점수 |
|---|---|---|---|---|---|---|
| 초 3 | 116.84 | 111.11 | 69.76 | 81.13 | 71.74 | 31.94 |
| 중 1 | 125.13 | 109.49 | 78.93 | 83.20 | 74.25 | 38.18 |
| 고 1 | 116.21 | 104.76 | 77.28 | 78.22 | 74.95 | 37.42 |

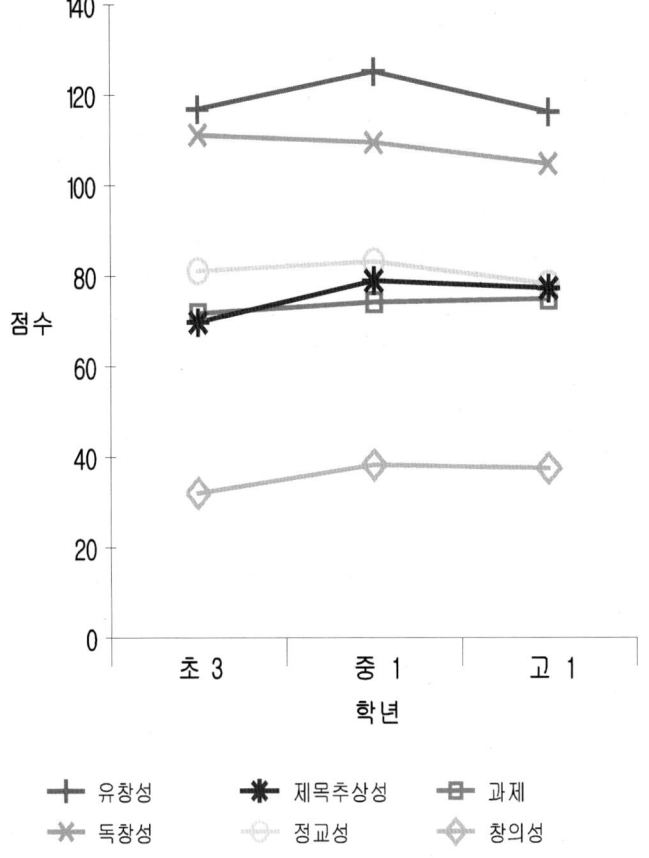

[그림 4-10] 확산적 사고 변인의 학년별 평균점수 곡선

## 9. 영역-특수성에 대한 발달경향

### 가. 학년별, 성별의 차이검증

창의성의 영역-특수성에 대한 학년별, 성별에 의한 차이를 규명하기 위하여, 다중변량분석(MANOVA)을 실시하였다. 그리고 개체 간 효과검정을 한 결과를 <표 4-30>에 제시하였다. 통계적으로는 학년별, 성별의 상호작용의 효과에서는 미술영역(p<.001), 언어영역, 과학영역, 수학영역의 3개의 영역에서는 p<.05 수준에서 유의한 차이가 밝혀졌다. 학년별 주효과, 성별의 주 효과에서는 p<.001 수준에서 모두 유의한 차이가 있는 것으로 나타났다.

<표 4-30> 영역별 학년차와 성차에 의한 다변량분석

| 소스 | 종속변수 | 제 III 유형 제곱합 | 자유도 | 평균제곱 | F | 유의확률 |
|------|---------|-------------------|--------|----------|-----|---------|
| 학년 | 언어영역 | 1201.303 | 2 | 600.651 | 29.806 | .000 |
| | 과학영역 | 835.515 | 2 | 417.758 | 13.509 | .000 |
| | 수학영역 | 737.618 | 2 | 368.809 | 14.575 | .000 |
| | 미술영역 | 557.968 | 2 | 278.984 | 16.161 | .000 |
| 성 | 언어영역 | 3454.729 | 1 | 3454.729 | 171.432 | .000 |
| | 과학영역 | 976.872 | 1 | 976.872 | 31.588 | .000 |
| | 수학영역 | 2506.881 | 1 | 2506.881 | 99.069 | .000 |
| | 미술영역 | 1514.377 | 1 | 1514.377 | 87.725 | .000 |
| 학년×성 | 언어영역 | 217.999 | 2 | 108.999 | 5.409 | .005 |
| | 과학영역 | 387.578 | 2 | 193.789 | 6.266 | .002 |
| | 수학영역 | 242.753 | 2 | 121.377 | 4.797 | .009 |
| | 미술영역 | 593.195 | 2 | 296.597 | 17.181 | .000 |

MANOVA를 통해 독립변인이 종속변인을 설명하는 분산비율 (종속변인에 대한 독립변인의 설명분산)을 알 수 있다. 그러므로 영역-특수성에 대한 Wilks Lamda 값을 <표 4-31>에 제시하였다. Wilks Lamda 값이 학년×성의 상호작용에서는 .928로 집단 간 차이가 없으며, 학년별, 성별의 주효과는 .765, .753으로 차이가 있는 것으로 밝혀졌다.

그리고 대표집일 경우 사소한 오차도 통계적인 결과에 유의한 영향을 미칠 수 있으므로, 보다 자세히 학년별, 성별의 주효과와 상호작용효과를 살펴보기 위해 결정계수로 해석되는 집단간 자승화 / 전체자승화 값인 $eta^2$ 값($eta^2$=1-Wilks Lamda 값)을 구하였다. 학년별, 성별의 주효과와 학년별×성별의 상호작용효과의 $eta^2$값은 각각 .285, .277, .072로 나타났다. 따라서 상호작용효과는 대표집에 의한 우연한 통계치 임이 밝혀졌다.

<표 4-31> 영역-특수성의 학년별, 성별에 의한 다변량검정

| 효과 | | 값 | F | 가설 자유도 | 오차 자유도 | 유의확률 |
|---|---|---|---|---|---|---|
| 학년 | Wilks Lamda | .715 | 23.205(a) | 8.0 | 1294.0 | .000 |
| 성 | Wilks Lamda | .723 | 53.117(a) | 4.0 | 647.0 | .000 |
| 학년×성 | Wilks Lamda | .928 | 6.188(a) | 8.0 | 1294.0 | .000 |

(a) 정확한 통계량

각 영역별 학년별 차이를 <표 4-32>에 제시하였다. 이를 살펴보면, 언어영역에서는 초 3과 고 1, 중 1과 고 1에서 p<.001 수준에서 유의한 차이가 나타났다. 과학영역에서는 초 3과 중 1, 초 3과 고 1에서 p<.001 수준에서 유의한 차이가 나타났으며, 수학과 미술영역에서는 초 3과 중 1, 중 1과 고 1에서 p<.001 수준에서 유의한 차이가 나타났다.

<표 4-32> 영역-특수성의 학년별 사후검증(Tukey HSD)

| 종속변수 | (I) 학년 | (J) 학년 | 평균차(I-J) | 표준오차 | 유의확률 |
|---|---|---|---|---|---|
| 언어영역 | 초 3 | 중 1 | .1110 | .4352 | .965 |
| | | 고 1 | 2.9047 | .4195 | .000 |
| | 중 1 | 초 3 | -.1110 | .4352 | .965 |
| | | 고 1 | 2.7936 | .4361 | .000 |
| | 고 1 | 초 3 | -2.9047 | .4195 | .000 |
| | | 중 1 | -2.7936 | .4361 | .000 |
| 과학영역 | 초 3 | 중 1 | 2.0254 | .5391 | .001 |
| | | 고 1 | 2.3044 | .5197 | .000 |
| | 중 1 | 초 3 | -2.0254 | .5391 | .001 |
| | | 고 1 | .2790 | .5402 | .863 |
| | 고 1 | 초 3 | -2.3044 | .5197 | .000 |
| | | 중 1 | -.2790 | .5402 | .863 |
| 수학영역 | 초 3 | 중 1 | -3.1089 | .4877 | .000 |
| | | 고 1 | -.6838 | .4701 | .313 |
| | 중 1 | 초 3 | 3.1089 | .4877 | .000 |
| | | 고 1 | 2.4251 | .4887 | .000 |
| | 고 1 | 초 3 | .6838 | .4701 | .313 |
| | | 중 1 | -2.4251 | .4887 | .000 |
| 미술영역 | 초 3 | 중 1 | -2.4473 | .4028 | .000 |
| | | 고 1 | 7.361E-02 | .3883 | .980 |
| | 중 1 | 초 3 | 2.4473 | .4028 | .000 |
| | | 고 1 | 2.5210 | .4036 | .000 |
| | 고 1 | 초 3 | -7.3612E-02 | .3883 | .980 |
| | | 중 1 | -2.5210 | .4036 | .000 |

　각 영역별로 학년에 따른 성별의 차이를 검증해본 결과를 <표 4-33>에 제시하였다. 초등학교 3학년 학생의 과학영역을 제외하고는 모든 영역에서 남녀간의 성차가 유의한 수준에서 뚜렷이 나타났다.

<표 4-33> 영역-특수성의 성별의 차이 검증

| 학년 | 영역 | 성 | N | M | SD | t |
|---|---|---|---|---|---|---|
| 초 3 | 언어영역 | 남자 | 124 | 8.83 | 4.71 | -8.13*** |
| | | 여자 | 106 | 11.99 | 4.92 | |
| | 과학영역 | 남자 | 124 | 10.53 | 5.67 | -1.072 |
| | | 여자 | 106 | 11.36 | 6.13 | |
| | 수학영역 | 남자 | 124 | 6.51 | 4.20 | -6.76*** |
| | | 여자 | 106 | 8.36 | 4.40 | |
| | 미술영역 | 남자 | 124 | 5.67 | 4.41 | -2.09* |
| | | 여자 | 106 | 7.98 | 5.04 | |
| 중 1 | 언어영역 | 남자 | 87 | 8.75 | 4.33 | -8.67*** |
| | | 여자 | 114 | 11.53 | 4.89 | |
| | 과학영역 | 남자 | 87 | 8.10 | 5.03 | -5.83*** |
| | | 여자 | 114 | 10.84 | 6.51 | |
| | 수학영역 | 남자 | 87 | 8.23 | 5.12 | -6.46*** |
| | | 여자 | 114 | 11.73 | 6.95 | |
| | 미술영역 | 남자 | 84 | 9.38 | 4.02 | -9.57*** |
| | | 여자 | 114 | 12.19 | 4.36 | |
| 고 1 | 언어영역 | 남자 | 117 | 6.69 | 3.94 | -6.55*** |
| | | 여자 | 120 | 8.16 | 4.22 | |
| | 과학영역 | 남자 | 117 | 7.41 | 4.96 | -2.91** |
| | | 여자 | 119 | 9.28 | 4.94 | |
| | 수학영역 | 남자 | 117 | 6.58 | 4.48 | -4.45*** |
| | | 여자 | 115 | 8.19 | 4.46 | |
| | 미술영역 | 남자 | 113 | 7.16 | 3.29 | -4.11*** |
| | | 여자 | 119 | 8.04 | 3.65 | |

* p< .05,   ** p< .01,   *** p< .001

## 나. 발달곡선

영역-일반성에대한 객관적 측정에서는 학년별 차이가 유의하게 나타났으나, 남녀의 성차는 나타나지 않았다. 그러나 영역-특수성의 4개 영역의 창의성에 대한 주관적 측정에서는 남녀의 평균의 차이가 초등학교 3학년의 과학영역을 제외하고는 모든 학교급별로 남녀의 성차가 유의하게 발생하였다.

따라서 이를 보다 더 자세히 규명하기 위하여, <표4-33> 영역-특수성의 성별의 차이 검증에서 제시된 학년별, 성별의 평균점수에 의하여 발달곡선을 작성하여 [그림 4-11], [그림 4-12], [그림 4-13], [그림 4-14]에서 제시하였다. 전체적으로 모든 영역에 걸쳐 여학생이 남학생보다 창의성의 점수가 높게 나타났다. 그리고 언어와 과학 영역에서는 초등학교 3학년 여학생이 다른 학년에 비하여 높은 점수를 보였으며, 수학과 미술영역에서는 중학교 1학년 여학생들이 다른 학년에 비하여 높은 점수를 나타냈다.

각 영역별로 학년이 증가함에 따라, 2개의 발달 유형이 있음이 밝혀졌다.

첫째, 학년이 증가함에 따라 영역의 창의성이 감소하는 유형으로, 언어영역과 과학영역은 [그림 4-11], [그림 4-12]과 같은 발달경향을 나타냈다.

둘째. 학년이 증가함에 따라 영역의 창의성이 증가하였다가 다시 감소하는 유형으로, 수학영역과 미술영역은 [그림 4-13], [그림 4-14]과 같은 발달경향을 나타냈다.

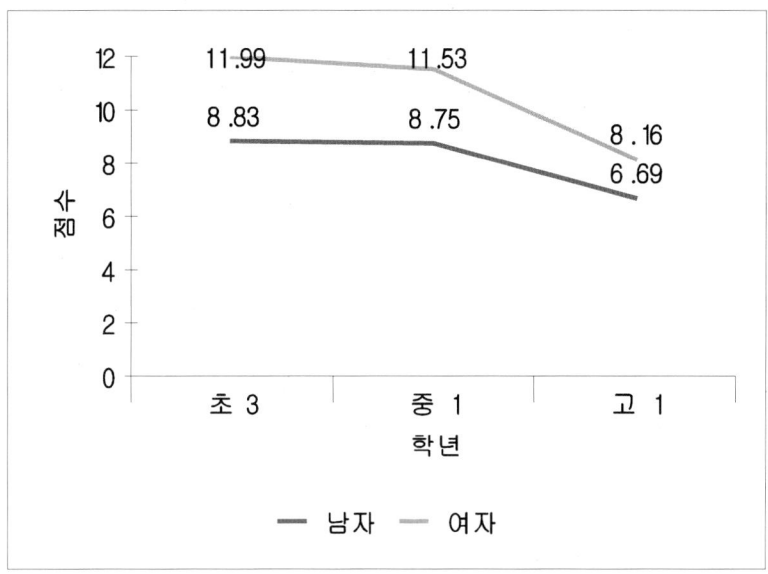

[그림 4-11] 언어영역의 학년별, 성별 평균점수 곡선

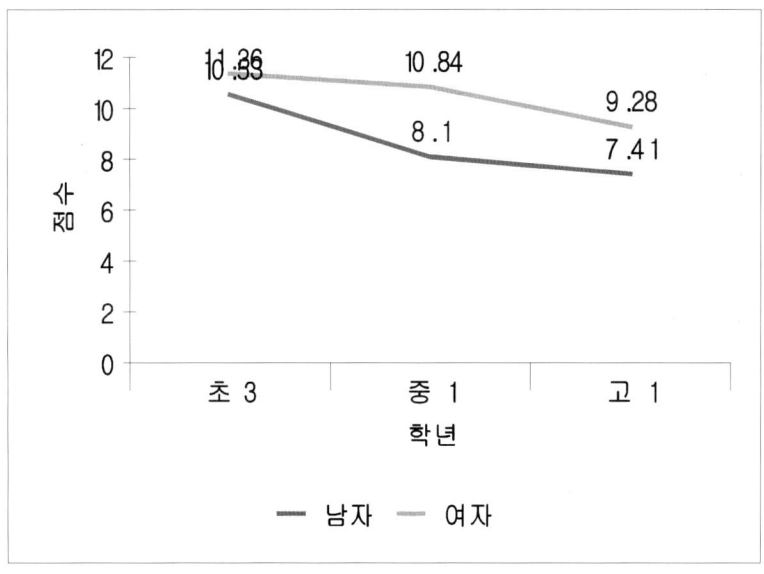

[그림 4-12] 과학영역의 학년별 성별 평균 점수 곡선

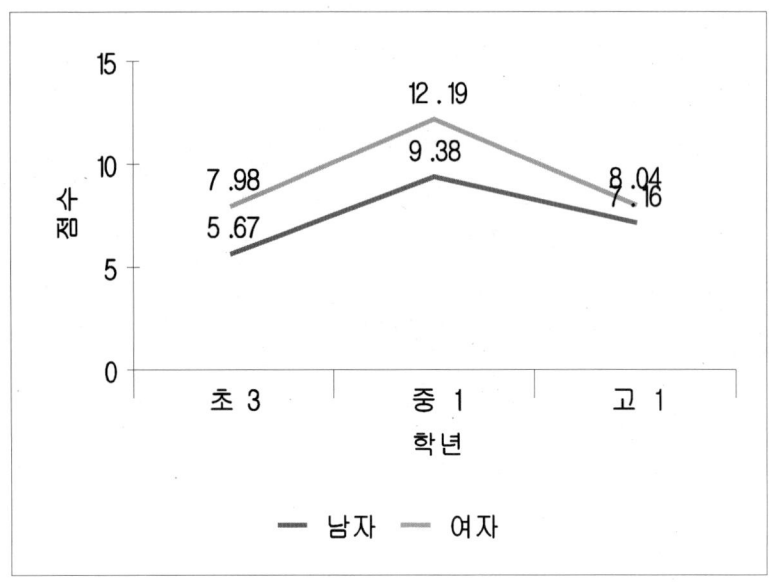

[그림 4-13] 수학영역의 학년별 성별 평균 점수 곡선

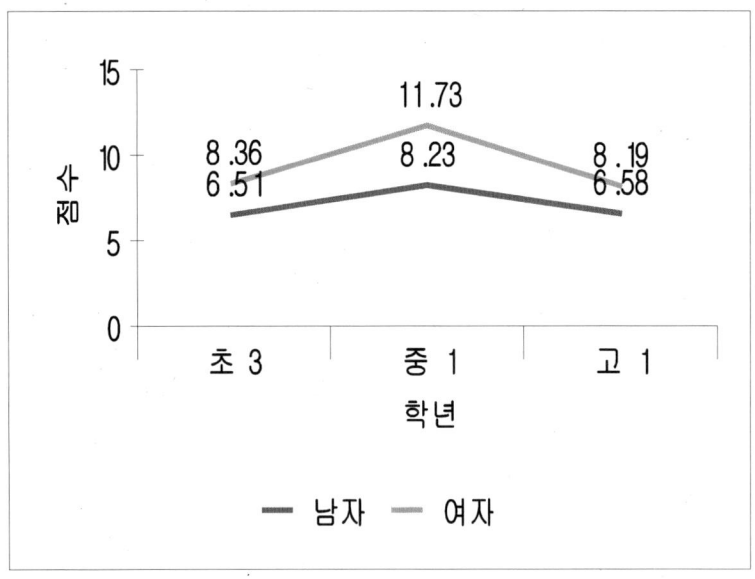

[그림 4-14] 미술영역의 학년별 성별 평균 점수 곡선

# V. 논의 및 결론

　본 연구는 창의성 연구에서 우선적으로 선결되어야 할 '측정'
과 '영역성'의 문제에 대한 이론적 고찰과 교육현장에서 이를 검
증하는데 목적이 있다. 이와 같은 이론적 고찰과 검증을 통하여
'21세기를 주도할 창의적인 인재육성'을 목표로 추진하고 있는
제7차 교육과정의 확대시행과, 창의적 잠재력이 우수한 영재교
육에 교육적 시사점을 제공하고자 한다.

## 1. 창의성의 연구에 있어서 논쟁 중인 '측정'과 '영역성'에서 주장하고 있는 논지와 문제점은 무엇인가?

　연구문제 "1"에 관해서는, 본 연구의 제 Ⅱ장 이론적 배경에
서 선행연구 및 이론적 고찰이 이루어졌다. 창의성의 '측정' 분
야에서는 객관적 측정 vs. 주관적 측정에 대하여, '영역성' 분야
에서는 영역-일반성 vs. 영역-특수성에 대하여 고찰되었다. 이
러한 이론적 고찰을 통하여, 상호 상반된 입장의 이분법적 견해
를 주장하는 학자들의 논지 및 내포되어 있는 각각의 문제점이
탐색되었다. 또한 '영역성'과 '측정'에 대한 논쟁은 별도의 장에
서 논쟁이 이루어지고 있지만, 두 논쟁 간에는 상호 밀접한 관

계가 존재함이 규명되었다.

먼저, 지난 50여 년간 창의성 연구의 주류적 입장에서, 많은 창의성의 연구자들은 창의성은 모든 영역에 걸쳐 적용 가능한 '영역-일반성'의 개념이며, 창의성은 곧 '확산적 사고'라고 널리 인식하여 왔다. 그러므로 창의성은 영역-일반성의 확산적 사고라는 인식에 기초하여, 모든 영역에 적용 가능한 확산적 사고 능력의 측정은 참가자들의 창의적인 수행 수준이 반응에 대한 통계적 희귀성에 의해 양화된 '객관적 측정'으로 측정되어 온 것이다.

이에 반하여, 최근에 창의성의 영역-특수성 및 주관적 측정을 주장하는 연구자들은, 지금까지의 영역-일반성과 객관적 측정에 대하여 의문을 제기하였다. 창의성은 각 영역별로 고유의 창의적 수행 기술과 재능을 필요로 하는 '영역-특수성'으로서, 창의성을 측정하기 위해서는 영역별 전문가 집단의 주관적 관점에 의한 '주관적 측정'으로 측정되어야 한다는 것이다.


## 2. 창의성의 영역성은 창의성의 수행수준 (전체학생 / 고 창의성 집단 / 저 창의성 집단)에 따라 어떤 차이가 나타나는가?


먼저, 창의성의 영역-일반성을 측정 하는 객관적 측정(TTCT) 및 영역-특수성을 측정하고자 하는 주관적 검사도구(언어·과학·수학·미술의 영역별 산출물 검사)의 신뢰도(Cronbach's α 계수)는 .74~.91로 신뢰로운 검사도구임이 밝혀졌다.

다음으로, 창의성의 영역-일반성과 영역-특수성에 대하여 교육 현장에서 검증하였다. 연구 대상자를 전체학생, 고창의성 집단, 저창의성 집단의 3개 집단으로 구성하고, 이들 3개 집단에서 영역성은 어떤 차이가 나타나는지를 규명하기 위하여 다양한 통계적 기법을 적용하여 분석한 결과를 아래와 같이 논의되었다.

## 가. 전체 학생에 대한 영역성

첫째, 4개 영역간의 상관분석에서 개인의 창의적 수행수준은 모든 영역에 걸쳐 유사한 수준으로 나타날 것이라는, 즉 어느 한 영역에서 우수한 개인은 다른 영역에서도 우수한 수행수준이 나타날 것이라는 영역-일반성이 지지되기 위해서는 영역간의 상관계수가 높아야 할 것으로 예측되었다. 반대로 각 영역마다의 고유한 인지적 능력과 기술 및 이해가 요구된다는 영역-특수성의 견해가 지지되기 위해서는 4개 영역 간의 상관관계가 아주 낮거나 무의미한 상관관계로 나타날 것이다.

연구결과, 각 영역간의 상관계수는 .365~.594($p<.01$)로 다소 높은 유의한 상관관계가 있음이 밝혀졌다. 이는 영역-특수성의 견해와 영역-일반성 중 어느 한쪽을 일방적으로 지지하기는 어려운 것으로 해석되었다.

여기서 흥미로운 것은 영역간의 상관관계에서 언어영역과 수학영역 간의 상관관계, 그리고 과학영역과 미술영역간의 상관관계가 각각 높게 나온 것이다. 이러한 이유는 영역별 측정도구의 수행방법의 차이에서 기인한 것으로 해석된다. 즉, 언어영역과 수학영역은 언어적 표현력으로 측정이 이루어졌으며, 미술영역이나 과학영역은 도형 혹은 그림으로 표현되었기 때문이다.

　본 연구에서는 기존의 선행연구에서 이미 타당성과 신뢰성을 검증받은 검사도구를 사용하였으나, 후속연구에서는 이러한 연구결과에 근거하여, 각 영역을 측정할 수 있는 새로운 측정도구의 개발이 필요하다고 하겠다. 또한 4가지 영역 이외에도 다른 영역의 산출물도 측정할 수 있는 측정도구의 개발이 요구된다고 하겠다.

　둘째, 영역-일반성의 확산적 사고의 변인들과 영역-특수성의 영역간의 상관관계에서, 만약 영역-일반성이 지지되려면 확산적 사고의 변인이 모든 영역과 유의한 수준에서 높은 상관관계가 나타나야 할 것이다. 또한 영역별로 고유의 창의적 수행기술과 이해가 요구된다는 영역-특수성의 견해가 지지되기 위해서는, 창의성의 모든 영역에 적용 가능하다는 영역-일반성의 확산적 사고의 변인과 4개 영역과는 상관관계가 아주 낮거나 무의미하게 나타나야 할 것이다.

　연구결과, 확산적 사고의 변인이 4개 영역간의 상관계수가 전체적으로 .158~.576(p<. 05)의 유의한 상관관계가 나타났으며, 모든 영역에 걸쳐 고른 상관분포를 나타내고 있다. 또한 확산적 사고의 5개 변인의 평균인 창의성의 평균표준점수가 4개 영역과 다소 높은 유의한 상관관계(.330~.475, p<.01)를 나타내고 있다. 이러한 결과는 영역-일반성이나 영역-특수성이 어느 한쪽만의 특성이 전적으로 나타나고 있지 않는 것으로 해석된다. 오히려 창의적 수행에 있어 영역-일반성이 영역-특수성과 상호 연관, 상호 보완되고 있다는 것과, 영역-일반성이 영역-특수성에 대해 어느 정도 설명력($r2$)이 있다는 것으로 해석된다.

　여기서 흥미로운 결과는, 본 연구에서는 TTCT의 도형A형 검사를 사용하였으므로, 다른 영역들에 비하여 도형이나 그림으로

표현되는 과학영역과 미술영역에서 상대적으로 높은 상관이 나
타날 것으로 예측되었다. 그러나 확산적 사고의 모든 변인이 영
역별 고유한 특성과는 관계없이 모든 영역에 걸쳐 고른 상관관
계를 보였다는 것이다. 이는 TTCT의 도형A형 검사가 영역성을
초월하여 창의적인 사고능력을 측정하고 있음을 알 수 있으며,
Torrance(1990a)의 "TTCT 도형A형 검사의 점수는 창의성의
인지적 능력으로서 측정된다."는 주장을 지지하고 있다.

셋째, 영역-특수성에 대하여 영역-일반성이 어느 정도 설명력
(영향력)이 있으며, 상대적인 예측력이 있는가를 검증한 중다회
귀분석을 하였다. 만약에 영역-일반성이 지지되려면 4개 영역에
대한 확산적 사고의 변인의 설명력 혹은 예측력이 어느 정도 높
아야 할 것이다. 또한 영역-특수성이 지지되려면 설명력이 유의
하지 않거나, 낮게 나와야 할 것이다. 그러나 확산적 사고의 변
인이 15.9%~27.2%($p<.001$)로 모두 유의한 수준에서 설명력이
있는 것으로 나타났다. 그러나 영역-일반성이 영역-특수성에 대
해 설명력이 나타난 것은, 둘째항의 영역-일반성과 영역-특수성
의 상관분석에 대한 논의와도 일치한다.

## 나. 고 창의성 집단 및 저 창의성 집단에 대한 영역성

Garret(1946)는 개인의 지적 능력 수준에 따라 영역성의 분화
정도가 다르다고 하였다. 그의 '능력-분화가설'에 의하면 지적
능력이 낮은 집단은 요인 간 상관이 높아서 일반요인에 더 크게
의존하는 반면에, 지적 능력이 높은 집단은 요인 간 상관이 낮
아서 능력이 분화되어 집단 요인이나 특수요인에 더 크게 의존
하는 것을 의미한다(황정규, 1995: 하대현, 2003, p.13629-30

에서 재인용).

이 가설에 따르면, 창의성의 수행수준이 높은 즉, 4개 영역 중에서 2개 이상의 영역에서 상위 20%이상에 위치한 고창의성 집단에서는 영역-특수성의 견해가 지지될 것이다. 그리고 저창의성 집단에서는 영역-일반성의 견해가 지지될 것으로 예측되었다. 이러한 예측을 검증하기 4가지의 다양한 통계적 기법으로 자료를 분석한 결과, 아래와 같이 논의되었다.

첫째, 4개 영역간의 중첩 정도를 살펴본 결과, 영역-일반성이 지지되려면 영역간의 공유된 부분, 혹은 중첩되는 부분이 많아야 할 것이다. 반면, 영역별 고유의 인지적 능력이 있으며 다른 영역의 인지적 능력과는 무관하다는 영역-특수성의 견해가 지지되기 위해서는 영역간의 중첩되는 학생의 수나 비율이 극소수로 나타나야 할 것으로 예측되었다. 연구결과,

(1) 학년별로 상위 20%에서 2개 영역 이상 중첩된 고창의성 집단은 초 3은 19.13%, 중 1은 23.88%, 고 1은 23.21%로 학년과 무관하게 고른 중첩의 분포를 나타냈다. 이러한 결과는 영역-일반성이나 영역-특수성 중 어느 한쪽을 일방적으로 지지하기 어려운 비율(%)로 해석되었다.

(2) 3개 영역이상에서 중첩된 학생의 수가 고창의성 집단이 저창의성집단에 비해 학생수가 조금 많기는 해도 극소수에 불과하다는 것이다. 이는 모든 영역에서 우수한 창의성 수준이 나타나야 할 것으로 예측되는 영역-일반성의 견해도 지지하지 않는 것으로 해석할 수 있다.

(3) 고창의성 집단은 저창의성 집단에 비해 한개 영역에서 우수한 창의적 수행을 보인 학생의 수가 저창의성 집단보다 적은 것으로 나타났다. 이는 [그림 4-1]~ [그림 4-4]의

영역별 창의성 점수의 분포(히스토그램)에서 본 결과와 일치한다.

(4) 고창의성 집단에서 2개 이상의 영역에서 중첩된 학생의 수가 저창의성 집단보다 많은 것으로 나타났다. 이는 고창의성 집단이 저창의성 집단에 비해 영역-일반성의 경향이 많다는 것을 보여준다.

둘째, 4개 영역간의 상관관계를 검증해보면, 고창의성 집단에서는 수학영역과 미술영역간의 상관만이 .324로 나타났으며, 다른 영역간의 상관은 무의미한 것으로 나타났다. 또한 저창의성 집단에서도 언어영역과 과학영역간의 상관만이 .35로 유의한 상관관계를 나타냈을 뿐, 다른 영역간의 상관은 무의미한 것으로 나타났다. 결과적으로 전체 학생에 대해서는 영역-일반성 및 영역-특수성의 어느 한쪽의 견해를 일방적으로 지지하기 어려운 반면, 고창의성 집단 및 저창의성 집단에서는 영역간의 상관관계만 검증해볼 때는 영역-특수성의 견해를 지지하고 있는 것으로 해석되었다.

셋째, 영역-일반성의 확산적 사고의 변인과 영역-특수성의 영역간의 상관관계를 분석하였다. 만약 영역-일반성이 지지되려면 상관관계가 유의하게 높게 나와야 할 것이며, 영역-특수성이 지지되려면 영역별 고유의 인지적 기술과 이해, 재능이 있는 것이므로 확산적 사고와의 상관이 유의하지 않거나 아주 낮게 나타나야 할 것이다.

연구결과, 고창의성 집단에서는 창의성 표준평균점수와 각 영역간의 상관관계 (.21~.30, $p < .01$)가 다소 낮지만 모든 영역에 걸쳐 고르게 나타났다. 이는 전체학생의 상관계수(.330~.475, $p < .01$)보다 수치상으로는 낮게 나타났지만, 4개 영역에 걸쳐 고

118

른 분포로 나타난 것은 확산적 사고의 변인이 영역의 고유의 인지적 기술과 이해와는 관계없이 어느 정도 상관이 있다는 것을 의미한다.

그러나 저창의성 집단에서는 창의성 표준평균점수와 과학영역 간의 상관만이 .56(p<.01)으로 나타났으며, 다른 영역간의 상관은 무의미한 것으로 나타났다. 이는 저창의성 집단이 전체학생 집단 및 고창의성 집단에 비하여, 영역-특수성의 견해를 지지하고 있는 것으로 해석할 수 있다.

넷째, 영역-특수성에 대한 영역-일반성의 상대적 예측력과 설명력을 검증하기 위해 중다회귀분석을 실시하였다. 영역-일반성이 지지되려면 설명력이 높게 나타나야 하며, 반대로 영역-특수성이 지지되려면 설명력이 아주 낮게 나타나야 할 것으로 예측되었다. 연구결과, 고창의성 집단에서는 17.7%~31.8%(p<.001)의 설명력이 나타났다. 전체학생의 15.9%~27.2%(p<.001)와 유사하게 나타난 것이다. 이는 영역-일반성의 견해를 지지하지 않으면서, 영역-특수성의 견해도 지지하기 어려운 것으로 해석할 수 있다. 그러나 저창의성 집단에서는 미술 영역(42.2%)만 높게 나타나, 영역-특수성을 지지하고 있다. 이는 위의 세 번째 항에서 논의한 확산적 사고의 변인과 각 영역간의 상관관계의 결과와도 일치하는 것이다.

## 다. 전체적 논의

위에서 기술한 전체학생과 고·저창의성 집단에서의 논의를 종합하면 아래와 같다.

첫째, 전체학생과 고창의성 집단에서는 영역-일반성과 영역-특수성의 견해 중에서 어느 한쪽을 일방적으로 지지하기 어려운 것으로 밝혀졌다. 오히려 개인이 창의적 수행을 함에 있어서 영역-일반성과 영역-특수성이 별도로 작용하는 것이 아닌 상호 보완되는 혹은 상호 통합될 수 있음을 시사하고 있다. 이는 Torrance의 종단적 자료를 재분석한 Baer(1996)와 Plucker(1999a, 1999b)의 연구결과인 "창의적인 성취에서 TTCT가 40%정도의 설명력이 있으며, 나머지 변인 50-60%가 아마도 내용-특수성 요인들일 것이다."를 지지하고 있다. 그리고 Sternberg (1989)의 주장인 "영역의 일반성과 특수성은 상보적인 것이며, 양자는 수행의 차이에 따라 상호 작용한다."는 '영역의 상보성(domain-comple-mentarity)'의 견해를 경험적으로 지지하고 있다.

그러므로 후속연구를 위한 제안으로서, '영역-상보성'의 견해에 대해 보다 자세히 탐색하기 위해서는 영역 간의 인과관계, 경로분석, 회귀분석의 보다 자세한 결과를 알 수 있는 구조모형방정식(또는 공변량구조모형이나 LISREL 모형)과 같은 통계기법을 활용한다면, 영역-상보성의 새로운 모델이 제시될 수 있을 것으로 기대된다.

둘째, 오히려 '능력-분화가설'가설과 반대로 저창의성 집단이 다른 집단들에 비해 영역-특수성의 견해를 더 지지하고 있는 것으로 밝혀졌다. 즉 4개 영역 중 2개 영역이상에서 하위 20%이하에 놓은 학생이라도 모든 영역에서 공통적으로 하위 20%에 속하지 않는다는 것이다. 이러한 연구결과는, 어느 한 영역에서 창의적인 수행수준이 우수하지 못한 학생일지라도 다른 영역에서는 우수한 창의적인 능력을 발휘할 수 있음을 의미한다.

## 3. 창의성의 영역성은 학년이 증가함에 따라 어떠한 발달경향을 보이는가?

객관적 측정법으로 측정한 영역-일반성의 확산적 사고의 변인의 발달경향은 학년의 주효과만 나타났으며, 다음의 세 가지 유형이 있음이 밝혀졌다.

(1) 유창성과 정교성은 초 3 때 낮았다가 중 1 때 증가하였지만 다시 고 1 때 낮아졌다.

(2) 독창성은 학년이 올라감에 따라 오히려 감소하였다.

(3) 제목 추상성과 성급한 종결에 대한 저항은 학년이 올라감에 따라 증가하였다.

이는 영역-일반성의 확산적 사고의 변인들이 변인의 속성에 따라 서로 상이한 시기에 발달한다는 것을 알 수 있다.

다음으로 영역-특수성을 규명하기 위해 주관적 측정법으로 측정한 4개 영역의 발달경향은 학년 및 성별의 주효과가 나타났다. 전체적으로 모든 영역에 걸쳐 여학생이 남학생보다 창의성의 점수가 높게 나타났다. 그리고 각 영역별로 학년이 증가함에 따라, 2개의 발달 유형이 있음이 밝혀졌다.

(1) 언어영역과 과학영역은 학년이 증가함에 따라, 영역의 창의성이 감소하는 유형으로 나타냈다.

(2) 수학영역과 미술영역은 학년이 증가함에 따라, 영역의 창의성이 증가(중 1)하였다가 다시 감소(고 1)하는 유형으로 나타냈다.

　여기서 흥미로운 논의는 고등학교 학생의 창의성 점수가 초·중학교에 학생들에 비해 오히려 낮게 나온 결과이다. 이는 하주현(1999)의 "아동기에서 청년기까지의 창의적 인지와 창의적 인성의 발달경향 연구" 중에서 '창의적 사고총점에 대한 연령별 발달경향'의 연구결과와 일치하는 것이다. 그녀는 "창의적 사고는 초등학교에서 중학생까지 점점 높아지다가 고등학생부터 급격히 떨어진다."고 하였다. 이러한 이유로서 고등학교의 교육과정이 지나치게 수렴적 사고만은 강조한 결과, 확산적 사고의 기능이 약화된 것과 관계가 있다고 해석(하주현, 1999; pp.87-88에서 재인용)하였다.

　그리고 Torrance(1990, 1998)도 학년이 올라갈수록 확산적 사고의 변인이 감소하는 이유로서 공교육의 정형화된 교육과정이 학년이 올라갈수록 창의력에서 요구되는 확산적 사고보다는 수렴적 사고를 더 요구하고 있기 때문이라고 밝혔다. 본 연구에서도 Torrance(1990, 1998)와 하주현(1999)의 연구결과를 지지하였다.

　또한 언어영역의 측정에서 여자가 남자에 비해 높은 평균점수를 보이고 있는 것은 여자의 언어능력이 남자에 비해 더 우수하다는 기존의 연구결과와도 일치하는 것이다(인문·사회 영재 판별도구 개발연구(III) -언어 영재 판별 검사 도구개발을 중심으로- 한국교육개발원, 2002, p.13689).

　영역-특수성에 대해 주관적 측정을 실시한 본 연구의 제한점과 후속연구를 위한 제안은 다음과 같다.
　(1) 본 연구에서는 기존의 선행연구에서 타당성과 신뢰성을 검증받은 검사도구를 사용하였으나, 후속연구를 위한 제

안으로서 이와 같은 학년차, 성차의 연구결과에 기초하여
더 나은 검사도구의 개발이 요구된다고 하겠다.

(2) 본 연구에서는 초~고등학생에 이르기까지 동일한 과제에
대한 산출물을 측정하였으나, 같은 영역이라 할지라도 학
년에 걸맞은 검사도구의 개발이 필요하다.

(3) 4개 영역 뿐만 아니라, 더 많은 영역(음악, 신체적 능력
등)을 측정할 수 있는 검사도구의 개발이 필요하다.

(4) 연구 대상자를 초등~대학생까지 학년별로 보다 다양화하
고, 서울지역뿐만 아니라 전국적인 규모에서의 연구가 필
요하다고 하겠다.


# 4. 교육적 시사점


본 연구의 결과는 '창의력 계발'을 핵심목표로 하는 제 7차 교
육과정과 창의성의 잠재력이 우수한 영재아 교육에 다음과 같은
3가지 시사점을 제공하고 있다.

첫째, 창의성의 영역-일반성(객관적 측정)과 영역-특수성(주관
적 측정)은 상호 대치되는 이문법적 개념이 아니라 상호 보완적
인, 혹은 통합적인 개념임을 본 연구에서는 지지한다고 논의하
였다. 따라서 창의성 연구의 궁극적인 목적인 창의성 계발을 위
해서는, 향후에는 영역의 일반성과 특수성을 함께 고려하여 통
합할 수 있는, 혹은 상보적인 계발프로그램과 측정도구가 개발
되어야겠다.

그 예로서 한국교육개발원의 영재교육연구원에서는 2002년

12월에 개발한 인문·사회 영재 판별도구 개발연구(Ⅱ)를 비롯하여 수학, 과학 분야의 창의적 문제해결력 검사를 개발하였다. 이는 영역-일반성과 영역-특수성이 통합된 형태로 측정방법에 있어서도 객관적 측정과 주관적 측정이 상호 보완적으로 구성되어 있는 것이 그 좋은 예로 거론할 수 있다.

둘째, 미국의 초등학생을 대상으로 연구하여 영역-특수성의 견해를 지지한 한기순(2000, 2003)의 연구결과와 본 연구결과가 다르게 나타난 것은 교육풍토에서 기인한 것으로 해석할 수 있다. 즉, 서구의 교육풍토는 개인의 고유한 창의적 능력을 인정하고 이를 적극 발굴, 육성하며 개인의 책임을 강조하는 개인주의적 교육이다(Eisenberger, 1998). 반면 우리나라는 모든 영역에 걸쳐 고른 우수한 인지적 역량을 중시하는 집단주의적 교육 문화와, 모든 영역에서 고른 상위의 점수를 요구하고 있는(그리고 우리나라 교육에 절대적인 영향을 미치고 있는) 교육과정과 대학 입시제도의 영향으로 차이가 나타난 것으로 해석할 수 있다.

따라서 후속연구에 대한 제안으로서 창의성 연구의 영역성에 대한 비교 문화적 연구(개인주의적 교육 vs. 집단주의적 교육문화)가 필요하다고 하겠다.

셋째, 본 연구의 결과가 '능력-분화가설'과 반대의 결과인 저 창의성 집단에서 창의성의 영역-특수성의 견해를 지지한 것은 교육적으로 기여하는 바가 크다. 학생의 창의성은 모든 영역에서 다 저조한 수준이 아니라 어느 한 영역 이상에서는 창의성의 잠재력을 지니고 있다는 것을 의미한다. 따라서 교사와 학부모는 학생의 이러한 잠재적인 영역을 적극 발굴하여 육성, 계발시켜 주어야 할 것이다.

# 참고문헌

교육인적자원부 · 한국교육개발원(2004). 영재교육 이렇게 합니다.

구자억 외(2002). 동서양 주요국가들의 영재교육. 서울: 문음사.

김남성(1997). 숨겨진 나의 보물을 찾아서. 서울: 재능교육사.

김남성(1998). 교육심리학. 서울: 교육과학사.

김명숙(1998). 창의성 교육프로그램의 유형 및 관련 변인이 창의성 향상에 미치는 효과. 박사학위논문, 성균관대학교.

김명숙(2002). 창의성의 특수성. 교육심리연구, 16(2), 153-172.

김석우 · 최용석(2001). 윈도우용 LISREL을 활용한 인과모형의 이해와 응용. 서울: 학지사.

김소아(2003). 영재의 선발준거와 진로 특성 요인의 탐색. 박사학위논문, 성균관대학교.

김아영 · 박인영(2001). 학업적 자기 효능감 척도 개발 및 타당화 연구. 교육학연구, 39(1), 95-123.

김아영 · 조영미(2001). 학업성취도에 대한 지능과 동기변인들의 상대적 예측력. 교육심리연구, 15(4), 121-138.

김아영(2005). "21세기 인재육성과 교육심리학의 과제: 지능과 창의성"에 대한 종합논의. 2005년도 교육심리학회 연차학술대회, 173-183.

김영채(2001). 창의적 성격특성: 학교교육을 통한 발달경향 및 교과 성적과의 상관. 교육학연구, 39(1), 1-24.

김종완(1998). 통합적 접근에 기초한 아동의 창의성 측정도구 개발. 박사학위논문, 성균관대학교.

김보선(1998). TTCT에 대한 미국인과 한국인의 반응 결과의 차이 연구. 석사학위논문, 성균관대학교.

김혜숙(1999). 창의성 진단 측정도구의 개발 및 타당화. **교육심리 연구**, 13(4), 269-303.

김혜숙, 최인수(2002). 창의성구조모형의 검증, **교육심리연구**, 16(4), 229-245.

동효관·전영석(2003). 한성과학고등학교 학생 선발과정의 현황분석. **영재교육연구**, 13(4), 65-94.

문용린 역저(2001). **다중지능 인간지능의 새로운 이해**. 서울: 김영사.

박숙희(2003). 언어영역에서의 창의성 계발. **영재와 영재교육**, 2(1), 117-131.

박영석·박홍기(1999). 동기 지향성에 따른 직무태도의 이원성. **카톨릭대학교 사회과학연구소 사회과학연구실**, 14, 71-91.

박영석·정수정(2000). 금전적 보상이 창의성에 미치는 효과: 내재적 및 외재적 동기의 조절 효과. **한국심리학회지: 사회 및 성격**, 14(3), 37-49.

성균관대학교 창의력개발연구실(1998). 창의성 숨겨진 나의 보물. 서울: 재능출판사.

성은현(2003). 창의성 상·하 집단의 지적 능력과 인성특성 비교 - 아동학과·유아교육과 학생을 대상으로. **한국심리학회지: 발달**, 16(3), 67-86.

손민정(2001). 동기와 창의성과의 관계연구. 석사학위논문, 숙명여자대학교.

손향숙(1997). 자기 규제적 방략 학습과 확산적 사고 훈련이 창의성 향상에 미치는 효과. 박사학위논문, 성균관대학교.

송인섭 외(2001). 영재교육의 이론과 방법. 서울: 학문사.

송인섭(2005). 21세기 인재육성과 교육심리학의 과제: 지적능력.

한국교육심리학회 연차대회논문집. 9-25.

송정남·한덕웅(2001). 외적 보상과 성취목표가 내적 동기에 미치는 효과. **한국심리학회지: 사회 및 성격**. 199-204.

양수경(2002). 고등학생을 대상으로 한 분야별 영재 판별도구의 탐색과 그 활용방안 연구. 석사학위논문. 성균관대학교.

유연옥(2003). 그림 창의성 검사(TCT-DP)에 의한 아동의 창의성 발달. **한국심리학회지: 발달**, 16(2), 53-70.

윤정일 외(2003). 신교육의 이해. 서울: 학지사.

이정규(1995). 학습동기의 자율성에 관한 연구. 석사학위논문. 쓰쿠바대학교.

이용남 외(2003). **신교육심리학**. 서울: 학지사.

장재윤, 구자숙(1998). 보상이 내재적 동기 및 창의성에 미치는 효과: 개관과 적용. **한국심리학회지: 사회 및 성격**, 12(2), 39-77.

전경원 역(1998). **창의성과 동기유발**. 서울: 창지사.

전경원(2000). **창의학**. 서울: 학문사.

전경원(2005). 창의성 연구의 현황. **2005년도 교육심리학회 연차학술대회**, 61-76.

조석희(1999). 창의성 증진을 위한 교수-학습에 관한 교육심리학의 역할과 과제. **교육심리연구**, 13(2). 81-105.

조선배(1999). **LISREL 구조방정식 모델**. 영지문화사.

최인수(1998). 창의성을 이해하기 위한 여섯 가지 질문. **한국심리학회지: 일반**, 17(1), 25-47.

최인수(1998). 창의적 성취와 관련된 제 요인들: 창의성 연구의 체계모델을 중심으로. **미래유아교육협회**, 5(2). 133-166.

최일호·최인수(2001). 새로운 생각은 어떻게 가능한가: 전문분야 창의성에 대한 학습과정모델 접근. **한국심리학회지: 일반**. 20(2),

409-428.

하대현(2002). T. Amabile의 창의성 이론에 근거한 동기와 창의성 간의 관계 연구. **교육학연구**, 40(2), 111-142.

하대현(2003). MI이론의 경험적 타당화 연구(Ⅲ) : 지능과 인지양식의 영역-특수성의 발달적 변화. **교육심리연구**, 17(3), 27-52.

하주현(1999). 아동기에서 청년기까지의 창의적 인지와 창의적 인성의 발달경향 연구. 박사학위논문, 성균관대학교.

하주현(2001). 창의적 인성검사의 연령별 타당화 및 연령별 발달경향 연구. **교육심리연구**, 15(3), 323-351.·

하주현(2003). 창의적 사고와 문제발견 사고의 연령에 따른 차이. **교육심리연구**, 17(10), 311-327.

한국교육개발원(2002). **인문·사회 영재 판별도구 개발연구(Ⅲ) -언어 영재 판별 검사 도구개발을 중심으로-** 수탁연구 CR2002-44.

한국교육개발원(2003). 초등 영재학생의 지적·정의적 행동특성 및 지도 방안 연구- 수탁연구 CR2003-25.

한기순(2000). 창의성의 영역한정성과 영역보편성에 관한 분석과 탐구. **영재교육연구**, 10(2), 47-69.

홍세희(2000). 구조방정식 모형의 적합도 지수 선정기준과 그 근거. **한국심리학회지: 임상**, 19(1). 161-177.

황정규(1995). **인간의 지능(2nd)**. 서울: 민음사.

Ai. X (1999). Creativity and academic achievement: An investigation of gender differences. *Creativity Research Journal, 12(4).* 329-337.

Amabile, T. M. (1979). Effects of external evaluation on artistic creativity. *Journal of Personality and Social Psychology, 37,* 221-233.

Amabile, T. M. (1983). The social psychology of creativity. A componential conceptualization. *Journal of Personality and Social Psychology, 45(2)*, 357-376.

Amabile, T. M. (1985). Motivation and creativity: Effects of motivational orientation on creative writers. *Journal of Personality and Social Psychology, 48*, 393-399.

Amabile, T. M. (1989). *Growing up creative: Nurturing a life of creativity.* Buffalo, N.Y.: Creative Education Foundation.

Amabile, T. M. (1993). Motivational synergy: Toward new conceptualizations of intrinsic and extrinsic motivation in the workplace. *Human Resource Management Review, 3*, 185-201.

Amabile, T. M. (1996). *Creativity in context: Update to the social psychology of creativity.* Boulder, CO: Westview Press.

Amabile, T. M. (1999). Motivation and Creativity. In R. J. Sternberg(Eds.), *Handbook of creativity (pp.136297-312).* Cambridge University Press.

Amabile, T. M. Hennessey, B. A., & Grossman, B. S. (1986). Social influence on creativity: The effects of contracted for reward. *Journal of Personality and Social Psychology, 50.* 14-23.

Amabile, T. M.  & Gryskiewicz, S. S. (1987). *Creativity in the R & D laboratory(Tech. Rep.136No. 30).* Greensboro, NC: Center for Creative leadership.

Amabile T. M. & Phillips, E. D. & Collins, M. A. (1993). Social and personal influences on professional artists' creativity. Paper presented at the 101st Annual Convention of the APA, Toronto, ontario, Canada.

Amabile, T. M., Hill, K. G., Hennessey, B. A., & Tighe, E. M. (1994). The Work Preference Inventory: Assessing intrinsic and Extrinsic motivational orientations. *Journal of Personality and Social Psychology, 66(5)*, 950-967.

Baer, J. (1991). Generality of creativity across performance domains. *Creativity Research Journal, 4.* 23-39.

Baer, J. (1994a). Why you shouldn't trust creativity? Do you have long term stability? *Roeper Review, 17(1).* 7-11.

Baer, J. (1996). The effect of task-specific divergent-thinking training. The Journal of Creative Behavior*, 30,* 183-187.

Baer, J. (1998). The case for domain specificity of creativity. *Creativity Research Journal, 11(2).* 173-177.

Baer, J. (1999). Domains of Creativity. In Runco, M. A. & Pritzker, S. R.(Eds.). *Encyclopedia of Creativity*(pp.136591-596). Academic Press.

Baer, J. (1999). Gender differences, In Runco, M. A. & Pritzker, S. R.(Eds.). *Encyclopedia of Creativity*(pp.136753-758). Academic Press.

Bandura, A. (1977). Self-efficacy: Toward a unifying theory of behavioral change. *Psychological Review, 84*, 191-215.

Bandura, A. (1986). *Social foundations of thought and action: A social cognitive theory.* Englewood Cliffs, N,J.: Prentice Hall.

Bandura, A., & Schunk. D. H. (1981). Cultivating competence, self-efficacy and intrinsic interest through proximal self-motivation. *Journal of Personality and Social Psychology, 41*, 586-598.

Barron, F., & Harrington, D. M. (1981). Creativity, intelligence, and personality. *Annual Review of Psychology, 32,* 439-476.

Boring, E. G. (1923). Intelligence as the the tests test it. New Republic, 35, 35-37.

Brown, R. T.(1989). Creativity: What are we to measure? In J. A. Glover. R. R. Ronning, & C. R. Reynolds(Eds.), *Handbook of creativity*(pp3-36), NY: Plenum Press.

Bray, J. M., & Maxwell, S. E. (1985). *Multivariate analysis of variance: Quantitave applications in the social sciences.* U.S.A: Sage.

Bruner, J. S. (1965). *Toward a theory of instruction.* Belknap.

Cameron, N. J., & Pierce, W. D. (1994). Reinforcement, reward and extrinsic motivation: A meta-analysis. *Review of Educational Research, 64,* 363-423.

Cameron, N. J., & Pierce, W. D. (1996). The debate about rewards and intrinsic motivation: Protests and accusations do not alter the results. *Review of Educational Research, 66,* 39-51.

Chandler, C. L., & Connell, J. p.136(1987). Children's intrinsic, extrinsic and internalized motivation. *British Journal of Developmental Psychology, 5,* 357-365.

Christiaans, H. H. C. B. (2002). as a Design Criterion, *Creativity Research Journal,* 14(1), 41-54.

Crammond, p.136R., Mathews-Mogan, j., Torrance, E. P., & Zuo, L. (1999). Why should the Torrance Tests of Creaitve Thinking be used to assess creativity? *The Korea Journal of Thinking & Problem solving, 9,* 77-101.

Csikszentmihalyi, M. (1988). Society, culture, and person: a systems view of creativity. In R.J. Sternberg (Ed.), *The Nature of Creativity*, (pp.136325-339). Cambridge: MA: Cambridge University Press.

Csikszentmihalyi, M.(1996). *Creativity: Flow and the psychology of discovery and invention.* New York: HarperCollins.

Collins, M. A. & Amabile, T. M. (1999). *Motivation and Creativity.* In R. J. Sternberg(Eds.), Handbook of creativity (pp.136297-312). Cambridge University Press.

Condry, J. (1977). Enemies of exploration: Self-initiated versus other-initiated learning. *Journal Personality and Social Psychology, 35,* 459-477.

Connell, J. p.136(1985). A new multidimensional measure of children's perceptions of control. *Child Development, 56,* 1297-1307.

Conti, R., & Amabile, T. (1999). Motivation/Drive. *Encyclopedia of Creativity,* 2(pp.136251-259, Academic Press.

Cooper, E. (1991). A critique of six measures for assessing creativity. In writing, B. G.(eds.). *Journal of Crativity Behavior, 25(3),* 194-204.

Davidson, P., & Bucher, B. (1978). Intrinsic interest and extrinsic reward: The effects of a continuing token program on continuing nonconstrained. *Behavior Therapy, 9,* 222-234.

Davis, G. A. (1989). Testing for creative potential. *Contemporary Educational Psychology, 14.* 257-274.

Davis. G. A. & Rimm. S. A. (2004). Education of the gifted and talented(5th ed.) Boston: Allyn & Bacon.

Deborah, J. S. (1993). *Intrinsic Motivation: Motivation to learn from theory to practice*. Allyn and Bacon.

DeCharms, R. (1973). *Enhancing motivation: Changes in the classroom*. Irvington Publishers.

Deci, E. L. (1971). Intrinsic motivation, extrinsic motivation, and inequity. *Journal of Personality and Social Psychology, 18*, 105-115.

Deci, E. L. & Ryan, R. M. (1985a). *Intrinsic motivation and self-determination in human behavior*. NY: Plenum Press.

Deci, E. L. & Ryan, R. M. (1985b). The General Causality Orientations Scale: Self-determination in Personality. *Journal of Personality and Social Psychology, 19*. 109-134.

Deci, E. L. & Ryan, R. M. (1996). When paradigms clash: Comments on Cameron and Pierce's claim that rewards do not undermine intrinsic motivation. *Review of Educational Research, 66*, 33-38.

Diakidoy, I. N.. & Spanoudis, G. (2002). Domain Specificity in Creativity Testing: A Comparison of Performance on general divergent-thinking test and personalities, content specific test. The Journal of Creative Behavior*, 36(1)*, 41-61.

Edward & Tyler(1965). Intelligence, creativity, and achievement in a nonselective public junior highschool. *Journal of Educational Psychology, 56,* 96-99.

Eisenberger, R., (1992). Learned industriousness. *Psychological Review, 99*, 248-267.

Eisenberger, R., & Armeli, S. (1997). Can salient reward increase creative performance without reducing intrinsic creative interest? *Journal of Personality and Social Psychology, 72.* 652-663.

Eisenberger, R., Armeli, S., & Pretz, J. (1998). Can be promise of reward increase creativity? *Journal of Personality and Social Psychology, 74.* 704-714.

Eisenberger, R., & Cameron, J. (1996). Detrimental effects of reward: Reality or myth? *American Psychologists, 51(11),* 1153-1166.

Einsenberger, R., & Selbst, M. (1994). Does reward increase or decrease creativity? *Journal of Personality and Social Psychology, 66,* 1116-1127.

Eisenberger, R. & Cameron, J. (1998). Reward, Intrinsic motivation, and Creativity: New Findings. *American Psychologist, 53(6).* 673-682.

Eisenberger, R., & Rhoades, L. (2001). Incremental Effects of reward on Cretivity, *Journal of Personality and Social Psychology, 81(4).* 728-741.

Fabes, R. A., Morgan, J. D., & McCullers, J. C. (1981). The hidden costs of reward and WAIS subscale performance. *American Journal of Psychology, 94,* 387-398.

Feldman, D. H., Csikszentmihalyi, M. & Gardner, H. (1994). *Changing the world: A framework for the study of creativity.* Westport, Conn: Praeger.

Feldhusen, J. F. (1994). Teaching and testing for creativity. In the *international Encyclopedia of Education*(2nd ed., pp.1361178-1183). NY: Pergamon Press.

Fox, H. H. (1963). A critique on creativity in science. In M. A. Coler(Ed.), Essay on creativity in the sciences (pp.136123-152). NY: New York University Press.

Gardner, H. (1983). *Frames of mind: The theory of multiple intelligences.* NY; Basic Books.

Gardner, H. (1993). *Multiple Intelligences: The theory in practice.* NY. : Basic Books.

Gardner, H. (1995). Reflections on multiple intelligences: Myths and messages. *Phi Delta Kappan, 77(3),* 202-209.

Gardner, H. (1999). *Intelligences Reframed* : NY; Basic Books.

Garret, H. E. (1946). A developmental tehory of intelligence. *American Psychologist, 1.* 372-378.

Gerrad, L. E. Poteat, G. M. & Ironsmith, M. (1996). Promoting children's creativity: Effects of competition, self-esteem, and immunization. *Creative Research Journal, 9,* 339-346.

Getzel, J. M., & Jacson, p.136W. (1962). *Creativity and intelligence.* New York: Wiley.

Getzel, J. M., & Csikszentmihalyi, M. (1976). *The creative vision: A longitudinal study of problem finding in art.* NY: Wiley.

Gronick, W. S., & Ryan, R. M.(1989). Parental styles associated with children's intrinsic/ extrinsic motivational orientation and academic performance. *Child Development, 64,* 1461-1474.

Guilford, J. p.136(1956). The structure of intellect. *Psychology Bulletin, 53,* 267-293.

Guilford, J. p.136(1967). The nature of human intelligences. New York: McGraw-Hill.

Guilford, J. p.136(1971). Some misconceptions regarding measurement of creative behavior. *The Journal of Creative Behavior, 5*. 77-87.

Han, K. S & Marvin, C. (2002). Multiple Creativities? Investigating Domain-Specificity of Creativity in Young Children. Gifted Child Quarterly, 46(2). 98-109.

Harter, S.(1981). *A scale of intrinsic versus extrinsic orientation in the classroom*. University of Denver.

Heine, S. J., Kitayama, S., Lehman, D., & Takata, T. (1998). Divergent consequence of success and failure in Japan and North America. Presented at the 10th Annual APS Convention, May, Washington D. C.

Hennessey, B. A., & Amabile, T. M. (1998). Reward, Intrinsic motivation and creativity. *American Psychologists, 53*, 674-675.

Hennessey, B. A. & Amabile, T. A. (1999). Consensual Assessment. In Runco, M. A. & Pritzker, S. R.(Eds.). *Encyclopedia of Creativity*(pp.136347-359). Academic Press.

Hennessey, B. A. & Zbikowski, S. (1993). Immunizing children against the negative effects of reward: A further examination of intrinsic motivation training techniques. *Creativity Research Journal, 6*, 297-308.

Hoecevar, J. L. & Bachelor, p.136(1989). A taxomony and critique of measurements used in the study creativity. In J. A. Glover, R. R. Ronning, & Reynolds(Eds), Handbook of creativity(pp.1363-32). NY.: Plenum.

Hogan, R., & Cheek, J. M. (1983). Identity, authenticity, and maturity. In T. R. Sarbin & K. E. Scheibe (Eds.), *Studies in social identity(pp.136339-357)*. NY: Praeger.

Huber(2000). Einstein and Picasso. *The Clearing House, 72,* 153-155.

Inghilleri, P(1999). Intrinsic motivation, extrinsic motivation, and self-determination, *From subjective experience to cultural change(pp.13648-60).* Cambridge Univ. Press.

Kim, Y. C. (1999). Torrance test of creative thinking: *Norms-Technical Manual-Figural (Streamlined) Forms A & B.* standardized version in Korean. Seoul: CAJS Institute.

Kogan, N. (1994). Diverging from divergent thinking. *Contemporary Psychology, 39(3).* 291-292.

Kuncel, N. R., Helzlett, S. & Ones, D. S (2004). Academic Performace, Career Potential, and Performance: Can One Construct Predict Them All? *Journal of Personality and Social Psychology, 86(1).* 148-161.

Lepper, M. R. & Green, D. (1975). Turning play into work: Effect of adults surveillance and extrinsic reward on children's intrinsic motivation. *Journal of Personality and Social Psychology, 31.* 479-486.

Lepper, M. R. & Green, D. (1976). On understanding "overjustification": A reply to Reiss and Sushinsky. *Journal of Personality and Social Psychology, 40.* 25-35.

Lubart, T. I. (1994). Creativity. In E. C. Carterette & M. p.136Friedman(general eds.) The Handbook of perceptions and cognition, vol. 12. NY: Academic Press.

Lubart, T. I. (1999). Creativity across cultures. In R. J. Sternberg(Eds.), *Handbook of creativity (pp.136339-350).* Cambridge University Press.

Mackinnon, D. W. (1978). *In search of human effectiveness:*

*Identifying and developing creativity.* Buffalo: NY : Creative Educatin Foundation.

Markus, H. R., & Kitayama, S. (1991). Culture and the self: Implications for cognition, emotion, and motivation. *Psychological Review, 98*, 224-253.

McGraw, K. O. (1978). The detrimental effects of reward on performance: A lieterature review and a prediction model. In M. R. Lepper & D. Greens(eds.), *The hidden costs of reward.* Hillsdale, NJ: Lawrence Elrbaum.

Mawhinney, T. C., Dickinson, A. M., & Talyor, L. A. (1989). The use of concurrent schedules to evaluate the effects of extrinsic rewards on "intrinsic motivation". *Psychological Review, 98*, 224-253.

Morgan, M. (1981). The overjustification effect: A developmental test of self-perception interpretation. *Journal of Personality and Social Psychology, 40.* 809-821.

Mumford, M. D., & Gustafson, S. B. (1988). Creativity syndrome: Intergration, application, and innovation. *Psychological Bulletin, 103*, 27-43.

Mumford, M. D., Feldman, J. M. Hein, M. B. & Nagao, D. J. (2001). Tradeoffs Between Ideas and Structure: Individuals Versus Group performancd in Creative Problem Solving. The Journal of Creative Behavior*, 35(3).* 1-23.

Nickerson, R. S. (1999). Enhancing creativity. In R. J. Sternberg(Eds.), *Handbook of creativity (pp.136392-430).* Cambridge University Press.

Parkhurst, H. B. (1999). Confusion, lack of consensus, and the definition of creativity as a construct, The Journal of Creative Behavior*, 33.* 1-21.

Plucker, J. (1998). Beware of simple conclusions: The case for content generality of creativity. *Creativity Research Journal, 11(2),* 179-182.

Plucker, J. (1999a). Reanalyses of student responses to creativity checklists: Evidences for content generality. *The Journal of Creative Behavior, 33.* 126-137.

Plucker, J. (1999b). Is the proof in the pudding? Reanalyses of Torrance's(1958 to present) longitudinal data. *Creativity Research Journal, 12.* 103-114.

Popper, K. R.(1935, trans. 1959). The logic of scientific discovery, NY. : Basic Books.

Ritter, p.136L., Dornbusch, S. M., Elworth, J. T.(1988), *Parental reaction to grades: A field test of the overjustification approach.* Stanford Press.

Ryan, R. W., Deci, E. L. & Connell, J. P.(1985). *A motivational analysis of self-regulation in education.* In Cmes & R. E Ames(Eds).

Ryan, R. W., & Connell, J. P.(1989). Perceived locus of causality and internatioal: Examing reasons for acting in two domains. *Journal of Personality and Social Psychology, 57,* 749-761.

Runco, M. A. (1999). Developmental trends on creative abilities and potentials. In M. A. Runco & Prizker (Eds), *Encyclopedia of creativity, vol. 1,* (pp537-540). CA: Academic Press.

Runco, M. A., McCarthy, K. A. & Svensen, E. (1994). Judgement of the creativity of artwork and students and professional artists. *Journal of Psychology, 128.* 23-31.

Runco. M. A. & Plucker, J. A. & Lim, W. (2000-2001), Development and Psychometric integrity of a measure of Ideational Behavior. *Creativity Research Journal, 13(3 & 4)*. 393-400.

Ryan, R. W., Deci, E. L., & Connell, J. p.136(1985). A motivational analysis of self-regualtion in education. In Cmes & Ames(Eds), *Research on motivation in education: The classroom milieu(pp 13-51)*. NY: Academic Press.

Ryan, R. W. & Connell, J. p.136(1989). Perceived locus of causality and international: Examing reasons for acting in two domains. *Journal of personality and society psychology, 57*, 749-761.

Ryan, R. W., & Deci, E. L. (2000). Self-determination theory and facilitation of intrinsic motivation, social development, and well-being. *American Psychologist, 55*, 68-78.

Sansone. C. & Harackiewicz. J. M. (1998). "Reality" is complicated. *American Psychologist, 53*, 673-674.

Schunk, D. H. (1990). Goal setting and self-efficacy during self-regulated learning. *Educational Psychologist, 25*, 71-86.

Sternberg, R. J. (1989). A three-facet model of creativity. In R. J. Sternberg(Ed.), The nature of creativity: Contemporary psychological perspectives(pp.136125-147). NY: Cambridge University Press.

Sternberg, R. J. & Rubart, T. I.(1991). An Investment theory of creativity and its development, *Human Development, 34*, 1-34.

Sternberg, R. J. & Rubart, T. I.(1993). Creative giftedness : A Multivariate investment approach. Gifted Child Quarterly.,

37(1), 7-15.

Sternberg, R. J. & Rubart, T. I.(1995). *Defying the crowd: Cultivating creativity in a culture of conformity*. NY: Free Press.

Sternberg, R. J. & Rubart, T. I.(1996). Investing in Creativity. American Psychologist, July.

Sternberg, R. J. & Rubart, T. I.(1999). The concept of creativity: Prospects and Paradigms. In R. J. Sternberg(Eds.), Handbook of creativity (pp.1363-15). Cambridge University Press.

Stokes, p.136D. (2000-2001). Variations on Guilford's Creativite Abilities. *Creativity Research Journal, 13(3&4)*, 277-284.

Tannenbaum. A. J. (1983). 김태련 · 김정휘 · 조석희 역(2004). Gifted Children: Psychological and Educational Perspectives. 서울: 이화여자대학교출판부.

Tang, S., & Hall, V. C. (1995). The overjustification effect: A meta-analysis. *Applied Cognitive Psychology, 9*, 365-404.

Tegano, D. W., Moran, D. J., & Sawyers, J. K. (1991). *Creativity in early childhood classrooms.* Washington DC: National Educational Association.

Torrance, E. p.136(1962). *Guiding creative talent,* Englewood Cliffs, NJ: Prentice-Hall.

Torrance, E. p.136(1963). *What kind of person are you?* Unpublished manuscript, Univ. Minnesota.

Torrance, E. p.136(1970). *Encouraging creativity in the class-room.* Dubuque, IA: William C. Brown.

Torrance, E. p.136(1974). *The Torrance test of creative*

*thinking*: Norms and Technical Manual. Bensenville, Illinois; Scholastic Testing Service Inc.

Torrance, E. p.136(1982). Hemisphericity and thinking creative functioning. *Journal of Research and Development in Education, 15.* 29-37.

Torrance, E. p.136& Ball, O. E. (1984). *Torrance test of Creative Thinking: Streamlined (revised) manual, Figual A and B.* Bensenville, Illinois; Scholastic Testing Service Inc.

Torrance, E. p.136(1990a). *The Torrance test of Creative Thinking* : Norms-technical manual. Bensenville, IL. : Scholastic Testing Service, INC.

Torrance, E. p.136(1998). Creativity as manifest in testing. In R. J. Sternberg.(Ed.). *The nature of creativity(pp43-75).* NY: Cambridge University Press.

Torrance, E. p.136(1998). Torrance test of creative thinking: *Norms-Technical Manual-Figural (Streamlined) Forms A & B.* Bensenville, Illinois; Scholastic Testing Service Inc.

Torrance, E. p.136(2000). The millenium: A time for looking forward and looking backward. *Korean Journal of Thinking & Problem Solving, 10(1).* 5-19.

Treffinger, D. J. & Felshusen, J. F. (1996). Talent recognition and development: Success to gifted education. *Journal of the Gifted, 19(2),* 181-193.

Walberg, H. J. (1982). Child traits and environmental conditions of highly eminent adults. *Gifted Child Quarterly, 25,* 103-107.

Walberg, H. J. (1988). *Child traits and talent as learning. In*

*R. J. Sternberg (Ed.). The nature of creativity(340-361).* NY: Cambridge Univ. Press.

Wallach, M. A. (1971). The intelligence/creativity distinction . NY: General Press.

Wallach, M. A. (1986). Creativity testing & giftedness. In Horowitz & O'Brein (Eds), *The Gifted & Talented: Developmental perspectives(pp99-123).* American Psychological Association.

White, R. W.(1959). Motivation reconsidered: *The concept of competence. Psychological Review, 66,* 297-333.

Winner, E. (1996). *Gifted children: Myths and realties.* New York: Basic Books.

Winston, A. S., & Baker, J. E. (1985). Behavior analytic studies of creativity: A critical review. *Behavior Analyst, 8,* 191-205.

Woodman, R. W., & Schoenfeldt, L. F. (1989). Individual differences in creativity: An Interactoinist perspective. In J. A. Glover. R. R. Ronning, & C. R. Reynolds(Eds.), *Handbook of creativity*(pp3-36), NY: Plenum Press.

Yamada, H. & Tam, A. Y. W. (1996). Prediction study of adult creative achievement: Torrance's longitudinal study of creativity revisited. The Journal of Creative Behavior, 30. 144-149.

Zhou, Zing & Oldham, G. R. (2001). Enhancing Creative performance: Effects of Expected Develop-mental Assessment Strategies and Creative Personalities. The Journal of Creative Behavior, 35(3), 151-167.

# 부 록

<부록 1>
# 전혀 새로운 이야기로 다시 만들기

_____학년 _____반 _____번 ( 남, 여 )  이름 _____

 하늘에서 눈이 펑펑 오는 추운 크리스마스 전날 밤이었습니다.
 거리의 사람들은 선물꾸러미를 들고 즐겁게 오고 갔습니다. 그곳
에 성냥을 파는 한 소녀가 나타났습니다. "성냥 사세요, 성냥이요"
하지만 아무도 소녀를 거들떠보지 않았습니다.
 소녀는 너무 추워보였습니다. "어떡하지, 오늘은 꼭 팔아야하는
데."
 소녀는 풀 죽은 모습으로 다시 한번 외쳤습니다.
 "성냥 사세요, 성냥이요"날은 점점 어두워지고 바람은 강하게 불
었습니다.
 그러나 성냥을 사는 사람은 아무도 없었습니다. "아, 배고파, 날
씨는 점점 추워지는데." 소녀는 언 손을 녹이려고 입김을 불었습니
다. 그러나 조금도 따뜻해지지 않았습니다.
 이제 거리는 조용해지고 집집마다 불이 환하게 켜졌습니다.
"나도 저런 집이 있으면 좋겠어. 어머니가 살아계실 때는 행복했는
데...."눈은 계속내리고 바람은 더욱 강해졌습니다. 소녀는 배가
고파서 더 이상 걸을 수도 없었습니다. 어느 집 계단에 앉은 소녀
는 언 손을 입김으로 호호 불면서 추위를 녹이다가 좋은 생각을 떠
올렸습니다. "그래, 이 성냥으로 불을 켜서 ......"..

 다음 이야기는 여러분이 전혀 새로운 이야기로 다시 만들어
보세요.
 그리고 성냥팔이 소녀에게 하고 싶은 이야기를 해 보세요
-------------------------------------------------------

(뒷장에도 계속해서 쓰세요)

&lt;부록 2&gt;

# 수학문제 만들어 보기(초등학생)

___학년  ____반  번호___ ( 남 , 여 )  이름_____

다음의 보기와 같이 제한된 시간 안에 재미있고 독창적인 가능한 한 어려운 수학문제를 많이 만들어 보세요.

----------------------------------

1.

(☞ 뒷장에도 계속하여 만들어 보세요)

&lt;부록 2-1&gt;

# 수학문제 만들어 보기(중고등학생)

___학년  ____반  번호___ ( 남, 여 )  이름_____

다음의 보기와 같이 제한된 시간 안에 재미있고 독창적인 가능한 한 어려운 수학문제를 많이 만들어 보세요.
필요할 경우 문제를 풀기 위한 조건들을 문제에 명시하세요.

----------------------------------

1.

(☞ 뒷장에도 계속하여 만들어 보세요)

<부록 3>

# 로빈슨 쿠르소의 발명

___학년 ____반 번호_____ ( 남, 여 ) 이름 _____

　어느 날 나는 무인도에 간신히 도착한 로빈슨 크루소가 되었습니다.
　무인도에서 살아가기 위해 난파선에서 주운 다음과 같은 모양들을 모았습니다.
　이들 중에서 필요한 것을 골라 발명품을 스스로 만들어야 합니다. 이왕이면 생활에 필요한 발명품이어야겠지요.
　곰곰이 잘 생각해본 후에 자신이 고안한 발명품을 가능한 한 자세히 그려보세요. 다 그린 후에는 각 부분의 재료와 쓰임새 그리고 발명품의 이름을 지어보세요.

고안한 발명품을 그리고, 이름을 지어보세요.

이름 _____

발명품의 쓰임새와 어떤 재료가 사용되었는지 자세히 써보세요.

&lt;부록 4&gt;

# 콜라주 만들기

____학년 ____반 번호____ ( 남, 여 ) 이름_____

여러분에게 주어진 봉투 속에는 여러
가지 색과 모양을 가진 색종이 조각들이
들어 있습니다. 그 색종이 들을 도화지에
붙여 재미있는 콜라주를 만들어 보세요.
그리고 재미있고 멋진 제목을
붙여보세요.

재미있는 제목을 붙여보세요

—————————————————————

# 제 2 부

## 국내의 전문학술지 게재 논문

# 국내전문학술지 게재 논문

이정규(2003). 창의성 연구에 있어서 영역성과 측정에 대한 문제점 분석 연구. 교육심리연구, 17(4). 315-335.

이정규(2003). 창의성의 영역성에 대한 수행집단간의 비교연구. 영재교육연구, 13(4). 117-138.

이정규(2004). 학업성취도에 대한 창의성의 상대적 예측력. 교육학연구, 42(4). 317-342.

이정규(2004). 한국의 영재교육의 실태분석 및 발전방향에 대한 연구. 한국일본교육학연구, 9(1). 63-82.

이정규(2005). 창의성의 영역성의 연령집단별 차이. 교육심리연구, 19(1). 291-310.

# 창의성 연구에 있어서 영역성과 측정에 대한 문제점 분석연구

≪ 요 약 ≫

이 연구의 목적은 최근에 창의성 연구에서 논쟁이 심화되고 있는 '영역성'과 '측정'에 대한 이론적인 고찰과 우리나라의 교육현장에서 이를 검증하는 것이다. 먼저, '영역성'과 '측정'에 대한 논지와 내포된 문제점을 고찰하였다. 그 결과 창의성의 '영역성'과 '측정'에 대한 논쟁은 별개의 장에서 이루어지고 있지만, 두 논쟁 간에는 밀접한 관계성이 존재함이 규명되었다. 즉, 지난 50여 년간 창의성은 모든 영역에 걸친 '영역－일반성'으로서 객관적 측정법으로 측정되었다. 이에 반하여, 창의성은 '영역－특수성'으로, 영역별 전문가들에 의한 주관적으로 측정되었다. 다음으로, 다양한 통계적 기법을 적용하여 검증하였다. 객·주관적 검사 도구는 신뢰로운 검사 도구로 밝혀졌고, 영역－일반성의 확산적 사고의 변인 간의 상관, 영역－특수성의 4개 영역 간의 상관, 그리고 확산적 사고의 변인과 영역 간의 상관에서 모두 유의미한 상관관계를 보였다. 또한 상위 20%에서 2개 영역이상 중첩된 학생이 19.76%로 나타났으며, 영역－특수성에 대한 영역－일반성의 설명력에서는 모든 변인이 설명력이 있었다. 연구결과, 영역－일반성의 객관적 측정, 영역－특수성의 주관적 측정 중 어느 한쪽만을 일방적으로 지지하기 어려운 결과가 나타났다. 오히려 영역－일반성과 영역－특수성 간의 개념은 이분법적인 속성이 아닌, 상호 보완 혹은 상호 통합될 수 있는 영역의 상보설을 경험적으로 지지하였다.

# Ⅰ. 서 론

## 1. 연구의 필요성

우리나라는 21세기 고도의 지식정보화 사회에서 국가 경쟁력을 높이기 위해 '창의성 계발'을 교육개혁의 핵심목표로 설정하여 추진하고 있다. 2000년도부터 시작된 제7차 교육과정의 목표를 "21세기의 세계화·정보화 시대를 주도할 자율적이고 창의적인 한국인 육성"으로 설정하고, 단계적으로 확대 시행하고 있다. 또한 "탁월한 잠재적 능력을 지닌 영재의 창의성, 도덕성, 자기 주도적인 학습 태도를 함양"을 목표로 하는 영재교육 진흥법이 공포(2000. 1. 28)되어 시행되고 있다. 이와 같이 국가적으로 창의력의 계발과 창의적인 인재육성에 많은 예산과 노력을 투자하고 있는 교육적 상황이다.

창의성의 연구자들은 Guilford의 지능구조 이론, 확산적 사고 등에 많은 영향을 받아 연구가 촉발되었다(Brown, 1989). 이후 연구자들은 창의성의 주요 요소는 확산적 사고이며, 모든 영역에 걸쳐 적용 가능한 영역 일반적, 공통적인 것으로 인식하게 되었으며, 확산적 사고를 계발하기 위한 교육프로그램과 측정도구들이 개발되어 왔었다.

그러나 최근에 창의성 연구를 위해 선결되어야 할 중요한 두 가지 이슈가 논쟁 중에 있다. 그것은 최근 10여 년간 상반된 입장의 학자들에 의해 첨예하게 논쟁 중에 있는 '영역성'과 '측정'에 대한 문제이다. 과학적 이론은 끊임없는 논쟁과 반증을 통하여 발전한다. Popperian의 반증주의의 관점에서, 과학적 이론이란 반증되어야 하며, 반증되지 않는 이론은 비과학적 이론이라고 하였다(Popper, 1945).

창의성 연구도 이러한 관점에서 비추어볼 때, '영역성'과 '측정'에 대한 반증과 논쟁은 창의성 이론의 과학적 발전을 꾀하고자 하는 과정으로 해석할 수 있다. 그러나 한편으로는 이러한 논쟁의 가열은 연구자들 간에 많은 혼선을 초래할 수 있다.

따라서 최근에 연구자들 간에 논쟁 중에 있는 '영역성'과 '측정'에 대하여 이론적인 연구 및 우리나라의 교육현장에서 규명되어야겠다.

## 2. 연구 목적 및 연구 문제

이 연구의 목적은 창의성 연구에 있어서 논쟁 중에 있는 '영역성'과 '측정'에 대하여 이론적으로 고찰하고, 우리나라의 교육현장에서 경험적으로 검증하고자 하는 것이다. 이러한 연구의 결과는 '창의성 계발'을 목표로 설정하고 있는 제7차 교육과정의 확대 시행과, 특히 창의성의 잠재력이 우수한 영재교육에 있어서의 창의성에 대한 타당하고 신뢰로운 판별과 측정, 교수－학습방법의 합리적인 지도방안 등에 대한 중요한 시사점을 제공하게 될 것이다.

연구 문제를 구체적으로 기술하면 다음과 같다.

첫째, 창의성의 '측정'과 '영역성'의 논쟁의 논지와 문제점은 무엇인가?

둘째, 창의성은 영역－일반성인가? 영역－특수성인가?

최근 창의성의 영역성에 대한 이분법적 논쟁 외에 대안은 없는가?

# Ⅱ. 이론적 배경

## 1. 창의성의 영역성

  교육심리학에서 학생의 개인차를 연구하는 분야(지능, 창의성, 동기 등)의 영역의 일반성과 특수성(나아가 영역-특수성 내에서도 과제별 특수성으로까지 심화되어)에 대한 논쟁은 오늘날에 이르기까지 계속되고 있다. 영역(domain)이란 일반적으로 어떤 특정분야의 기저를 이루면서 이를 지원하는 사고의 표현의 장(set), 어떤 지식의 특정 영역을 의미하며, 언어, 수학, 미술 등의 지식 또는 학문의 분야를 의미한다(Winner, 1996; Baer, 1999).

### 가. 영역-일반성(domain-generality)

  창의성의 영역-일반성이란, 지능의 "g"요인과 같이 개인의 모든 영역에 골고루 영향을 미치는 일반적인 능력을 의미한다. 어느 한 영역에서 창의적 수행 수준이 우수한 개인은 다른 영역에서도 이와 유사한 창의적인 수행을 할 것이라는 선제하에 연구되어 왔다. Torrance (1992)는 "창의력이란 창의적인 성취를 할 때 작용한다고 생각하는 일반화된 정신능력의 집합"이라고 정의하였다. 따라서 영역-일반성의 측정에는 확산적 사고를 측정하는 TTCT 등과 같은 표준화된 창의적 사고 검사들이 주로 개발되어 널리 사용되어 왔던 것이다. 이러한 영역-일반성에 대한 관점은 지난 50여 년간 창의성 연구에서의 주류적인 위치에서 창의성의 정의, 계발, 측정과 평가 등에 널리 주창되어 왔다(Barron & Harrington, 1981; Eisenberger

& Cameron, 1996, 1998; Plucker, 1998; Baer, 1999: Runco, Plucker, & Lim, 2000-2001; 한기순, 2000).

## 나. 영역－특수성(domain-specificity)

창의성의 영역－일반성의 견해에 대하여, 영역－특수성의 견해가 제기되었다. 영역－특수성이란 각 영역에서의 창의적인 기술과 이해는 다른 영역과는 무관하다는 것이다. 인지적 발달이 언어, 미술, 음악, 수학, 과학과 같은 다른 지식의 영역들과 달리 독립적으로 진행된다는 것이다(Feldhusen, 1994; Baer, 1998, 1999, Diakidoy & Spanoudis, 2002).

영역－특수성은 Gardner(1983, 1993, 1995)의 사람은 똑같이 태어나지 않으며, 지능 또한 영역별로 다르다고 한 '다중지능이론(MI)'에서도 이론적 기초를 삼고 있다. 구분되는 인지적 영역이나 "지능들(intelligences)"이 있다는 증거가 창의성은 영역－특수성이라는 것을 증명하고 있다. Gardner(1995)는 "창의적인 사람이 특정 지능에서 뛰어난 것은 사실이다. 하지만 대부분의 경우, 그들은 두 가지 지능이 혼합된 형태의 능력을 나타내며, 최소한 그 중 하나는 다소 비정상적으로 뛰어나다."고 하였다(문용린, 2001: 129-144에서 재인용).

Brown(1989)은 확산적 과정에서의 창의성의 "g"요인의 탐색은 문제가 있다고 하였다. 창의성은 영역－특수한 곳에서 나타나며, 개인은 어느 한 영역에서 더 창의적이라고 강조하였다. 영역－특수성의 이론을 주장하는 연구자들은 창의성의 영역－일반성 이론이 매우 다양한 영역에 걸친 창의적 수행에 대해서는 설명하지 못하고 있다고 하였다(Feldhusen, 1994; Plucker, 1998: Baer, 1994a, 1998, 1999; 한기순, 2000, 2002).

Baer(1994a, 1994b)는 만약에 새로운 '영역－특수성'의 견해가 옳다면, 지금처럼 영역－일반성에 의해 창의적 아동을 판별하고 교육하는 것은 교육자원의 낭비이며 영재아에 대한 부당한 처사이자 부

적절한 교육이라고까지 강조한 바 있다. Treffinger와 Feldhusen (1996)과 한기순(2000, 2002) 등은 영재교육과 관련하여, 지금과 같이 영재아의 능력과 영역에 관계없이 동일한 계발 프로그램을 제공하는 것보다는, 특정 영역에서의 구체적인 능력의 판별과 개발이 훨씬 더 효율적이라고 주장하고 있다. 한기순(2000, 2002)은 미국 초등학교 2학년생 109명을 대상으로 연구한 결과에서 영역-특수성의 견해를 지지하였으며, 김명숙(2002)은 국내의 중학교 2학년의 일반아 105명과 영재아 90명을 대상으로 연구한 결과 영역-특수성을 지지하는 결과를 보이면서도, 영역-일반성의 몇몇 증거가 보인다고 연구결과를 제시하였다.

이러한 측면에서, Baer(1999)는 창의성 연구자들 간에 영역-특수성의 이론을 지지하는 경향이 확산되어 가고 있으나 차후에 더 많은 이론적 연구와 교육현장에서의 경험적 연구가 있어야 한다고 강조하였다. Diakidoy와 Spanoudis(2002)는 영역-특수성을 주장하는 학자들 가운데 불일치하고 있는 것은 다양한 인지 영역들을 구성하는 지식과 기술 간의 상호작용의 가능성이라고 지적하였다. Plucker (1998), 한기순(2002, 2002)은 창의성의 영역성에 대한 문제가 아직 충분한 연구와 논의가 이루어지지 않았으며, 논문도 개괄적 수준이라고 하였다. 그리고 창의성의 영역 특수성을 규정한 연구들조차도 발표된 연구물의 편수가 적어 논지가 아직은 정확하지 않으며 아직 더 많은 연구가 필요하다고 강조하였다. 최일호와 최인수(2001)는 과학영역과 예술영역에서의 창의성 발현과정에 어떤 보편성과 특수성을 갖는가에 대해 연구하면서, 아직 이 문제에 대한 연구 성과가 미진하다고 하면서, 오히려 지금까지는 이것을 구분하지 않은 경향이 강하였다고 하였다.

창의성의 영역-특수성에 대해 더 많은 이론의 정교화와 교육현장에서의 실증적 연구가 요구되고 있긴 하지만, 만약 영역-특수성의 견해가 지지된다면, 지금까지의 창의성 연구는 다음과 같은 세 가지 측면에서 재검토가 있어야 할 것으로 예측하였다.

첫째, 창의성 '측정'에 대한 재검토이다. 지난 50여 년간 널리 사용되어온 확산적 사고 검사의 사용이 제한될 수 있다(Feldhusen, 1994; Diakidoy & Spanoudis, 2002; 한기순, 2000, 2002). 따라서 창의성을 측정하기 위해서는 기존의 객관적 측정의 제한점을 극복하고, 영역－특수성에 기초하여 각 영역별 전문가의 합의에 의한 주관적 측정이 사용되어야 한다는 것이다.

둘째, 창의성의 '계발 프로그램'에 대한 재검토이다. 지금까지는 영역의 고유성과 관계없이 유창성, 독창성, 융통성, 정교성 등을 계발하기 위한 확산적 사고 증진 프로그램 위주였다면, 이제는 각 영역에서 요구되는 고유의 인지능력을 계발시키는 프로그램이 개발되어야 할 것이다.

마지막으로, 학생들의 창의성의 '지도 방안'의 재검토이다. 교사와 학부모는 학생들에게 모든 영역에서 걸친 우수한 창의적 능력을 계발시키려고 하기보다는, 어느 한 영역이라도 잠재된 우수한 역량을 조기에 발견하고(또는 발견시켜 주어서), 이를 지속적으로 육성발전시켜주어야 한다. 왜냐하면 조기에 발견하더라도 지속적인 계발을 하지 않는 한 쉽게 사장되기 때문이다.


## 2. 창의성의 측정

본 연구에서의 창의성의 측정방법의 구분은 창의성의 측정에 대한 논쟁의 장을 마련한 America Psychologist(1998)의 Comment에서 구분하였던 객관적 측정과 주관적 측정으로 구분하였다(Hennessey & Amabile, 1998, 1999; Eisenberger & Cameron, 1998; Diakidoy & Spanoudis, 2002).

## 가. 객관적 측정(objective assessment)

객관적 측정이란 창의적인 문제해결과정에서 'Hanoi 탑'과 같이 연산적(algorithmic) 수행과제를 연구의 실험 과제로 선정하여 측정하는 방법이다. 그리고 예측과 관련된 타당도와 참가자들의 수행에 대한 반응의 통계적 희귀성(statistical infrequency of responses)에 기초하여 유창성, 독창성, 융통성, 정교성과 같은 확산적 사고의 주요 변인을 측정하는 방법이다.

Guilford(1956)는 그의 지능구조이론에서 확산적 사고를 창의성과 동일하게 간주하였다. 그의 "Alternate Uses", "Plot Titles", "Consequence"의 창의성 검사는 단일한 정답을 요구하는 기존의 지능검사에 비해 다양한 반응을 요구하는 확산적 사고를 측정하는 검사였으며, 이후 창의성 검사의 표준이 되어 측정도구 개발에 많은 영향을 끼치게 되었다.

Mednick(1962)은 창의적인 아이디어는 일반적인 상관에서 벗어난 둘 이상의 새로운 결합에서 나온다는 "연합이론(association theory)"을 제시하면서, 연합과 적절성을 평가하기 위한 RAT(Remote Asso- ciates Test)를 개발하였다. Wallach와 Kogan(1965, 1970)도 Mednick의 연합이론에 기초하여 WKCT(Wallach-Kogan Creativity Test)를 개발하였다.

확산적 사고에 기초하여 창의적 사고능력을 측정하기 위해 TTCT (Torrance Test of Creative Thinking)를 개발한 Torrance(1962)는 "TTCT와 같은 검사에서 높은 점수를 받은 사람은 창의적으로 행동할 가능성이 높다"고 주장하였다. 가장 최근에는 Runco, Plucker 및 Lim(2000-2001)이 Guilford(1967)의 "아이디어는 독창적이고 확산적이며 창의적 사고의 산출물로서 취급되어야 한다."는 이론에 근거하여, 창의성 측정은 확산적 사고의 측면에 기준을 두고 측정하여야 한다고 강조하면서, RIBS(Runco Ideational Behavior Scale)라는 창의성의 행동척도를 개발하였다.

그러나 창의성의 객관적 측정에 대하여 아래와 같은 문제점이 제기되고 있다. 확산적 사고 검사들은 연구자의 제한된 조작적 조건하에서 참가자들의 창의성을 측정하였다는 것으로 일상생활 속의 개방적이고 복잡다양한 창의적인 속성을 올바로 측정하지 못하고 있다는 것이다. Wallach(1986)는 이러한 확산적 사고를 재려는 창의성 검사가 창의성 계발 프로그램을 측정하는 기준이 되어 버렸다고 비판하였다.

특히 Hennessey와 Amabile(1999)은 Torrance(1990)가 주장하는 것처럼 "확산적 사고 검사에서 높은 점수를 받으면 반드시 창의적인 사람인가?"에 대하여 강한 의문을 제기하면서 이러한 검사가 복잡하고 광범위한 창의적 능력들을 측정하지는 못한다고 논박하였다. 그러면서 이들은 이러한 창의성 검사들은 점수화 과정이 양화되어 객관적이라고 주장하지만, 수행 결과는 직관적인 검사구인 그 자체 즉, "창의성은 이런 것이다."고 하는 구인에 의하여 측정되고 있는 것이라고 논박하였다.

하지만 이러한 비판이 있음에도 불구하고, 최근에도 Runco 등(2000~2001)은 확산적 사고에 기초하여 창의성의 행동척도인 RIBS를 개발하여 이에 대한 타당화 작업을 하고 있다. 또한 확산적 사고 검사의 대표적인 검사 도구인 TTCT는 1962년도에 개발된 이래 1992년 간편 채점 방식(streamlined scoring system)으로 개정되기까지 몇 차례의 개정작업을 통해 현재까지 많은 국가에서 널리 사용되어지고 있다. 우리나라에서도 김영채(1999)에 의해 한국판 TTCT 표준화 창의력검사가 개발되기도 하였다.

## 나. 주관적 측정(subjective assessment)

주관적 측정은 객관적 측정에 비하여 창의성 연구에서 사용된 빈도가 낮기는 하지만 지난 20여 년간 꾸준히 연구되어온 측정법이다 (Amabile, 1996; Hennessey & Amabile, 1999; Baer, 1999). 주관적 측정이란 검사의 기준(criteria) 관련 타당도의 문제를 해결하기 위해 사용하는 방법으로, 창의적 사고 과정보다는 창의적 사고 과정의 열매에 해당되는 산출물을 해당 영역의 전문가 집단의 주관적인 기준에 의해 측정하는 방법이다. 이리하여 산출물이 창의적임을 밝히는 객관적 기준을 정하는 어려움을 극복할 수 있다고 하였다(Hennessey & Amabile, 1999). 주관적 측정은 측정자 간의 신뢰도(inter-judge reliability)가 보장된다면 창의성의 수행 수준을 측정할 수 있는 유용한 방법이며, 전문가의 종합된 측정 결과는 비교적 높은 신뢰도와 타당도를 보여주었다는 연구결과들이 있다(Getzels & Csikzentmihalyi, 1976; Brown, 1989; Amabile, 1996; Hennessey & Amabile, 1999; Baer, 1999).

Hennessey와 Amabile(1999)은 지난 20여 년간 '합의적 측정 기법 (CAT; Consensual Assessment Technique)'을 개발하였으며, 다음과 같은 조건을 만족해야 한다고 강조하였다.

첫째, 측정자들은 경험의 정도가 동일하지 않더라도 해당 분야의 전문적인 경험이 있어야 한다. 둘째, 전문가의 측정은 개별적으로 이루어져야 한다. 그들은 상호 일치하기 위하여 실험자로부터 교육되어서도 측정하는 특정 기준이 주어져서도, 상호 합의해서도 안 된다. 셋째, 측정자들은 측정 시 그들의 전문적인 측정기준에 의해서 측정하지 말고, 산출물의 상대적인 평가에 중점을 두고 측정하여야 한다. 대부분의 연구에서 실험에 참가한 보통의 피험자들은 오랫동안 경험해온 전문가에 비해 창의성의 수준이 낮기 때문이다. 넷째, 각 측정자들은 무작위 순서로 산출물을 측정하여야 한다. 만약 모든 측정자들이 동일한 순서로 측정한다면 높은 수준의 동의가 반영될지도 모르기 때문이다. 다섯째, 측정자들은 창의성 차원이외에 산출물의 부가적인 다른 차원도 평가해야한다. 해당 산출물의 창의성의 수준 외에 최소한 기술적인 측면(technical goodness), 심미안적 호감 (aesthetic appeal), 적합도(appropriate)를 측정하여야 한다. 마지막으로, 측정의 신뢰성은 측정자 간의 일치성이다. 이는 동일 영역에서의 다른 산출물과 비교하여 측정가들의 일치성의 정도(Cronbach's α 계수)를 의미한다. 측정자 간 신뢰성은 구인 타당성의 개념과 동일하다.

또한 산출물의 창의적인 수행수준을 점수화하는 방법에는 2가지가 있다. 첫째, Amabile의 합의적 측정기법에서는 창의적 차원과 기술적 적합성 혹은 심미안적인 차원으로 구분하여 측정하였다. 둘째, Zhou와 Oldham(2001)은 점수화 방법을 달리하여 이러한 차원들을 서로 곱하여 하나의 단일 지표(a single index)로 사용하였으며, 김혜숙과 최인수(2002)의 연구에서도 창의성 특성과 기술적 특성을 곱하여 하나의 지표로 나타내는 방법을 이용하였다.

그러나 주관적 측정 또한 다음과 같은 미해결 문제를 내포하고 있다. 첫째, 창의적 작업의 기제에 대한 요구가 완전히 추론적이라는 것이다. 산출물의 실제적인 독창성과 창의적 산출물 생산에 사용된 메커니즘에 대한 설명이 부족하다는 것이다(Runco, & McCarthy, & Steven, 1994; Runco, Plucker & Lim, 2000-2001). 둘째, 신뢰도 차원에서 전문가급의 측정자들에 의해 측정가간 신뢰도를 산출하지만, 측정자들의 주관성을 완전히 배제할 수 없다는 단점이 있다. 실지로 다른 측정 집단(학교 교사와 전문 예술가)에 의해 아동의 콜라주를 독립적으로 측정할 경우 다른 형태의 결과가 나온다는 연구결과(Gerrad, Poteat, & Ironsmith, 1996)가 있다. 셋째, 창의적 산출물을 반드시 전문가에 의해서만이 이루어지는가에 대한 의문이다. Christiaans(2002)의 연구에서는 산출물 측정 시에 전문가 집단의 평가와 비전문가들의 평가 간에는 실제적인 차이가 없다는 연구결과를 보여주었다. 마지막으로 Eisenberger 등(1998, 2001)은 "확산적 사고는 다양한 대안적 해결방안이 있는 문제나 질문에 대한 다양한 반응의 산출물"임을 강조하면서, "객관적 측정에서 사용되는 연산적 과제가 Amabile 등의 연구에서 사용한 발견적 과제인 콜라주 또는 그림과 관련된 간단한 이야기 구술보다, 더 창의적인가?"에 대해서는 차후에 계속 논의되어야 하며, 일상생활에서 자주 사용되어지는 창의성의 주관적 측정이 과학적인 연구방법으로서 객관적 측정보다 우월하다는 것을 의미하는 것은 아니라고 논박하였다.

<표 1> 창의성의 측정에 대한 논쟁

| 구 분 | 측 정 | 타당도 | 실험 과제 | 과제의 예 |
|---|---|---|---|---|
| 객관적 측정 | 확산적 사고 검사 (예, TTCT) | 예언 관련 타당도 | 연산적 (algorithmic) 과제 | 단어생성, 원형 그리기, 불완전 자극 완성하기 등 |
| 주관적 측정 | 전문가집단의 합의 평정(예, CAT) | 준거 관련 타당도 | 발견적 (heuristic) 과제 | 이야기 구술, 시 짓기, 수학문제 만들기, 콜라주 등 |

## 3. 영역성과 측정과의 관계성

'영역성'과 '측정'에 대한 논쟁은 서로 입장을 달리하는 연구자들에 의해서 별개의 장에서 각각 논쟁이 벌어지고 있다. 그러나 창의성의 '측정'과 '영역성'에 대한 논쟁을 고찰해보면 두 논쟁 간에는 상호 밀접한 관계성이 존재함을 알 수 있다(아직까지는 이에 대해 언급한 학자는 없었다). 즉, 지금까지의 창의성의 주류적 연구경향은 '영역-일반성'의 개념이며, 창의성의 주요요소는 확산적 사고로서 인식되어 왔다. 그리고 확산적 사고 능력을 측정하고자 하는 검사들이 개발되었으며, 참가자들의 창의적인 수행반응에 대하여 통계적 희귀성에 의해 양화되었으므로 이를 '객관적 측정'이라고 한다. 그러나 이에 반하여 창의성은 각 영역별로 요구되는 고유의 창의적 수행 능력이 요구되는 '영역-특수성'의 개념으로, 창의성을 측정하기 위해서는 각 영역별 전문가들의 주관적 관점에 의한 '주관적 측정'으로 측정되어야 한다는 것이다.

# III. 연구방법

## 1. 대상자

서울지역의 초등학교 3학년, 중학교 1학년, 고등학교 1학년을 대상으로 3개 집단을 형성하였다. 초등학교~고등학교는 학교급별로 2개 학교(강남지역 1개교, 강북지역 1개교)이며, 각 학교별로 3개 학급의 학생을 대상으로 하였다. 각 학급은 자연적으로 형성된 전체 학급인원으로 하였다. 3개 학교급×2개 학교×3개 학급으로, 이중 결측치가 많거나 잘못된 방법으로 응답을 한 43명을 제외하고 총 668명이 실험에 참여하였다.

## 2. 연구절차

창의성 검사를 실시하기 전에 각급학교별 담임교사와 중·고등학교에서는 해당 교과담당 교사들에게도 검사실시요강에 대하여 워크숍을 실시하였다. 검사는 3주간 실시되었다. 그리고 연구자 및 연구보조자(창의성을 연구하는 박사과정 수료자 2명) 중 1명과, 담임교사 및 교과 담당 교사 중 1명으로 2인 1조를 편성하여 실시하였다. 영역-일반성의 객관적 측정으로서 TTCT 도형 A형 검사를 연구자 및 연구 보조자들에 의해 먼저 40분간 실시하였다. 이후 영역-특수성의 주관적 측정으로서 3주일 동안에 각 영역별(언어, 과학, 수학,

미술) 해당 교과 시간을 활용하여 영역별로 30분간 실시하였다.

　객관적 측정인 TTCT 도형 A형 검사는 2차에 걸쳐 점수화하였다. 1차 측정은 단순 무작위 추출법으로 학교급별 10부씩 검사지를 축출하여 축출된 답안지를 각 3부씩 복사하여 측정자들에게 분배하였다. 측정자들은 같은 시간에 함께 모여 측정하되, 각자 독립된 공간에서 측정 기준표에 의해 측정을 실시하였다. 이후에 다시 모여 측정 간의 문제점과 측정 간 합의점을 도출하는 워크숍을 실시하였다. 2차 측정은 1차 때와 동일한 대상자에 대하여 각자 독립된 공간에서 채점을 실시하였으며, 3인의 측정자 간 일치도를 구하였다.

　주관적 측정은 Amabile 등의 '합의적 평정기법(CAT)'을 만족하는 조건하에서 실시하였다. 영역별 산출물에 대한 측정은 영역별 경력 5년 이상의 현직교사 3명으로 총 12명의 교사(4개 영역×3명＝12명)들의 주관적인 관점에 의해 측정하였다. 측정에 들어가기 전에 연구자에 의하여 연구의 목적이나 측정의 기준 등에 대한 언급은 일체 하지 않았으나, 영역별로 주관적 관점에 의해 창의성 차원과 기술적 적합성/심미안적 차원의 2개 하위차원으로 구분하여 점수화 하도록 하였다. 2개 하위 차원 모두 5점 평점척도(1점: 매우 낮음~5점: 매우 높음)의 채점을 실시하였다. 각 학생의 창의성의 점수는 단일 지표의 방법으로 점수화하였으며, 점수가 높을수록 창의성이 높다고 평가하였다. 본 연구는 668명의 참여자들 간의 급간을 고려하여 단일 지표로 점수화하였다.

## 3. 측정도구

### 가. 창의적 사고 검사(TTCT)

　TTCT 도형형 A검사의 점수는 창의성의 인지적 능력으로서 측정된다(Torrance, 1990a). 검사는 3개 활동으로 구성되어 있으며, 각 활동은 제한시간을 10분으로 하였다. 활동 1은 그림 구성하기, 활동 2는 그림 완성하기, 활동 3은 선 더하기로 구성되어 있다. TTCT는 확산적 사고의 변인인 (1) 유창성, (2) 독창성, (3) 정교성, (4) 제목의 추상성, (5) 성급한 폐쇄나 종결에 대한 저항의 표준점수와, (6) 5개의 변인의 표준점수의 합을 5로 나눈 평균으로서 창의성의 평균 표준점수를 산출하였다.

## 나. 영역별 산출물 검사

주관적 측정을 연구한 대부분의 선행 연구들이 1~2개 영역의 산출물에 대해서만 측정을 실시하였기에 연구결과를 일반화하기에는 무리가 있다는 지적이 있었다(Kogan, 1994; Amabile, 1996). 따라서 본 연구에서는 창의성의 영역-특수성 및 주관적 측정을 실시한 선행연구에서 사용한 각 영역별 실험 과제를 취합하였다.

Amabile(1983, 1985, 1996)의 연구와, 인문·사회 영재 판별도구 개발연구(Ⅲ)-언어 영재 판별 검사 도구개발을 중심으로-(한국교육개발원, 2002)에서의 "이야기 구술하기(story-telling)"와, "콜라주 만들기(collage-making)"는 많은 경험적 연구결과를 통해 이미 신뢰성과 타당성을 검증받은 산출물 검사이다. Baer(1991), 한기순(2002, 2002)의 "수학문제 만들기"도 높은 측정자 간 신뢰도(.92)를 보였다. "과학적 발명산출물 검사(CIT; Creativity Invention Task)"는 손향숙(1997), 김종안(1997), 김명숙(1998)이 사용한 검사로서 측정자 간 높은 신뢰도(.72~.87)를 보였다. 최종적으로 아래와 같은 4개 영역 (언어, 수학, 과학, 미술)의 개방적이며 발견적(heuristic) 과제가 선정되었다.

### 1) 언어 영역: 전혀 새로운 이야기로 완성하기
언어 영역의 창의적인 산출물을 측정하기 위해, 기존 동화(성냥팔이 소녀)의 도입부문을 지문으로 제공하고 기존의 이야기와 전혀 다른 새로운 이야기로 완성하라고 하였다. 마지막으로 성냥팔이 소녀에게 하고 싶은 이야기를 작성하라고 하였다.

### 2) 수학 영역: 창의적인 수학문제 만들기

수학 영역의 창의적인 산출물을 측정하기 위해, 재미있는 수학문제를 가능한 많이 만들어보라고 하였다. 중·고등학생의 경우에는 필요하면 문제해결을 위한 단서도 제공하라고 하였다.

### 3) 과학 영역: 과학적 발명 산출물 검사

과학 영역의 창의적인 산출물을 측정하기 위해, 무인도에 살게 된 로빈슨 쿠르소가 되어 난파선에서 획득한 15개의 불완전한 도형을 생활에 필요한 발명품으로 만들어 보라고 하였다. 그리고 발명품의 제목을 붙이고 사용된 재료와 쓰임새에 대해 작성하라고 하였다.

### 4) 미술 영역: 콜라주 만들기

미술 영역의 창의적인 산출물을 측정하기 위해, 개인별 흰색 도화지 1, 딱풀 1, 형형색색의 색종이 약 50여개를 봉투에 담아 학생에게 제공하고, 재미있고 독창적인 모양의 콜라주를 만들고 적절한 제목을 작성하라고 하였다.

## 4. 분석방법

통계 분석은 SPSS 10.0.7판을 사용하여 수행하였다.
1) 객관적 측정과 주관적 측정에 대한 측정자 간 신뢰도(inter-judge reliability)를 구하기 위하여, Cronbach's α계수를 산출하였다.
2) 영역별 중첩성을 알아보기 위해, 논리식과 연산식을 활용한 케이스선택을 실시하였다.

3) 영역 간의 상관관계를 살펴보기 위하여, Pearson 적률상관계수를 산출하였다.

4) 영역－일반성과 영역－특수성 간의 상관관계를 살펴보기 위하여, 영역별 창의성 점수와 TTCT의 표준점수와의 Pearson 적률상관계수를 산출하였다.

5) 영역－일반성과 영역－특수성 간의 관계를 살펴보기 위하여, 영역－특수성의 점수가 영역－일반성의 점수에 의해 얼마나 설명되는지를 살펴보기 위해, TTCT 점수를 독립변인으로 하고, 영역별 창의성 점수를 종속변수로 하여 중다회귀분석을 실시하였다.

6) 객·주관적 측정의 학년별, 성별의 차이를 살펴보기 위하여, 중다변량분석(MANOVA)과 사후검증(Turkey HSD)을 실시하였다.

# Ⅳ. 연 구 결 과

## 1. 측정결과(평균 및 표준편차) 및 검사 도구의 신뢰도

객·주관적 측정의기술통계치가 <표 2>에 제시되었다. 또한 객관적, 주관적 측정도구들에 대한 측정자 3인 간의 신뢰도인 Cronbach's α계수를 <표 3>에 제시하였다. 신뢰도는 .74~.91로 전체적으로 양호한 신뢰도를 나타내고 있다.

## 2. 영역-일반성 및 영역-특수성의 상관관계

영역-일반성인 확산적 사고능력을 측정하기 위한 검사인 TTCT의 변인들 간의 상호상관행렬이 <표 4>에 제시되었다. 창의성 평균표준점수와 상관관계가 높은 변인 순으로는 독창성(.803)>유창성(.692)>성급한 종결에 대한 저항(.590)>제목추상성(.493)>정교성(.414) 순으로 높은 상관관계를 보였다. 그리고 제목추상성은 정교성 및 성급한 종결에 대한 저항과 높은 상관관계를 보였으며, 정교성은 성급한 종결에 대한 저항과 높은 상관관계를 나타낸 반면에, 독창성은 제목추상성, 정교성, 성급한 종결에 대한 저항 간의 낮은 상관관계를 나타내고 있다.

그리고 창의성의 영역 특수성을 살펴보기 위해 언어, 과학, 수학, 미술의 4개 영역에 대한 Pearson 적률상관계수를 <표 5>에 제시하였다. 4개 영역 간의 상관관계가 .365~.614(p<.01)의 다소 높은 상

관관계를 보이고 있는 것으로 나타났다. 특히, 언어영역과 수학영역 간의 상관관계(.614, p<.01) 및 과학영역과 미술영역 간의 상관관계 (.562, p<.01)가 높은 것으로 나타났다.

다음으로 영역-일반성의 확산적 사고의 변인과 영역-특수성의 영역 간의 상관관계를 살펴보기 위하여, Pearson 적률상관계수를 산출하였으며 <표 6>에 제시되어 있다. 전반적으로 확산적 사고의 변인들 모두가 그다지 높지는 않지만 4개 영역과 상관관계(.158~.576, p<.01)를 보이고 있다. 특히, 이러한 5개 변인의 평균점수인 창의성의 평균표준점수가 4개 영역과 다소 높은 유의미한 상관관계(.330~.475, p<.01)를 나타내고 있다. 또한 확산적 사고의 변인 중에서도 독창성 변인이 다른 변인들에 비하여 4개 영역에 걸쳐 다소 높은 상관관계 (.425~.576, p<.01)가 나타났다. 그러나 정교성(.203~.296, p<.01)과 성급한 종결에 대한 저항(.177~.274, p<.01)은 모든 영역에 걸쳐 낮은 상관관계를 나타내고 있다.

흥미로운 두 가지 결과는, 첫째, 영역-특수성이 지지되기 위해서는 영역-일반성과의 상관이 없거나 무의미하게 나타나야 할 것이다. 그러나 <표 6>과 같이 낮은 상관관계가 나타났다. 이는 영역-일반성과 영역-특수성의 어느 한쪽을 일방적으로 지지하기 어려운 결과로 해석할 수 있다. 둘째, 확산적 사고의 각 변인과 4개 영역의 창의적 수행 간의 상관관계가 영역의 고유한 특성과는 무관하게 고른 상관분포를 보이고 있다는 것이다.

### <표 2> 학년별 평균 및 표준편차

|  | 초 3(N=228) | 중 1(N=198) | 고 1(N=225) |
|---|---|---|---|
|  | M(SD) | M(SD) | M(SD) |
| 유창성 | 116.77(11.11) | 125.44(15.69) | 116.3(16.44) |
| 독창성 | 111.02(16.97) | 110.51(17.62) | 104.84(19.04) |
| 제목추상성 | 69.40(16.35) | 78.94(50.77) | 77.32(19.62) |
| 정교성 | 80.93(14.43) | 83.65(43.92) | 78.29(12.53) |
| 성급한 종결 | 71.71(13.92) | 74.72(34.38) | 75.02(16.27) |
| 평균표준점수 | 31.60(23.67) | 39.83(27.21) | 37.52(27.16) |
| 언어영역 | 9.20(5.45) | 9.01(5.45) | 6.49(4.43) |
| 과학영역 | 10.91(5.89) | 8.79(6.35) | 8.35(5.02) |
| 수학영역 | 6.29(4.69) | 9.35(6.79) | 6.87(4.65) |
| 미술영역 | 7.27(4.74) | 9.72(5.09) | 7.12(3.59) |

### <표 3> 객·주관적 측정도구의 신뢰도 계수

| 객관적 측정(TTCT) | | | | | 주관적 측정(영역별 산출물 측정) | | | | | | | |
|---|---|---|---|---|---|---|---|---|---|---|---|---|
|  |  |  |  |  | 언 어 | | 과 학 | | 수 학 | | 미 술 | |
| 유창성 | 독창성 | 제목추상성 | 정교성 | 성급한종결 | 창의성 | 기술/심미안 | 창의성 | 기술/심미안 | 창의성 | 기술/심미안 | 창의성 | 기술/심미안 |
| .91 | .87 | .74 | .88 | .76 | .91 | .81 | .89 | .76 | .77 | .81 | .83 | .78 |

<표 4> 객관적 측정을 통한 확산적 사고의 변인 간의 상관행렬표

|  | 유창성 | 독창성 | 제목추상성 | 정교성 | 성급한 종결 | 창의성 평균표준점수 |
|---|---|---|---|---|---|---|
| 유창성 | – | .630** | .439** | .544** | .541** | .692** |
| 독창성 | | – | .102** | .292** | .251** | .803** |
| 제목추상성 | | | – | .848** | .817** | .493** |
| 정교성 | | | | – | .890** | .414** |
| 성급한 종결 | | | | | – | .590** |
| 창의성 평균표준점수 | | | | | | – |

** p< .01

<표 5> 주관적 측정을 통한 영역 간의 상관행렬표

|  | 언어영역 | 과학영역 | 수학영역 | 미술영역 |
|---|---|---|---|---|
| 언어영역 | – | .365** | .614** | .388** |
| 과학영역 | | – | .432** | .562** |
| 수학영역 | | | – | .462** |
| 미술영역 | | | | – |

** p< .01

<표 6> 확산적 사고의 변인과 4개 영역 간의 상호상관행렬

|  | 유창성 | 독창성 | 제목추상성 | 정교성 | 성급한 종결 | 창의성 평균표준점수 |
|---|---|---|---|---|---|---|
| 언어영역 | .367** | .432** | .158** | .203** | .250** | .413** |
| 과학영역 | .339** | .576** | .286** | .296** | .274** | .475** |
| 수학영역 | .242** | .455** | .243** | .245** | .239** | .423** |
| 미술영역 | .202** | .425** | .243** | .282** | .177** | .330** |

** p< .01

## 3. 4개 영역 간의 중첩관계

영역 간의 관계를 보다 자세히 살펴보기 위하여, 각 영역별 상위 20%와 하위 20%에 해당되는 점수기준과 학생 수를 산출한 결과를 <표 7>과 <표 8>에 제시하였다. 전체 학생 중에서 상위 20%에서 2개 영역 이상 중첩된 학생의 비율은 19.76%, 하위 20% 이하에서 2개 영역 이상이 중첩된 학생의 비율은 15.71%로 나타났다. 그리고 보다 자세히 각 영역별 상위 20% 이상에서 2개 과목 이상 중첩된 학생수를 산출한 결과를 <표 9>와 [그림 1]에 제시하였다. 이중에서 3개 과목 이상 중첩된 학생수는 1.34~2.99%로 나타났으며, 4개 영역 모두 우수한 창의성을 보인 학생은 전체적으로 1.34%로 극소수에 불과했다.

<표 7> 4개 영역의 상위 20%의 점수기준과 학생수

|  | 언어영역(n) | 과학영역(n) | 수학영역(n) | 미술영역(n) | 2개 영역 이상 중첩된 학생수(%) |
|---|---|---|---|---|---|
| 초 3 | 14.66(49) | 18.66(24) | 11.11(20) | 12.22(8) | 44(19.13) |
| 중 1 | 14.44(42) | 14.66(42) | 16.0(42) | 14.66(42) | 48(23.88) |
| 고 1 | 11.0(54) | 12.22(62) | 11.04(46) | 11.0(49) | 55(23.21) |
| 전체 | 13.33(137) | 18.67(61) | 15.88(73) | 14.44(78) | 132(19.76) |

<표 8> 4개 영역의 하위 20%의 점수기준과 학생수

|  | 언어영역(n) | 과학영역(n) | 수학영역(n) | 미술영역(n) | 2개 영역 이상 중첩된 학생수(%) |
|---|---|---|---|---|---|
| 초 3 | 4.0(57) | 5.33(29) | 2.22(42) | 2.22(27) | 39(16.95) |
| 중 1 | 3.88(39) | 2.66(39) | 2.22(24) | 4.66(36) | 30(14.92) |
| 고 1 | 2.22(37) | 2.67(51) | 1.78(67) | 3.89(52) | 43(18.1) |
| 전체 | 2.66(106) | 3.33(118) | 2.22(120) | 2.89(132) | 105(15.71) |

<표 9> 영역별 상위 20% 이상의 영역별 중첩된 학생수

| 영역 | 2개 영역 | | | | | | 3개 영역 | | | | 4개 영역 |
|---|---|---|---|---|---|---|---|---|---|---|---|
|  | 언어×과학 | 언어×수학 | 언어×미술 | 과학×수학 | 과학×미술 | 수학×미술 | 언어×과학×수학 | 언어×과학×미술 | 언어×수학×미술 | 과학×수학×미술 | 언어×과학×수학×미술 |
| n | 41 | 38 | 39 | 20 | 23 | 28 | 16 | 20 | 18 | 9 | 9 |
| % | 6.13 | 5.68 | 5.83 | 2.99 | 3.44 | 4.19 | 2.39 | 2.99 | 2.69 | 1.34 | 1.34 |

174

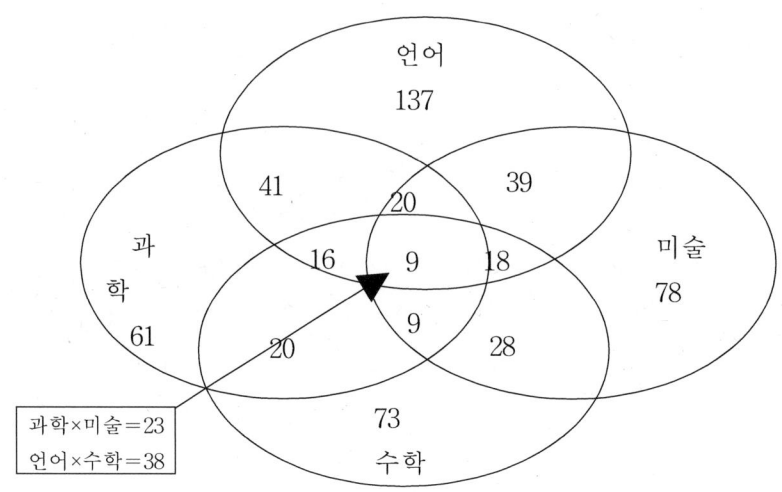

[그림 1] 영역별 상위 20% 이상의 중첩된 전체 학생의 중첩도

## 4. 영역-특수성에 대한 영역-일반성의 상대적 영향력

영역-특수성에 대하여 영역-일반성이 어느 정도 영향력 및 상대적인 설명력이 있는가를 살펴보았다. TTCT 점수를 독립변인으로 하고, 영역별 창의성 점수를 종속변수, 투입방식은 Enter로 하여 중다회귀분석을 실시하였으며, 결과는 <표 10>에 제시하였다. 분석결과, 확산적 사고가 과학(27.2%)>수학(19.9%)>언어(16.7%)>미술(15.9%)의 순으로 p<.001 수준에서 모두 유의미하게 설명력이 있는 것으로 나타났다. 특히 언어, 과학, 미술의 3개 영역을 설명하고 예측하는 독립변인 중에서 독창성의 β값이 .309~.480(p<.01), 정교성의 β값이 .240~.436(p<.05)으로 다른 확산적 사고의 변인에 비하여 설명력이 높은 변인인 것으로 나타났다.

<표 10> 확산적 사고의 하위 변인들이 영역 창의성에
미치는 상대적 영향

| 종속변인 | 독립변인 | β | t | p | $R^2$ |
|---|---|---|---|---|---|
| 언어영역 | 유창성 | -.147 | -.2930 | .004 | |
| | 독창성 | .339 | 3.540 | .000 | |
| | 제목추상성 | .036 | .498 | .619 | .167*** |
| | 정교성 | .436 | 4.752 | .000 | |
| | 성급한 종결 | -.358 | -4.138 | .000 | |
| | 창의성 평균표준점수 | .215 | 2.927 | .004 | |
| 과학영역 | 유창성 | -.209 | -4.459 | .000 | |
| | 독창성 | .480 | 7.592 | .000 | |
| | 제목추상성 | .077 | 1.133 | .258 | .272*** |
| | 정교성 | .240 | 2.793 | .005 | |
| | 성급한 종결 | -.111 | -1.375 | .169 | |
| | 창의성 평균표준점수 | .101 | 1.466 | .143 | |
| 수학영역 | 유창성 | -.077 | -1.568 | .117 | |
| | 독창성 | .320 | 1.793 | .073 | |
| | 제목추상성 | .139 | 1.937 | .053 | .199*** |
| | 정교성 | .180 | 2.001 | .046 | |
| | 성급한 종결 | -.198 | -2.333 | .020 | |
| | 창의성 평균표준점수 | .344 | 4.735 | .000 | |
| 미술영역 | 유창성 | -.055 | -1.064 | .288 | |
| | 독창성 | .309 | 3.001 | .003 | |
| | 제목추상성 | .004 | .051 | .959 | .159*** |
| | 정교성 | .293 | 2.022 | .044 | |
| | 성급한 종결 | -.102 | -1.147 | .252 | |
| | 창의성 평균표준점수 | .165 | 2.156 | .031 | |

*** p< .001

# V. 논의 및 결론

이 연구는 창의성의 연구에서 첨예하게 논쟁 중에 있는 '영역성'과 '측정'에 관하여 이론적으로 고찰하여 보고, 우리나라의 교육현장에서 검증하는데 목적이 있었다. 연구결과에 대한 논의와 추후 연구방향 및 교육적 시사점을 제시하면 다음과 같다.

## 1. 창의성의 '측정'과 '영역성'의 논쟁의 논지와 문제점은 무엇인가?

제Ⅱ장 이론적 배경에서 '측정' 분야에서는 객관적 측정 vs. 주관적 측정을, '영역성' 분야에서는 영역—일반성 vs. 영역—특수성에 관하여 고찰하였다. 이러한 이론적 고찰을 통해 상호 상반된 입장의 견해를 주장하는 연구자들의 논지와, 각 논지에 내포되어 있는 문제점을 탐색하였다.

또한 창의성의 '영역성' 및 '측정'에 대한 논쟁은 별개의 장에서 논쟁이 이루어지고 있긴 하지만, 두 논쟁 간에는 아래와 같은 상호 밀접한 관계성의 존재가 규명되었다. 즉, 지난 50여 년간 창의성의 연구에서는 '영역—일반성' 견해가 주류적 경향이었다. 그리고 창의성의 주요 요인은 확산적 사고라는 인식이 널리 확산되었다. 확산적 사고의 측정은 참가자들의 창의적 반응에 대한 통계적 희귀성에 의한 '객관적 측정'으로 측정되었다.

그러나 창의성은 '영역—특수성'이라는 견해를 지지하는 학자들은 영역—일반성의 견해에 대해 강하게 논박하였다. 또한 창의성의 측정은 '객관적 측정'이 아닌, 각 영역별 전문가들의 주관적 관점에 의한 합의적 측정방법으로 측정해야 한다는 '주관적 측정'의 등장으로, 영역–일반성을 측정하고자 하는 객관적 측정과 논쟁이 되고 있다.

## 2. 창의성은 영역–일반성인가? 영역–특수성인가? 최근 창의성의 영역성에 대한 이분법적 논쟁 외에 대안은 없는가?

이러한 논쟁을 우리나라의 교육현장에서 검증하기 위하여 다양한 통계적 기법을 적용하여 검증한 결과, 다음과 같이 논의할 수 있다.

첫째, 객·주관적 검사 도구의 신뢰도는 .74~.91로 신뢰로운 검사도구임이 밝혀졌다.

둘째, 4개 영역 간의 중첩성을 살펴본 결과, 영역–일반성의 견해가 지지되기 위해서는 영역 간의 중첩된 학생수와 비율이 높아야 한다. 반대로 영역–특수성의 견해가 지지되기 위해서는 영역 간의 중첩이 나타나지 않거나 극소수로 나타나야 할 것이다. 그러나 학년별로 상위 20%에서 2개 영역 이상 중첩된 학생이 초 3은 19.13%, 중 1은 23.88%, 고 1은 23.21%로 학년과 무관하게 고른 중첩의 분포를 나타냈다. 또한 4개 영역 모두 상위 20% 이상의 점수를 획득한 학생의 비율은 초 3은 3.47%, 중 1은 4.5%, 고 1은 2.9%로 극소수에 불과하였다. 이러한 결과는 영역–일반성과 영역–특수성의 어느 한쪽만을 일방적으로 지지하기 어려운 것으로 해석될 수 있다. 이는 예측되는 영역–일반성의 견해도 지지하지 않는 것으로 해석할 수 있다.

셋째, 확산적 사고의 변인 간의 상관관계는 유의미한 상관관계가 산출되었으며(정교성과 제목추상성, 독창성, 성급한 종결에 대한 저항 간의 상관은 제외), 특히 창의성의 평균표준점수와 5개 변인 간의 상관관계가 .414~.803(p<.01)으로 나타났다.

넷째, 4개 영역 간의 상관은 .365~.594(p<.01)의 다소 높은 상관을 보였다. 영역-특수성의 견해가 지지되기 위해서는 영역 간의 상관관계가 약하거나 무의미한 상관이어야 하나, 분석결과 다소 높은 상관관계가 나왔다. 이는 둘째 항의 영역 간의 중첩의 분석결과와도 일치하는 것으로, 영역-특수성 및 영역-일반성 중 어느 한쪽을 전적으로 지지하지 않은 것을 해석하였다.

특히 언어영역과 수학영역 간의 상관관계 및 과학영역과 미술영역 간의 상관관계가 높게 나온 이유는, 영역별 창의적 수행의 측정 도구의 방법의 차이에서 기인한 것으로 해석된다. 즉, 언어영역과 수학영역은 언어적 표현으로, 미술영역이나 과학영역은 도형 혹은 그림으로 표현되었기 때문이다. 이 연구에서는 기존의 선행연구에서 이미 타당성과 신뢰성을 검증받은 검사 도구를 사용하였으나, 추후 연구에서는 이러한 연구결과에 근거하여, 각 영역을 측정할 수 있는 새로운 검사 도구의 개발이 필요하다고 하겠다.

다섯째, 확산적 사고의 5개 변인의 평균인 창의성의 평균표준점수가 4개 영역과 다소 높은 유의미한 상관관계(.330~.475, p<.01)를 나타내고 있다. 이는 영역-일반성과 영역-특수성이 창의적 수행에서 별개로 작용하는 것이 아닌, 상호 연관된 혹은 상호 보완하고 있음을 알 수 있다. 여기서 흥미로운 논의는, 본 연구에서는 TTCT의 도형 A형 검사를 사용하였으므로, 다른 영역들에 비하여, 도형이나 그림으로 표현되는 과학영역과 미술영역에서 상대적으로 높은 상관이 나타날 것으로 예측하였다. 그러나 확산적 사고의 모든 변인이 4개 영역의 고유한 특성에 관계없이 고른 상관관계를 보였다는 것이다. 이는 TTCT의 도형 A형 검사가 영역성을 초월하여 창의적인 사고 능력을 측정하고 있음을 알 수 있으며, Torrance(1990a)의 "TTCT 도형 A형 검사의 점수는 창의성의 인지적 능력으로서 측정된다."는 주장을 지지하고 있다. 또한 확산적 사고의 변인들이 4개 영역에 걸

친 고른 상관의 결과는 영역-특수성의 견해를 전적으로 지지하기 어려운 결과로 해석된다.

여섯째, 영역-특수성에 대한 영역-일반성이 어느 정도 설명력 및 예측력이 있는가를 검증한 중다회귀분석에서 확산적 사고의 변인이 15.9%~27.2%(p<.001)로 모두 유의미한 수준에서 설명력이 있는 것으로 나타났다. 만약, 영역 특수성이 지지되려면 영역-일반성의 설명력이 유의미하지 않거나 약하게 나와야 할 것이다. 그러나 영역-일반성이 영역-특수성에 대해 설명력이 나타난 것은, 앞서 상관분석과 중첩 정도에서 나타난 결과와 일치하는 것이다.

따라서 연구의 결과를 종합하여 볼 때, 영역-일반성의 객관적 측정, 영역-특수성의 주관적 측정 중에서 어느 한쪽을 일방적으로 지지하기 어려운 것으로 밝혀졌다. 창의성의 영역성에 대한 지금까지의 논쟁처럼 이분법적인 구분이 아니라, 오히려 영역-일반성과 영역-특수성이 상호 보완되는 혹은 상호 통합될 수 있는 결과임을 알 수 있다. 이는 Torrance의 종단적 자료를 재분석한 Baer(1996)와 Plucker(1999b)의 "창의적인 성취에서 TTCT가 40% 정도의 설명력이 있으며 나머지 변인 50-60%가 아마도 내용-특수성 요인들일 것이다."고 한 연구결과를 지지한다고 하겠다. 또한 Sternberg(1989)의 주장인 "영역의 일반성과 특수성은 상보적인 것이며, 양자는 수행의 차이에 따라 상호 작용한다."는 영역-상보성을 경험적으로 지지하고 있다.

그러므로 후속연구를 위한 제안으로서, 영역-상보성의 견해에 대해 보다 자세히 탐색하기 위해서는 구조 모형방정식(또는 공변량 구조 모형이나 LISREL 모형)과 같은 통계기법을 활용한다면 영역 간의 인과관계나, 경로분석, 회귀분석 등의 보다 자세한 결과와 영역-상보성의 새로운 모델이 제시될 수 있을 것으로 기대된다.

## 3. 교육적 시사점

　본 연구의 결과는 교육적으로 중요한 시사점을 제공하고 있다. 영역의 일반성과 영역의 특수성은 이분법적 개념이 아닌 상호 보완적인, 혹은 통합될 수 있음을 의미한다. 따라서 교육적으로는 영역의 일반성과 특수성을 함께 고려하여 통합할 수 있는 측정도구와 교육 프로그램이 개발되어야겠다.

　그리고 본 연구가 미국의 초등학생을 대상으로 연구하여 영역-특수성의 견해를 지지한 한기순(2000)의 연구결과와 다른 이유는, 즉, 서구의 교육풍토가 개인의 고유한 인지적 능력을 인정하고 이를 적극 발굴, 육성하며 개인의 책임을 강조하는 개인주의적 교육이라고 한다면, 우리나라는 모든 영역에 걸쳐 고른 인지적 역량을 중시하는 집단주의적 교육 문화와, 모든 과목에서 고른 상위의 점수를 요구하고 있는(그리고 우리나라 교육에 절대적인 영향을 미치고 있는) 대학입시제도의 영향인 것으로 해석할 수 있다. 따라서 후속연구에 대한 제안으로서 교육 문화적 혹은 개인주의적 교육과 집단주의적 교육환경의 차이에 대한 창의성의 비교 문화적 연구가 필요하다고 하겠다.

# 참고문헌

김명숙(1998). 창의성 교육프로그램의 유형 및 관련 변인이 창의성 향상에 미치는 효과. 박사학위논문, 성균관대학교.

김명숙(2002). 창의성의 특수성. **교육심리연구**, 16(2), 153-172.

김종완(1998). 통합적 접근에 기초한 아동의 창의성 측정도구 개발. 박사학위논문, 성균관대학교.

김혜숙, 최인수(2002). 창의성구조 모형의 검증, **교육심리연구**, 16(4), 229-245.

문용린 역저(2001). **다중지능 인간지능의 새로운 이해**. 서울: 김영사.

최일호·최인수(2001). 새로운 생각은 어떻게 가능한가: 전문분야 창의성에 대한 학습 과정 모델 접근. **한국심리학회지: 일반**. 20(2), 409-428.

한국교육개발원(2002). **인문·사회 영재 판별도구 개발연구(Ⅲ)-언어 영재 판별 검사 도구개발을 중심으로-수탁연구**, CR2002-44.

한기순(2000). 창의성의 영역한정성과 영역보편성에 관한 분석과 탐구. **영재교육연구**, 10(2), 47-69.

Amabile, T. M. (1983). The social psychology of creativity. A Componential conceptualization. Journal of Personality and Social Psychology, 45(2), 357-376.

Amabile, T. M. (1996). Creativity in context: Update to the social psychology of creativity. Boulder, CO: Westview Press.

Baer, J. (1994a). Why you shouldn't trust creativity? Do you have long term stability? Roeper Review, 17(1). 7-11.

Baer, J. (1996). The effect of task-specific divergent-thinking train-ing. The Journal of Creative Behavior, 30, 183-187.

Baer, J. (1998). The case for domain specificity of creativity. Creativity Research Journal, 11(2). 173-177.

Baer, J. (1999). Domains of Creativity. In Runco, M. A. & Pritzker, S. R. (Eds.). Encyclopedia of Creativity(pp.591-596). Academic Press.

Barron, F., & Harrington, D. M. (1981). Creativity, intelligence, and personality. Annual Review of Psychology, 32, 439-476.

Brown, R. T. (1989). Creativity: What are we to measure? In J. A. Glover. R. R. Ronning, & C. R. Reynolds(Eds.), Handbook of creativity(pp.3-36), NY: Plenum Press.

Collins, M. A. & Amabile, T. M. (1999). Motivation and Creativity. In R. J. Sternberg(Eds.), Handbook of creativity(pp.297-312). Cambridge University Press.

Christiaans, H. H. C. B. (2002). as a Design Criterion, Creativity Research Journal, 14(1), 41-54.

Davis, G. A. (1989). Testing for creative potential. Contemporary Educational Psychology, 14. 257-274.

Diakidoy, I. N.. & Spanoudis, G. (2002). Domain Specificity in Creativity Testing: A Comparison of Performance on general divergent-thinking test and personalities, content specific test. The Journal of Creative Behavior, 36(1), 41-61.

Eisenberger, R., (1992). Learned industriousness. Psychological Review, 99, 248-267.

Eisenberger, R. & Cameron, J. (1998). Reward, Intrinsic motivation, and Creativity: New Findings. American Psychologist, 53(6). 673-682.

Eisenberger, R., & Rhoades, L. (2001). Incremental Effects of reward on Cretivity, Journal of Personality and Social Psychology, 81(4). 728-741.

Feldhusen, J. F. (1994). Teaching and testing for creativity. In the international Encyclopedia of Education(2nd ed., pp.1178-1183). NY: Pergamon Press.

Gardner, H. (1983). Frames of mind: The theory of multiple intelligences. NY; Basic Books.

Gardner, H. (1993). Multiple Intelligences: The theory in practice. NY. : Basic Books.

Gardner, H. (1995). Reflections on multiple intelligences: Myths and messages. Phi Delta Kappan, 77(3), 202-209.

Gerrad, L. E. Poteat, G. M. & Ironsmith, M. (1996). Promoting children's creativity: Effects of competition, self-esteem, and immunization. Creative Research Journal, 9, 339-346.

Getzel, J. M., & Csikszentmihalyi, M. (1976). The creative vision: A longitudinal study of problem finding in art. NY: Wiley.

Guilford, J. P. (1956). The structure of intellect. Psychology Bulletin, 53, 267-293.

Kogan, N. (1994). Diverging from divergent thinking. Contemporary Psychology, 39(3). 291-292.

Han, K. S & Marvin, C. (2002). Multiple Creativities? Investigating Domain-Specificity of Creativity in Young Children. Gifted Child Quarterly, 46(2). 98-109.

Hennessey, B. A., & Amabile, T. M. (1998). Reward, Intrinsic motivation and creativity. American Psychologists, 53, 674-675.

Hoecevar, J. L. & Bachelor, P. (1989). A taxomony and critique of measurements used in the study creativity. In J. A.

Glover, R. R. Ronning, & Reynolds(Eds), Handbook of creativity (pp.3-32). NY. : Plenum.

Sternberg, R. J. (1989). A three-facet model of creativity. In R. J. Sternberg(Ed.), The nature of creativity: Contemporary psychological perspectives(pp.125-147). NY: Cambridge University Press.

Torrance, E. P. (1990a). The Torrance test of Creative Thinking : Norms-technical manual. Bensenville, IL. : Scholastic Testing Service, INC.

Torrance, E. P. (1998). Creativity as manifest in testing. In R. J. Sternberg. (Ed.). The nature of creativity(pp43-75). NY: Cam- bridge University Press.

Treffinger, D. J. & Felshusen, J. F. (1996). Talent recognition and development: Success to gifted education. Journal of the Gifted, 19(2), 181-193.

Parkhurst, H. B. (1999). Confusion, lack of consensus, and the definition of creativity as a construct, The Journal of Creative Behavior, 33. 1-21.

Plucker, J. (1998). Beware of simple conclusions: The case for content generality of creativity. Creativity Research Journal, 11(2), 179-182.

Popper, K. R. (1945, trans. 1959). The logic of scientific discovery, NY. : Basic Books.

Plucker, J. (1999b). Is the proof in the pudding? Reanalyses of Torrance's(1958 to present) longitudinal data. Creativity Research Journal, 12. 103-114.

Runco, M. A., McCarthy, K. A. & Svensen, E. (1994). Judgement of the creativity of artwork and students and professional artists. Journal of Psychology, 128. 23-31.

Runco. M. A. & Plucker, J. A. & Lim, W. (2000-2001), Development and Psychometric integrity of a measure of Ideational Behavior. Creativity Research Journal, 13(3 & 4). 393-400.

Wallach, M. A. (1986). Creativity testing & giftedness. In Horowitz & O'Brein(Eds), The Gifted & Talented: Developmental perspectives(pp99-123). American Psychological Asso- ciation.

Zhou, Zing & Oldham, G. R. (2001). Enhancing Creative performance: Effects of Expected Develop-mental Assessment Strategies and Creative Personalities. The Journal of Creative Behavior, 35(3), 151-167.

# 창의성의 영역성에 대한 수행집단 간의 비교연구

══════════════════════ ≪ 요 약 ≫ ══════════════════════

　이 연구의 목적은 초·중·고등학교의 교육현장에서 창의성의 영역성이 어떻게 나타나는가를 실증적으로 검증하는 것이다. 연구대상을 전체 학생 집단, 창의성 집단, 저창의성 집단의 3개 집단으로 구분하여 각 집단에서의 영역성을 비교 규명하는 것이다. '능력－분화가설'에 기초하여, 4개 영역 간의 상관관계, 영역－일반성의 변인과 영역－특수성의 영역 간의 상관관계, 그리고 영역－특수성에 대한 영역－일반성의 상대적 예측력을 분석하였다. 연구결과, 연구가설과는 오히려 반대의 결과가 나타났다. 즉, 저창의성 집단에서는 영역－특수성을 지지하였으나, 전체 학생과 고창의성 집단에서 영역－일반성과 영역－특수성의 어느 한쪽을 일방적으로 지지하기 어려운 결과가 나타났다. 오히려 영역－일반성과 영역－특수성이 상호 보완 또는 통합되는 영역－상보설이 지지되었다.

# I. 서  론

## 1. 연구의 필요성

고도의 지식정보화 사회에서 요구되는 핵심어 중의 하나는 "창의성"이다. 기존의 지식과 이론으로서는 해결할 수 없는 불확실성이 높은 사회이기에 새로운 문제를 창의적으로 해결하기 위한 창의적인 인간상이 더욱 요구되고 있다. 이러한 시대적 상황에 따라, 우리나라의 교육에서도 제7차 교육과정으로의 전면적 개편과 단계적인 확대시행(2000), 영재교육 진흥법(2000) 및, 영재교육진흥종합계획(2002) 등으로 국가적으로도 창의적인 인간육성에 많은 노력을 기울이고 있다.

이러한 교육적 상황에 부응하기 위하여, 먼저 지난 50여 년간의 창의성에 대한 연구 성과에 대해 간략히 개관해 보고자 한다. 창의성에 관한 축적된 연구결과는 교육학, 심리학, 경영학 등의 많은 분야에 학제적 영향을 미쳤다. 그러나 여러 학자들은 창의성에 관한 많은 연구의 결과들이 복잡한 창의성의 심리적 속성을 설명하고, 일반화하기에는 아직은 어려운 실정이라고 하고 있다(Brown, 1989; Sternberg & Lubart, 1991, 1995, 1999; 조석희, 1999; 김혜숙·최인수, 2002; 이정규, 2003).

창의성에 관한 국내의 선행연구들을 고찰해보더라도, 조석희(1999)는 지난 10년간의 우리나라의 창의성과 관련된 단행본, 학위논문, 연구보고서를 교육심리학적 차원에서 분석한 결과, 우리나라의 창의성 연구가 아직은 유행수준에 머무르고 있다고 하였다. 그러한 이유로서 첫째, 연구의 대부분이 이론적 소개에 중점을 두고 있으며, 둘째, 창의성의 구성요소 중 주로 확산적 사고기능과 계발에 치우쳐 있고, 셋째, 일상생활에서 창의력 계발 프로그램을 지속적으로 실시하기 보다는 특별한 시간을 내어 일시적으로 실시한 프로그램의 효과만 측정한 연구를 하고 있다는 것이다. 마지막으로 실제 교육현장에서 이루어지는 창의성 교육에 대한 연구는 드물다고 하였다.

하대현(2002)도 "국내의 창의성 연구의 대부분이 창의성 이론의 개관, 심리학적 측정에서 측정도구의 개발, 창의성 훈련프로그램의 효과성 연구에 초점을 둔 연구가 주를 이루었다"고 지적하였다. 또한 김혜숙과 최인수(2002)는 "창의성의 필요성이 갈수록 강조되고 있는 만큼 연구도 활발하게 이루어져 왔으나, 창의성 연구는 그 중요성과 매력에 비해서 미해결 과제가 많이 있다"고 하였다.

교육심리학의 연구에 있어서 인지적, 정의적인 심리적 특성에 의해 학생의 개인차를 연구하는 지능, 학습동기 등의 분야에서, 영역 -일반성과 영역-특수성(나아가 영역-특수성 내에서도 과제-특수성으로까지 분화·심화되어)에 대한 논쟁이 가열되고 있다. 이러한 논쟁은 창의성의 연구에서도 예외는 아니며, 최근 연구자들의 많은 관심을 모으고 있다. 최일호와 최인수(2001)는 "창의성의 영역에 대한 연구 성과는 매우 미진하며, 오히려 지금까지의 연구는 이것을 구분하지 않는 경향이 강하였다. 비로소 최근에야 영역 간 특성이 서로 다른 것에 대해서 논의하기 시작하였다"고 하였다.

최근에 창의성의 영역성에 대한 상반된 견해의 연구자들의 논쟁을 간략히 살펴보면 다음과 같다. 먼저, 창의성의 '영역-일반성(domain- generality)'이란, 지능의 "g" 요인과 같이 개인의 모든 영역에 골고루 영향을 미치는 일반적인 능력을 의미한다. Guilford(1956)는 그의 지능구조이론에서 확산적 사고를 창의성과 동일하게 간주하였다. 그리고 확산적 사고능력을 측정하는 검사도구인 TTCT를 개발한 Torrance(1990a)는 "창의력이란 창의적인 성취를 할 때 작용한다고 생각되는 일반화된 정신능력의 집합"이라고 정의하면서

"TTCT와 같은 검사에서 높은 점수를 받은 사람은 창의적으로 행동할 가능성이 높다."고 주장하였다. 이러한 창의성의 영역−일반성에 대한 관점은 지난 50여 년간 창의성 연구의 주류적인 위치에서 창의성의 구성개념과 정의, 계발 프로그램, 측정과 평가 등에 널리 인식되어 왔다(Eisenberger & Cameron, 1996, 1998; Plucker, 1998; Baer, 1999: Runco, Plucker, & Lim, 2000-2001; 한기순, 2000, 2002).

그러나 지금까지의 창의성의 주류적인 연구 경향이었던 영역−일반성에 반하여, 창의성은 영역−특수성(domain-speciality)이라는 견해가 지속적으로 제기되어 왔다. 영역 특수성이란 어느 한 영역에서의 성공적인 수행을 하는 창의적인 기술과 이해는 다른 영역과는 무관하다는 것이다. 인지적 발달이 언어, 미술, 음악, 수학, 과학과 같은 다른 지식의 영역들과 달리 독립적으로 진행된다는 것이다(Feldhusen, 1994; Baer, 1998, 1999, Diakidoy & Spanoudis, 2002; 이정규, 2003).

영역−특수성은 Gardner(1983, 1993, 1999)의 사람은 똑같이 태어나지 않으며 지능 또한 영역별로 다르다고 한 다중지능이론에서도 그 이론적 기초를 삼고 있다. 구분되는 인지적 영역이나 지능들(intelligences)이 있다는 증거가 창의성은 영역 특수성임을 증명하고 있다. 특히, Gardner는 창의성의 유형과 지능의 유형에 대해 언급하면서 "창의적인 사람이 특정 지능에서 뛰어난 것은 사실이다. 하지만 대부분의 경우, 그들은 두 가지 지능이 혼합된 형태의 능력을 나타내며, 최소한 그 중 하나는 다소 비정상적으로 뛰어나다."고 하였다(문용린, 2001: 129-144에서 재인용). 또한 Brown(1989)은 "확산적 과정에서의 창의성의 "g" 요인의 탐색은 문제가 있다고 하였다. 창의성은 영역−특수한 곳에서 나타나며, 개인은 어느 한 영역에서 더 창의적"이라고 하였다.

한기순(2000, 2002)은 창의성의 영역성에 대하여 미국의 초등학교 2학년 학생 109명을 대상으로 연구한 결과, 영역−특수성의 견해를 지지하는 연구결과를 제시하였다. 그러나 한기순은 "본인의 연구를 포함하여 아직까지 어느 연구도(비록 어느 한쪽을 지지하고는 있지만) 절대적인 영역－특수성의 적용에는 많은 주의가 요구"된다고 밝혔다.

최근의 창의성의 영역성에 대한 논쟁에 대하여, 영역－특수성을 지지하는 연구자들을 포함하여 여러 연구자들은 앞으로 더욱 많은 이론적 연구 및 교육현장에서의 검증이 요구된다고 하였다. Plucker (1998)와 한기순(2000, 2002)도 "창의성의 영역 일반성과 특수성에 대한 문제가 아직 충분한 연구와 논의가 이루어지지 않았으며, 논문도 개괄적 수준"이라고 하였다. Baer(1999)는 "창의성 이론가와 연구자에 의해 영역－특수성의 이론을 지지하는 경향이 확산되어 가고 있으나, 차후에 더 많은 이론적 연구와 교육현장에서의 경험적 연구가 있어야 한다."고 하였다. 또한 Diakidoy와 Spanoudis (2002)는 "영역－특수성을 주장하는 학자들 가운데 불일치하고 있는 것은 다양한 인지 영역들을 구성하는 지식과 기술 간의 상호작용의 가능성이다."고 지적하였다.

따라서 창의성 계발이 중시되는 초·중·고등학교의 교육현장에서, 창의성의 영역성이 어떻게 나타나는지를 실증적으로 규명하는 것이 필요하다고 하겠다. 만약에 영역－특수성의 견해가 옳다면 지난 50여 년간에 걸쳐 유창성, 융통성, 정교성 등의 주로 확산적 사고를 계발하기 위한 창의성의 교육프로그램과 측정방법은 재검토되어야 할 것이다. 또한 교수－학습에 있어 각 영역별 고유의 인지적 특성에 부합된 교육프로그램과 측정이 이루어져야 할 것이다.

## 2. 연구목적 및 연구문제

이 연구는 초·중·고등학교의 학생들을 3개 집단(전체 학생, 창의적 수행수준이 우수한 고창의성 집단, 저창의성 집단)으로 구분하여, 이들 수행 집단 간의 창의성의 영역성을 비교하여 규명하는 것을 목적으로 한다. Garret(1946)는 개인의 지적 능력 수준에 따라 영역성의 분화정도가 다르다는 '능력-분화가설(ability-differentiation hypothesis)'을 제기하였다. 지적 능력이 낮은 집단은 요인 간 상관이 높아서 일반요인에 더 크게 의존하는 반면에, 지능이 높은 집단은 요인 간 상관이 낮아서 능력이 분화되어 집단 요인이나 특수요인에 더 크게 의존하는 것을 의미한다(황정규, 1995: 하대현, 2003, 29-30에서 재인용).

이 연구의 연구문제를 구체적으로 기술하면 다음과 같다.

첫째, 창의적인 수행 수준이 높은 고창의성 집단은 전체 학생 및 저창의성 집단에 비하여, 영역-특수성의 경향이 더 강하게 나타날 것이다.

둘째, 전체 학생 및 저창의성 집단은 고창의성 집단에 비해 영역-일반성의 경향이 나타날 것이다.

# Ⅱ. 연구방법

## 1. 대상자

서울지역의 초등학교 3학년, 중학교 1학년, 고등학교 1학년을 대상으로 3개 집단을 형성하였다. 학교급별 2개 학교이며, 각 학교별로는 3개 학급의 학생을 대상으로 하였다. 각 학급은 자연적으로 형성된 전체 학급인원으로 총 668명이 실험에 참여하였다.

## 2. 연구절차

창의성 검사를 실시하기 전에 담임교사와 특히, 중·고등학교에서는 해당 교과담당 교사들에게도 검사실시요강에 대한 워크숍을 실시하였다. 검사는 연구자 및 연구 보조자(창의성을 연구하는 박사과정 수료자 2명) 중 1명과, 담임교사 및 교과 담당 교사 중 1명으로 2인 1조를 편성하여 검사를 함께 실시하였다.

영역-일반성을 측정하기 위하여, 확산적 사고능력을 측정하는 TTCT 도형 A형 검사를 40분간 실시하였다. 이후 영역-특수성을 측정하기 위해, 영역별(언어, 과학, 수학, 미술) 산출물 검사를 영역별 해당 교과 시간을 활용하여 영역별로 30분간 실시하였다.

영역-일반성을 측정하는 TTCT는 2차에 걸쳐 점수화하였다. 1차 측정은 학교급별 10부씩 검사지를 단순 무작위 추출법으로 추출된 검사지를 각각 3부씩 복사하였다. 그리고 복사된 검사지를 측정자들에게 분배하였다. 측정자들은 같은 시간에 함께 모여 측정하되, 각자 독립된 공간에서 측정 기준표에 의해 측정을 실시하였다. 이후에 다시 모여 측정 간 합의점을 도출하기 위한 워크숍을 실시하였다. 2차 측정은 1차 때와 동일한 대상자에 대하여 각자 독립된 공간에서 채점을 실시하였다.

지난 20여 년간 산출물 검사를 체계화한 Amabile 등(1999)은 창의성을 "개방형 과제에 대한 산출물은 새롭고, 적절하고 유용하며 가치 있는 반응"으로 정의하였다. 이러한 정의에 기초하여 영역－특수성을 측정하기 위한 영역별 산출물 검사는 Amabile 등의 "합의적 평정기법(CAT)"을 만족하는 다음의 조건하에서 실시하였다. 첫째, 측정자들은 경험의 정도가 동일하지 않더라도 해당 분야의 전문적인 경험이 있어야 한다. 둘째, 전문가의 측정은 개별적으로 이루어져야 한다. 그들은 상호 일치하기 위하여 실험자로부터 교육되어서도 측정하는 특정 기준이 주어져서도, 상호 합의해서도 안 된다. 셋째, 측정자들은 측정 시 그들의 전문적인 측정기준에 의해서 측정하지 말고, 산출물의 상대적인 평가에 중점을 두고 측정하여야 한다. 대부분의 연구에서 실험에 참가한 보통의 피험자들은 오랫동안 경험해온 전문가에 비해 창의성의 수준이 낮기 때문이다. 넷째, 각 측정자들은 무작위 순서로 산출물을 측정하여야 한다. 만약 모든 측정자들이 동일한 순서로 측정한다면 높은 수준의 동의가 반영될지도 모르기 때문이다. 다섯째, 측정자들은 창의성 차원이외에 산출물의 부가적인 다른 차원도 평가해야 한다. 해당 산출물의 창의성의 수준 외에 최소한 기술적인 측면(technical goodness), 심미안적 호감(aesthetic appeal), 적합도(appropriate)를 측정하여야 한다. 마지막으로, 측정의 신뢰성은 측정자 간의 일치성으로, 동일 영역에서의 다른 산출물과 비교하여 측정가들의 일치성의 정도(Cronbach's α 계수)를 의미한다. 측정자 간 신뢰성은 구인 타당성의 개념과 동일하다.

위의 조건에 따라 산출물에 대한 측정은, 영역별 경력 5년 이상의 현직교사 3명으로 총 12명의 교사(4개 영역×3명=12명)들의 주관적인 관점에 의해 측정하였다. 측정에 들어가기 전에 연구자에 의하여 연구의 목적이나 측정의 기준 등에 대한 언급은 일체 하지 않았으나, 영역별로 주관적 관점에 의해 창의성 차원과 기술적 적합성/심미안적 차원의 2개 하위차원으로 구분하여 점수화 하도록 하였다. 2개 하위 차원 모두 5점 평점척도(1점: 매우 낮음~5점: 매우 높음)의 채점을 실시하였다.

그리고 산출물의 창의적인 수행수준을 점수화하는 방법에는 Zhou와 Oldham(2001), 최일호·최인수(2001)가 사용한 하위 2개의 차원을 서로 곱하여 하나의 단일 지표(a single index)로 사용하는 방법으로 점수화하였으며, 점수가 높을수록 창의성이 높다고 평가하였다.

## 3. 고창의성 집단과 저창의성 집단의 분류

창의성의 수행 수준에 따른 집단의 분류는, 각 영역별 상위 20%의 점수에 한개 이상의 영역에 속하는 학생들을 고창의성 집단이라 하였으며, <표 Ⅱ-1>에서 고창의성 집단의 점수기준 및 학생수를 제시하였다. 전체 학생 중에서 28.74%인 192명이 고창의성 집단에 속하였다. 이와 반대로 영역별 하위 20%의 점수에서 한개 이상의 영역에 속하는 집단을 저창의성 집단이라고 하였으며 이를 <표 Ⅱ-2>에 제시하였다. 전체 학생 중에서 166명의 학생으로 24.85%가 저창의성 집단에 속하였다.

<표 Ⅱ-1> 4개 영역의 상위 20%의 점수기준과 학생수

| 학년(n) | 언어영역(n) | 과학영역(n) | 수학영역(n) | 미술영역(n) | 고창의성 집단의 학생수(%) |
|---|---|---|---|---|---|
| 초 3(228) | 14.66(49) | 18.66(24) | 11.11(20) | 12.22(8) | 63(27.63) |
| 중 1(198) | 14.44(42) | 14.66(42) | 16.0(42) | 14.66(42) | 59(29.79) |
| 고 1(225) | 11.0(54) | 12.22(62) | 11.04(46) | 11.0(49) | 70(31.1) |
| 전체(668) | 21.70(145) | 19.16(128) | 16.16(108) | 14.82(99) | **192(28.74)** |

<표 Ⅱ-2> 4개 영역의 하위 20%의 점수기준과 학생수

| | 언어영역(n) | 과학영역(n) | 수학영역(n) | 미술영역(n) | 저창의성 집단의 학생수(%) |
|---|---|---|---|---|---|
| 초 3 | 4.0(57) | 5.33(29) | 2.22(42) | 2.22(27) | 66(28.94) |
| 중 1 | 3.88(39) | 2.66(39) | 2.22(24) | 4.66(36) | 51(25.75) |
| 고 1 | 2.22(37) | 2.67(51) | 1.78(67) | 3.89(52) | 49(21.77) |
| 전체 | 19.91(133) | 17.81(119) | 19.91(133) | 17.21(115) | **166(24.85)** |

## 4. 측정도구

### 가. 영역-일반성 검사: TTCT 도형 A형

TTCT 도형 A형 검사의 점수는 창의성의 인지적 능력으로서 측정된다(Torrance, 1992). 검사는 3개 활동으로 구성되어 있으며, 각 활동은 제한시간을 10분으로 하였다. 활동 1은 그림 구성하기, 활동 2는 그림 완성하기, 활동 3은 선 더하기로 구성되어 있다. TTCT는 확산적 사고의 변인인 (1) 유창성, (2) 독창성, (3) 정교성, (4) 제목의 추상성, (5) 성급한 폐쇄나 종결에 대한 저항의 표준점수, (6) 5개의 변인의 평균으로서 창의성의 평균표준점수를 산출하였다.

## 나. 영역−특수성 검사: 영역별 산출물 검사

영역−특수성을 연구한 대부분의 선행 연구들이 1∼2개 영역의 산출물에 대해서만 측정을 실시하였기에 연구결과를 일반화하기에는 무리가 있다는 지적이 있었다(Kogan, 1994; Amabile, 1996).

따라서 본 연구에서는 창의성의 영역−특수성을 연구한 선행연구들이 사용한 영역별 실험 과제를 취합하였다. Amabile(1983, 1985, 1996)의 연구와, 인문·사회 영재 판별도구 개발연구(Ⅲ)−언어 영재 판별 검사 도구개발을 중심으로−(한국교육개발원, 2002)에서의 "이야기 구술하기(story-telling)"와, "콜라주 만들기"는 많은 경험적 연구결과를 통해 이미 신뢰성과 타당성을 검증받은 산출물 검사이다. Baer(1991), 한기순(2002, 2002)의 "수학문제 만들기"도 높은 측정자 간 신뢰도(.92)를 보였다. "과학적 발명산출물 검사(CIT; Creativity Invention Task)"는 손향숙(1997), 김종안(1997), 김명숙(1998)이 사용한 검사로서 측정자 간 높은 신뢰도(.72∼.87)를 보였다. 최종적으로 아래와 같은 4개 영역(언어, 수학, 과학, 미술)의 개방적이며 발견적 과제가 선정되었다.

### 1) 언어 영역: 전혀 새로운 이야기로 완성하기

기존 동화(성냥팔이 소녀)의 도입부문을 지문으로 제공하고 기존의 이야기와 전혀 다른 새로운 이야기로 완성하라고 하였다. 마지막으로 성냥팔이 소녀에게 하고 싶은 이야기를 작성하라고 하였다.

## 2) 수학 영역: 창의적인 수학문제 만들기

재미있는 수학문제를 가능한 많이 만들어보라고 하였다. 중·고등학생의 경우에는 필요하면 문제해결을 위한 단서도 제공하라고 하였다.

## 3) 과학 영역: 과학적 발명산출물 검사

무인도에 살게 된 로빈슨 쿠르소가 되어 난파선에서 획득한 15개의 불완전한 도형을 생활에 필요한 발명품으로 만들어 보라고 하였다. 그리고 발명품의 제목을 붙이고 사용된 재료와 쓰임새에 대해 작성하라고 하였다.

## 4) 미술 영역: 콜라주 만들기

개인별 흰색 도화지 1, 딱풀 1, 형형색색의 색종이 약 50여개를 봉투에 담아 학생에게 제공하고, 재미있고 독창적인 모양의 콜라주를 만들고 적절한 제목을 작성하라고 하였다.

# 5. 분석방법

통계 분석은 SPSS 10.0.7판을 사용하여 수행하였다.

가. 측정도구에 대한 측정자 간 신뢰도를 구하기 위하여, Cronbach's α계수를 산출하였다.

나. 상관관계를 살펴보기 위하여, 4개 영역 간의 상관, TTCT의 표1준점수와 각 영역별 점수 간의 Pearson 적률상관계수를 산출하였다.

다. 영역-특수성의 점수가 영역-일반성의 점수에 의해 얼마나 설명되는지를 살펴보기 위해, TTCT 점수를 독립변인으로 하고, 영역별 창의성 점수를 종속변수로 하는 중다회귀분석을 실시하였다.

198

# Ⅲ. 연구결과

## 1. 측정자 간의 신뢰도

연구절차에서 제시된 측정방법에 의해 영역-일반성 및 영역-특수성의 측정에 대한 측정자 3인 간의 신뢰도인 Cronbach's α계수를 <표 Ⅲ-1>에 제시하였다. 신뢰도는 .74∼.91로 전체적으로 양호한 신뢰도를 나타내고 있다.

<표 Ⅲ-1> 측정도구의 신뢰도 계수

| 영역-일반성 | | | | | 영역-특수성 | | | | | | | |
|---|---|---|---|---|---|---|---|---|---|---|---|---|
| | | | | | 언 어 | | 과 학 | | 수 학 | | 미 술 | |
| 유창성 | 독창성 | 제목추상성 | 정교성 | 성급한종결 | 창의성 | 기술/심미안 | 창의성 | 기술/심미안 | 창의성 | 기술/심미안 | 창의성 | 기술/심미안 |
| .91 | .87 | .74 | .88 | .76 | .91 | .81 | .89 | .76 | .77 | .81 | .83 | .78 |

## 2. 4개 영역 간의 상관관계

영역 간의 상관이 높다는 것은 일반적이고 공통적인 요인에 의존한다는 것으로 영역-일반성을 지지하는 것이다. 먼저, 전체 학생들의 언어, 과학, 수학, 미술의 4개 영역 간의 Pearson 적률상관계수가 <표 Ⅲ-2>에 제시되었다. 4개 영역 간의 상관관계가 .365~.614(p<.01)의 다소 높은 상관관계를 보이고 있는 것으로 나타났다. 특히 언어영역과 수학영역 간의 상관관계(.614, p<.01) 및 과학영역과 미술영역 간의 상관관계(.562, p<.01)가 높은 것으로 나타났다.

다음에는 고창의성 집단 및 저창의성 집단에서의 영역별 창의적 수행 간의 상관관계가 <표 Ⅲ-3>에 제시되었다. 고창의성 집단에서는 각 영역 간의 상관관계가 .282~.411(언어영역과 과학영역 간의 상관은 제외)로 나타났다. 그러나 저창의성 집단에서는 언어영역과 과학영역 간의 상관이 .327로 유의한 낮은 상관관계를 나타냈을 뿐, 다른 영역 간의 상관은 무의미한 것으로 나타났다. 결과적으로 4개 영역 간의 상관에서는 고창의성 집단에서는 전체 학생집단보다는 높지 않지만, 영역-일반성의 견해가 지지되었으며, 저창의성 집단에서는 영역-특수성의 견해가 지지되었다.

## 3. 확산적 사고의 변인과 4개 영역 간의 상관관계

먼저, 전체 학생들의 영역-일반성의 확산적 사고의 변인과 영역-특수성의 4개 영역 간의 상관관계가 <표 Ⅲ-4>에 제시되어 있다. 전반적으로 확산적 사고의 변인이 그다지 높지는 않지만 4개 영역과 고른 상관관계(.158~.576, p<.01)를 보이고 있다. 특히, 5개 변인의 평균점수인 창의성의 평균표준점수가 4개 영역과 다소 높은 유의미한 상관관계(.330~.475, p<.01)를 나타내고 있다. 또한 확산적 사고의 변인 중에서도 독창성 변인이 다른 변인들에 비하여 4개 영역에 걸쳐 다소 높은 상관관계(.425~.576, p<.01)를 보이고 있다. 그러나 정교성(.203~.296, p<.01)과 과제집착력(.177~.274, p<.01)은 모든 영역에 걸쳐 낮은 상관관계를 나타내고 있다.

다음으로, 고창의성 집단과 저창의성 집단에서의 확산적 사고의 변인과 4개 영역 간의 Pearson 적률상관계수를 <표 Ⅲ-5>에 제시하였다. 고창의성 집단에서는 확산적 사고의 5개 변인의 평균인 창의성 표준평균점수와 각 영역 간의 상관이 .31~.43(p<.01)으로 모든 영역에 걸쳐 다소 높게 나타났다. 저창의성 집단에서는 창의성 표준평균점수와 과학영역 간의 상관만이 .46(p<.01)으로 유의하게 나타났다.

<표 Ⅲ-2> 전체 학생의 영역 간의 상호상관행렬

|  | 언어영역 | 과학영역 | 수학영역 | 미술영역 |
|---|---|---|---|---|
| 언어영역 | – | .365** | .614** | .388** |
| 과학영역 |  | – | .432** | .562** |
| 수학영역 |  |  | – | .462** |
| 미술영역 |  |  |  | – |

** p< .01

<표 Ⅲ-3> 고창의성 집단 대 저창의성 집단의 영역 간의 상호상관행렬

|  | 언어영역 | 과학영역 | 수학영역 | 미술영역 |
|---|---|---|---|---|
| 언어영역 | – | .138* | .411** | .282** |
| 과학영역 | *.327** | | .312* | .303* |
| 수학영역 | *.214* | *.092* | – | .324** |
| 미술영역 | *-.178* | *0.02* | *-.140* | – |

* p< .05, ** p< .01   일반체: 고창의성 집단, 이탤릭체: 저창의성 집단

<표 Ⅲ-4> 전체 학생의 영역－일반성의 변인과 영역－특수성의
영역 간의 상호상관행렬

|  | 유창성 | 독창성 | 제목 추상성 | 정교성 | 성급한 종결 | 창의성 평균표준점수 |
|---|---|---|---|---|---|---|
| 언어영역 | .367** | .432** | .158** | .203** | .250** | .413** |
| 과학영역 | .339** | .576** | .286** | .296** | .274** | .475** |
| 수학영역 | .242** | .455** | .243** | .245** | .239** | .423** |
| 미술영역 | .202** | .425** | .243** | .282** | .177** | .330** |

** p< .01

<표 Ⅲ-5> 고창의성 집단 대 저창의성 집단의 영역－일반성의
변인과 영역－특수성의 영역 간의 상호상관행렬

|  | 유창성 | | 독창성 | | 제목 추상성 | | 정교성 | | 성급한 종결 | | 창의성 평균표준점수 | |
|---|---|---|---|---|---|---|---|---|---|---|---|---|
|  | 고 | 저 | 고 | 저 | 고 | 저 | 고 | 저 | 고 | 저 | 고 | 저 |
| 언어 | .21 | *.11* | .25** | *.13* | .34 | *.19** | .45** | *.01* | .19* | *-.13* | .43** | *.05* |
| 과학 | .39** | *.28*** | .26 | *.42*** | .29 | *.51*** | .19** | *.29*** | .35** | *.31*** | .41** | *.46*** |
| 수학 | .34** | *.19* | .29* | *.17* | .25 | *-.13* | .27 | *-.21* | .29 | *.08* | .31* | *.24* |
| 미술 | .31** | *.16* | .38* | *.33*** | .31 | *-.02* | .25* | *.34*** | .21* | *-.01* | .37** | *.22** |

** p< .01          일반체: 고창의성 집단, 이탤릭체: 저창의성 집단

# 4. 영역－특수성에 대한 영역－일반성의 상대적 예측력

전체 학생을 대상으로 영역－일반성이 영역－특수성에 대하여 어느 정
도 설명력이 있으며, 상대적인 예측력이 있는가를 살펴보았다. TTCT 변

인의 점수를 독립변인으로 하고, 영역별 창의성 점수를 종속변수로 하여 Enter 투입방식으로 중다회귀분석을 실시한 결과를 <표 III-6>에 제시하였다. 분석결과, 영역－일반성의 확산적 사고가 과학(27.2 %)>수학(19.9%)>언어(16.7%)>미술(15.9%)의 순으로 15.9%~27.2%(p<.001)의 유의미하게 설명력($R^2$)이 있는 것으로 나타났다. 특히 언어, 과학, 미술의 3개 영역을 설명하고 예측하는 독립변인 중에서 독창성의 β값이 .309~.480(p<.01), 정교성의 β값이 .240~.436(p<.05)으로 다른 확산적 사고의 변인에 비하여 설명력이 높은 변인인 것으로 나타났다.

다음으로, 고창의성 집단과 저창의성 집단에서 중다회귀분석을 실시한 결과를 <표 III-7>에 제시하였다. 고창의성 집단에서는 영역－일반성의 확산적 사고가 언어영역(25.8%)>수학영역(19.5%)>미술영역(18,8%)>과학영역(14.7%)의 순으로 높게 나타났으며 전체적으로 유의미한 수준(p<.001)에서 12.7%~23.8%로 설명력이 높게 나타났다. 그러나 저창의성 집단에서는 미술 영역(21.2%, p<.001)만 높게 나타났으며, 수학영역(12.6%), 언어영역(10.0%)은 유의하지 못한 수준에서 나타났다. 각 영역별로 확산적 사고의 변인의 β값은 <표 III-7>과 같다.

<표 Ⅲ-6> 전체 학생의 영역-일반성이 영역-특수성에
미치는 상대적 예측력

| 종속변인 | 독립변인 | $\beta$ | $t$ | $p$ | $R^2$ |
|---|---|---|---|---|---|
| 언어영역 | 유창성 | -.147 | -.2930 | .004 | |
| | 독창성 | .339 | 3.540 | .000 | |
| | 제목추상성 | .036 | .498 | .619 | .167*** |
| | 정교성 | .436 | 4.752 | .000 | |
| | 성급한 종결 | -.358 | -4.138 | .000 | |
| | 창의성평균표준점수 | .215 | 2.927 | .004 | |
| 과학영역 | 유창성 | -.209 | -4.459 | .000 | |
| | 독창성 | .480 | 7.592 | .000 | |
| | 제목추상성 | .077 | 1.133 | .258 | .272*** |
| | 정교성 | .240 | 2.793 | .005 | |
| | 성급한 종결 | -.111 | -1.375 | .169 | |
| | 창의성평균표준점수 | .101 | 1.466 | .143 | |
| 수학영역 | 유창성 | -.077 | -1.568 | .117 | |
| | 독창성 | .320 | 1.793 | .073 | |
| | 제목추상성 | .139 | 1.937 | .053 | .199*** |
| | 정교성 | .180 | 2.001 | .046 | |
| | 성급한 종결 | -.198 | -2.333 | .020 | |
| | 창의성평균표준점수 | .344 | 4.735 | .000 | |
| 미술영역 | 유창성 | -.055 | -1.064 | .288 | |
| | 독창성 | .309 | 3.001 | .003 | |
| | 제목추상성 | .004 | .051 | .959 | .159*** |
| | 정교성 | .293 | 2.022 | .044 | |
| | 성급한 종결 | -.102 | -1.147 | .252 | |
| | 창의성평균표준점수 | .165 | 2.156 | .031 | |

*** $p < .001$

<표 Ⅲ-7> 고 창의성 집단 대 저 창의성 집단의 영역-일반성이
영역-특수성에 미치는 상대적 예측력

| 종속<br>변인 | 독립변인 | $\beta$ | | $t$ | | $R^2$ | |
|---|---|---|---|---|---|---|---|
| | | 고 | 저 | 고 | 저 | 고 | 저 |
| 언어<br>영역 | 유창성 | .303 | .171 | 3.737*** | 1.093 | .238*** | .100 |
| | 독창성 | .076 | .091 | .449 | .417 | | |
| | 제목추상성 | .296 | .112 | 1.869 | 1.501 | | |
| | 정교성 | .441 | .019 | 3.284*** | .115 | | |
| | 성급한 종결 | .120 | .226 | .837 | 2.073* | | |
| | 창의성평균점수 | .556 | .133 | 1.396 | .442 | | |
| 과학<br>영역 | 유창성 | .388 | .342 | 2.618** | 2.58** | .127*** | .047*** |
| | 독창성 | .301 | .251 | .008 | 3.131*** | | |
| | 제목추상성 | .119 | .213 | .110 | 1.966 | | |
| | 정교성 | .039 | .368 | .214 | 3.654*** | | |
| | 성급한 종결 | .408 | .021 | 2.569 | .172 | | |
| | 창의성평균점수 | .411 | .360 | .937 | 2.423* | | |
| 수학<br>영역 | 유창성 | .144 | .181 | .983 | 1.182 | .195*** | .126 |
| | 독창성 | .434 | .193 | 2.349* | .909 | | |
| | 제목추상성 | .415 | .199 | 4.160** | 1.436 | | |
| | 정교성 | .427 | .442 | 2.385* | 2.698** | | |
| | 성급한 종결 | .117 | .156 | .751 | 1.014 | | |
| | 창의성평균점수 | 1.543 | .360 | 3.570*** | 1.220 | | |
| 미술<br>영역 | 유창성 | .135 | .330 | .918 | 5.815*** | .188*** | .212*** |
| | 독창성 | .491 | .243 | 2.645** | 3.679*** | | |
| | 제목추상성 | .595 | .156 | 3.449*** | 2.882** | | |
| | 정교성 | .289 | .175 | .609 | 1.283 | | |
| | 성급한 종결 | .134 | .205 | .852 | 2.251 | | |
| | 창의성평균점수 | 1.493 | .371 | 3.440*** | 1.326 | | |

* $p<.05$, ** $p<.01$, *** $p<.001$

# IV. 논의 및 결론

이 연구는 최근 창의성 연구에 있어서 영역-일반성 대 영역-특수성의 논쟁에 대하여, 우리나라의 초·중·고등학교의 교육현장에서 창의성의 영역성이 어떻게 나타나는지를 규명해 보고자 하는 것이다. 연구대상을 전체 학생, 고창의성 집단, 저창의성 집단의 3개 집단으로 구분하고 이들 집단에서의 창의성의 영역성을 비교, 규명하는 것이 연구의 목적이다. 연구결과를 중심으로 논의와 후속연구에 대한 제안은 다음과 같다.

## 1. 전체 학생에 대한 영역성

먼저, 4개 영역 간의 상관관계에서 어느 한 영역에서의 성공적인 수행을 하는 창의적인 기술과 이해는 다른 영역과는 무관하다고 하는 영역-특수성의 견해가 지지되기 위해서는 영역 간의 상관관계가 약하거나 무의미한 상관관계를 보여야 한다. 그러나 연구 결과, 각 영역 간에는 $.365 \sim .594 (p < .01)$로 다소 높은 상관관계를 보였다. 특히 영역 간의 상관관계에서 언어영역과 수학영역 간의 상관관계 및 과학영역과 미술영역 간의 상관관계가 각각 높게 나온 이유는, 영역별 창의성의 측정도구의 수행방법의 차이에서 기인한 것으로 해석된다. 즉, 언어영역과 수학영역은 언어적 표현으로, 미술영역이나 과학영역은 도형 혹은 그림으로 표현되었기 때문이다. 본 연구에서는 기존의 신뢰성과 타당성이 확보된 검사도구들을 사용하였으나, 위와 같은 연구결과에 기초하여 영역-특수성을 측정하기 위한 더 나은 검사도구의 개발이 필요하다고 하겠다.

다음으로, 확산적 사고의 변인과 각 영역 간의 상관관계에서 확산적 사고의 모든 변인이 각 영역과 다소 높은 상관관계를 보였다. 특히, 확산적 사고의 5개 변인의 평균인 창의성의 평균표준점수도 4개 영역과 다소 높은 유의미한 상관관계(.330~.475, p<.01)를 나타내고 있다. 여기서 흥미로운 두 가지 결과는, 첫째, 확산적 사고의 변인과 영역별 창의적 수행 간의 상관관계가 영역의 고유한 특성과는 무관하게 고른 상관분포를 보이고 있다는 것이다. 둘째, 영역-특수성이 지지되기 위해서는 영역-일반성과의 상관이 없거나 무의미하게 나타나야 할 것이다. 그러나 <표 Ⅲ-4>와 같은 상관관계가 나타났다. 이러한 결과는 영역-일반성이나 영역-특수성 중 어느 한쪽 견해를 일방적으로 지지하기 어려운 결과로 해석될 수 있다.

마지막으로, 영역-특수성에 대한 영역-일반성이 어느 정도 설명력이 있으며 예측력이 있는가를 검증한 중다회귀분석에서 TTCT의 확산적 사고의 변인이 15.9%~27.2%(p<.001)로 모두 유의미한 수준에서 설명력이 높은 것으로 나타났다. 이는 만약, 영역 특수성이 지지되려면 영역-일반성의 설명력이 약하거나 유의미하지 않게 나와야 할 것이다. 그러나 영역-일반성이 영역-특수성에 대해 설명력이 다소 높게 나타난 것은, 앞서 상관분석의 결과와도 일치하는 것이다.

## 2. 고 창의성 집단 및 저 창의성 집단에 대한 영역성

'능력-분화가설'에 따르면, 영역-특수성을 검증하기 위한 4개 영역 간의 상관관계는 창의성의 수행수준이 높은 고창의성 집단에서는 영역-특수성이 높을 것으로 즉, 영역 간의 상관이 낮을 것이며, 저창의성 집단에서는 영역 간의 공통요인에 의존하기 때문에 영역 간의 상관이 높을 것으로 예측되었다.

그러나 고창의성 집단에서는 각 영역 간의 상관계수가 .282~.411

(언어영역과 과학영역 간의 상관은 제외)로 나타났다. 이는 영역성의 어느 한쪽을 전적으로 지지하지 않고 있다. 한편, 저창의성 집단에서는 언어영역과 과학영역 간의 상관계수가 .327의 상관을 나타냈을 뿐, 다른 영역 간의 상관은 유의하지 않는 것으로 나타나 영역－특수성을 지지하였다.

다음으로, 고창의성 집단과 저창의성 집단에서 나타난 확산적 사고의 변인과 각 영역 간의 상관관계를 논의해보면, 고창의성 집단에서는 창의성 표준평균점수와 각 영역 간의 상관계수가 .31～.43 ($p<.01$)으로 모든 영역에 걸쳐 고르게 나타났다. 모든 영역에 걸쳐 고른 분포가 나타난 것은 고창의성 집단에 대한 영역－특수성의 견해는 지지하기 어려운 것으로 해석할 수 있다. 그러나 저창의성 집단에서는 창의성 표준평균점수와 과학영역 간의 상관계수만이 .46 ($p<.01$)으로 나타났다. 이는 전체 학생 집단 및 고창의성 집단에 비하여, 영역－특수성의 견해를 지지하고 있는 것으로 해석되었다.

마지막으로, 영역－특수성에 대한 영역－일반성의 상대적 예측력과 설명력이 고창의성 집단에서는 12.7%～23.8($p<.001$)의 설명력이 나타났다. 이는 영역－특수성을 지지하기 어렵다. 그러나 저창의성 집단에서는 미술 영역(21.2%)만 높게 나타나, 영역－특수성의 견해를 지지하고 있다. 이는 위에서 논의한 영역 간의 상관관계 및 확산적 사고의 변인과 각 영역 간의 상관관계의 결과와도 일치하는 것이다.

## 3. 전체적 논의

위에서 기술한 전체 학생 및 고・저창의성 집단 간의 논의에 대한 전체적 논의와 후속연구에 대한 제안사항은 다음과 같다.

먼저, 전체 학생과 고창의성 집단에서는 영역－일반성과 영역－특수성의 견해 중에서 어느 한쪽을 일방적으로 지지하기 어려운 것으로 밝혀졌다. 오히려 개인이 창의적 수행을 함에 있어 영역－일반성과 영역－특수성이 별개로 작용하는 것이 아닌 상호 보완되는 혹은 상호 통합될 수 있음을 시사하고 있다. 이러한 결과는 Sternberg(1989)의 주장인 "영역의 일반성과 특수성은 상보적인 것이며, 양자는 수행의 차이에 따라 상호 작용한다."는 영역－상보성(domain-complementarity)을 경험적으로 지지하고 있다. 따라서 후속연구를 위한 제안으로서, 영역－상보성의 견해에 대해 보다 자세히 탐색하기 위해서는 구조 모형방정식(또는 공변량 구조 모형이나 LISREL 모형)과 같은 통계기법을 활용한다면 영역 간의 인과관계, 경로분석, 회귀분석 등의 보다 자세한 결과와 영역－상보성의 새로운 모델이 제시될 수 있을 것으로 기대된다.

다음으로, 본 연구의 결과가 '능력－분화가설'과 오히려 반대의 결과가 나타난 것과, 미국의 초등학생을 대상으로 연구하여 영역－특수성의 견해를 지지한 한기순(2000)연구결과와 다른 이유는, 우리의 교육풍토에서 기인한 것으로 논의될 수 있다. 즉, 서구의 교육풍토가 개인의 고유한 인지적 능력을 인정하고 이를 적극 발굴, 육성하며 개인의 책임을 강조하는 개인주의적 교육이라고 한다면(Eisenberger, 1998), 우리나라 집단주의적 교육과 입시위주의 교육풍토에서 기인한 것으로 해석된다. 학생 개개인의 (현재 발현되고 있거나 혹은 잠재적인) 한 두 개의 창의적인 영역과는 무관하게, 거의 모든 영역에 걸친 고른 인지적 역량을 더욱 중시하는, 다시 말해 모든 과목에서 고른 상위의 점수를 요구하고 있는 현 교육풍토의 영향인 것으로 해석될 수 있다. 따라서 후속연구에 대한 제안으로서 개인주의적 교육과 집단주의적 교육환경의 차이에서 기인되는 창의성의 영역성에 대한 비교문화적 연구가 필요하다고 하겠다.

마지막으로 후속연구에 대한 제안으로서 영역성의 발달 경향성, 위의 3개 집단에서의 학교별, 성별의 유의한 차이가 발생하는지에 대한 깊이 있는 연구가 요구되며, 연구대상의 범위를 넓혀 영재아에 대한(또는 영재아를 포함하는) 연구도 필요하다고 하겠다.

# 참고문헌

김명숙(1998). 창의성 교육프로그램의 유형 및 관련 변인이 창의성 향상에 미치는 효과. 박사학위논문, 성균관대학교.

김종완(1998). 통합적 접근에 기초한 아동의 창의성 측정도구 개발. 박사학위논문, 성균관대학교.

김혜숙, 최인수(2002). 창의성구조 모형의 검증, 교육심리연구, 16(4), 229-245.

문용린 역저(2001). 다중지능 인간지능의 새로운 이해. 서울: 김영사.

이정규(2003). 창의성 연구에 있어서 영역성과 측정에 대한 문제점 분석 연구. 교육심리연구, 17(4). 315-335.

조석희(1999). 창의성 증진을 위한 교수-학습에 관한 교육심리학의 역할과 과제. 교육심리연구, 13(2). 81-105.

최일호·최인수(2001). 새로운 생각은 어떻게 가능한가: 전문분야 창의성에 대한 학습과정모델 접근. 한국심리학회지: 일반. 20(2), 409-428.

하대현(2002). T. Amabile의 창의성 이론에 근거한 동기와 창의성 간의 관계 연구. 교육학연구, 40(2), 111-142.

하대현(2003). MI이론의 경험적 타당화 연구(Ⅲ): 지능과 인지양식의 영역-특수성의 발달적 변화. 교육심리연구, 17(3), 27-52.

한국교육개발원(2002). 인문·사회 영재 판별도구 개발연구(Ⅲ)-언어 영재 판별 검사 도구개발을 중심으로-수탁연구 CR2002-44.

한기순(2000). 창의성의 영역한정성과 영역보편성에 관한 분석과 탐구. 영재교육연구, 10(2), 47-69.

황정규(1995). 인간의 지능(2nd). 서울: 민음사

Amabile, T. M. (1983). The social psychology of creativity. A Componential conceptualization. *Journal of Personality and Social Psychology, 45(2),* 357-376.

Amabile, T. M. (1985). Motivation and creativity: Effects of motivational orientation on creative writers. *Journal of Personality and Social Psychology, 48,* 393-399.

Amabile, T. M. (1996). *Creativity in context: Update to the social psychology of creativity.* Boulder, CO: Westview Press.

Amabile, T. M. (1999). Motivation and Creativity. In R. J. Sternberg(Eds.), *Handbook of creativity(pp.297-312).* Cambridge University Press.

Baer, J. (1998). The case for domain specificity of creativity. Creativity Research Journal, 11(2). 173-177.

Baer, J. (1999). Domains of Creativity. In Runco, M. A. & Pritzker, S. R. (Eds.). *Encyclopedia of Creativity(pp.591-596).* Academic Press.

Brown, R. T. (1989). Creativity: What are we to measure? In J. A. Glover. R. R. Ronning, & C. R. Reynolds(Eds.), *Handbook of creativity(pp3-36),* NY: Plenum Press.

Diakidoy, I. N.. & Spanoudis, G. (2002). Domain Specificity in Creativity Testing: A Comparison of Performance on general divergent-thinking test and personalities, content specific test. *The Journal of Creative Behavior, 36(1),* 41-61.

Eisenberger, R. & Cameron, J. (1998). Reward, Intrinsic motivation, and Creativity: New Findings. *American Psychologist, 53(6).* 673-682.

Eisenberger, R., & Cameron, J. (1996). Detrimental effects of reward: Reality or myth? *American Psychologists, 51(11),* 1153-1166.

Feldhusen, J. F. (1994). Teaching and testing for creativity. *In the international Encyclopedia of Education(2nd ed., pp.1178-1183).* NY: Pergamon Press.

Gardner, H. (1983). *Frames of mind: The theory of multiple intelligences.* NY; Basic Books.

Gardner, H. (1993). *Multiple Intelligences: The theory in practice.* NY. : Basic Books.

Gardner, H. (1995). *Reflections on multiple intelligences: Myths and messages.* Phi Delta Kappan, 77(3), 202-209.

Garret, H. E. (1946). A developmental tehory of intelligence. *American Psychologist,* 1. 372-378.

Guilford, J. P. (1956). The structure of intellect. *Psychology Bulletin, 53,* 267-293.

Han, K. S & Marvin, C. (2002). Multiple Creativities? Investigating Domain-Specificity of Creativity in Young Children. Gifted Child Quarterly, 46(2). 98-109.

Kogan, N. (1994). Diverging from divergent thinking. *Contemporary Psychology, 39(3).* 291-292.

Plucker, J. (1998). Beware of simple conclusions: The case for content generality of creativity. *Creativity Research Journal, 11(2),* 179-182.

Runco. M. A. & Plucker, J. A. & Lim, W. (2000-2001), Development and Psychometric integrity of a measure of Ideational Behavior. *Creativity Research Journal, 13(3 & 4).* 393-400.

Sternberg, R. J. & Rubart, T. I. (1995). *Defying the crowd: Cultivating creativity in a culture of conformity.* NY: Free Press.

Sternberg, R. J. & Rubart, T. I. (1996). *Investing in Creativity.* American Psychologist, July.

Sternberg, R. J. & Rubart, T. I. (1999). The concept of creativity: Prospects and Paradigms. In R. J. Sternberg (Eds.), *Handbook of creativity(pp.3-15).* Cambridge University Press.

Torrance, E. P. (1990a). *The Torrance test of Creative Thinking: Norms-technical manual.* Bensenville, IL. : Scholastic Testing Service, INC.

Zhou, Zing & Oldham, G. R. (2001). Enhancing Creative performance: Effects of Expected Develop-mental Assessment Strategies and Creative Personalities. *The Journal of Creative Behavior, 35(3),* 151-167.

# 학업성취도에 대한 창의성의
# 상대적 예측력

══════════════════ ≪ 요 약 ≫ ══════════════════

　이 연구는 학업성취도에 대한 창의성의 상대적 예측력을 검증하는 것이다. 그리고 창의성을 측정하는데 있어서 최근 10여 년간 논쟁 중인 있는 객·주관적 측정법에 대해 이론적으로 고찰하여 보고, 어떤 측정법이 학업성취도를 예측하는데 유의한지를 검증하는 것이다. 연구에 참여한 중·고등학생 438명에 대하여, 창의성의 객관적 측정도구로서 TTCT 도형 A형 검사를, 주관적 측정도구로서 4개 영역(언어, 수학, 과학, 미술)에 대한 산출물 검사를 실시하였다. 연구결과, 창의성의 객·주관적 측정도구들은 측정자 간의 신뢰도가 .74~.91로 높게 나타났다. 다음으로, 학업성취도와 TTCT 도형 A형 검사와의 상관관계는 .323~.438, 영역별 산출물 검사와의 상관관계는 .377~.495를 보였다. 또한, 학업성취도에 대하여 TTCT는 10.43~19.18%, 영역별 산출물 검사는 14.21~24.50%로 상대적인 예측력이 유의하게 나타났다. 따라서 창의성의 객·주관적 검사는 학업성취도를 잘 예측할 수 있는 주요변인임이 검증되었다.

# Ⅰ. 서 론

## 1. 연구의 필요성

우리나라는 21세기 고도의 지식정보화 사회에서 개인 및 국가의 경쟁력을 높이기 위해 창의성 계발에 많은 노력을 기울이고 있다. 2000년도부터 제7차 교육과정으로 개정하여 "21세기의 세계화·정보화 시대를 주도할 자율적이고 창의적인 한국인 육성"을 교육의 목표로 설정하고, 현재 단계적으로 확대시행하고 있는 중이다. 또한 "탁월한 잠재적 능력을 지닌 영재의 창의성, 도덕성, 자기 주도적인 학습 태도를 함양"을 목표로 설정한 영재교육 진흥법(2000)이 공포되어 현재 영재학교, 영재교육원, 영재학급을 통해 영재교육에도 박차를 가하고 있는 교육적 상황이다.

창의성 계발이 더욱 요구되는 오늘날의 교육적 상황에서 창의성에 관한 지난 50여 년간의 학문적 연구 성과를 간략히 개관해 볼 필요가 있다. 창의성은 1950년 미국심리학회(APA)에서 창의성에 대한 Guilford의 기조연설이 발단이 되어 지금까지 많은 연구가 이루어져 있다. Guilford(1956)는 그의 지능구조이론(SI)에서 확산적 사고를 창의성의 중요한 요소로 간주하였다. 이후 Guilford의 이론은 창의성 연구에 많은 영향을 미치게 되었다. 창의성의 연구자들의 일반적인 연구견해는 (1) 창의성의 주요 변인은 유창성, 정교성, 독창성 등의 확산적 사고이며, (2) 언어, 수학, 과학 등의 모든 영역에 걸쳐 적용이 가능한 영역-일반성으로 인식하게 되었으며, (3) Brain-storming 등과 같은 확산적 사고를 계발하기 위한 다양한 창의성 교육프로그램의 개발과, (4) 창의성의 주요 요소인 확산적 사고를 측정하기 위한 측정도구들을 개발되어 왔다(Eisenberger & Cameron, 1998; Plucker, 1998; Baer, 1999: Runco, Plucker, & Lim, 2000-2001; Han & Marvin, 2002; 한기순, 2000; 이정규, 2003).

이러한 창의성 연구의 성과에 대해 김혜숙과 최인수(2002)는 "창의성의 필요성이 갈수록 강조되고 있는 만큼 연구도 활발하게 이루어져 왔으나, 창의성 연구는 그 중요성과 매력에 비해서 미해결 과제가 많이 있으며 연구가 아직은 미진한 실정"이라고 하였다. 이는 창의성에 관한 연구가 교육학의 다른 연구 분야들에 비해 비교적 짧은 연구사를 지니고 있기 때문이며, 앞으로 더욱 많은 이론적·경험적 연구가 필요한 분야라고도 할 수 있다(조석희, 1999; 이정규, 2003). 또한 창의성 연구에 있어서 창의성이 학업성취도를 예측할 수 있다는 연구에도 불구하고(Getzel & Jackson, 1962), 우리나라 교육현장에서는 이에 대한 실증적 연구는 아직 미비한 실정이다.

전통적으로 교육심리학에서는 학생들의 학습과 밀접한 관계를 갖는 심리적 개인차를 인지적 특성과 정의적 특성으로 구분하여 연구되어 왔다(김남성, 1998; 이용남 외, 2003). 특히 지금까지 교육심리학적 연구에서는 학생들의 학업성취도에 대하여 인지적 특성 중에는 지능이, 정의적 특성 중에는 학습동기가 다른 어떤 변인들보다 학업성취도에 미치는 설명력 및 영향력, 상대적인 예측력 등이 높다는 것이 교육현장에서의 경험적 연구에서 많이 검증되었다.

김아영·조영미(2001)의 연구에서는 학업성취도에 대하여 지능과 학습동기의 상관과 설명력이 높음이 검증되었다. 연구결과, 학업성취를 예측하는 가장 강력한 변인으로서 지능은 학업성취도와의 상관이 .62~.63이었으며, 지능이 학업성취도 분산을 설명하는 정도는 38~39%로 나타났다. 이에 더해서 동기변인들도 지능의 효과를 고려한 후에도 41~49%로 유의하게 예언한다고 하였다. 또한 김아영·박인영(2001)은 전반적인 학업상황에서 학습자가 학업적 수행능력에 대해 보이는 신념인 학업적 자기효능감이 학업성취도의 12%를 설명한다고 하였다.

다음으로, 학생의 인지적 특성 중에서도 학업성취도에 대한 지능과 창의성의 관계에 대해서는 많은 연구자들이 상이한 연구결과를 제시하고 있다. 즉, 지능이 높은 학생들은 창의성이 높을 수도 있고 그렇지 않을 수도 있다는 것이다. Getzel과 Jackson(1962)은 지능과 창의성의 상관관계는 r=.115~.393이라고 했다. 그리고 학업성취도에 대해 지능이 높은 학생과 창의성이 높은 학생을 비교 연구한 결과, 학업성취도에 대하여 지능이 높은 학생과 창의성이 높은 학생 모두 높았지만 교사들은 지능이 높은 학생을 더 좋아한다고 하였다. 그러나 Edward와 Tyler(1965)는 Getzel과 Jackson(1962)의 연구를 반복 실험해 본 결과 창의성은 학업성취와 전혀 관계가 없다고 하였다. Torrance(1970)는 지능이 높은 사람이 창의성도 높은 경향이 있다고 하였다. 창의성과 지능과의 관계에 대하여 Mackinnon(1978)은 "어느 정도의 지능은 창의적 생산에 필요하지만, 그러나 지능이 어느 정도의 수준에 이르게 되면 창의성과 지능과는 상관이 없다"고 하는 역치(threshold) 개념으로 설명하였다. 또한 김남성(1998)과 전경원(2000)은 지금까지의 연구결과를 종합 분석하면서, "IQ가 120 이하일 경우에는 창의성과의 상관이 높지만, 120 이상이 될 경우 이들의 관계는 낮아진다고 하였다. 따라서 창의성의 필수적인 부분이긴 하나 충분조건은 아니라는 것이다. 즉, 반드시 지능이 높다고 해서 반드시 창의성이 높다고 할 수 없다는 것이다"고 하였다.

최근에 학업성취도에 대한 창의성의 상대적 예측력에 대한 국내의 선행연구를 고찰하여 보면, 김영채(2001)는 한국판 'Khatena-Torrance 창의적 성격검사'를 사용하여 연구한 결과 창의적인 성격과 교과목 성적 사이에는 유의미한 상관관계가 나타나지 않았다고 하면서, 이는 한국의 창의성 교육이 실패하고 있는 증거라고 하였다. 양수경(2002)은 특수목적고와 민사고 학생들을 대상으로 한 "고등학생을 대상으로 한 분야별 영재판별도구의 탐색과 그 활용방안 연구"에서, 현재의 입학전형 요소(교과 성적, 구술시험, 기타)보다 창의성 검사(TTCT)가 훨씬 더 우수하게 학업성취도를 예측한다고 하였다. 그러나 실제적으로는 창의성 검사가 활용되고 있지 않다고 주장하였다. 김영채 (2001)의 연구에서는 학업성취도를 예측하는데 창의적 성격검사를 사용하였으며, 양수경(2002)은 영재학생들을 대상으로 연구한 바 있다.

따라서 이 연구에서는 우리나라의 중·고등학교의 일반학생들에 대하여 지난 50여 년간 창의성 연구에서 개발되어온 객·주관적 창의성의 측정도구를 사용하여 학생들의 학업성취도에 대한 상대적인 예측력을 검증해보고자 한다. 이는 2000년도부터 시작된 제7차 교육과정을 비롯하여 창의력 계발을 중시하는 오늘날의 교육적 상황에 비추어 볼 때, 의의가 있다고 하겠다.

## 2. 연구의 목적 및 연구문제

이 연구의 목적은 학업성취도를 예측하는데 있어서 지금까지 교육학 연구에서 강력한 예측 및 설명변인이었던 지능 및 학습동기에 비해 상대적으로 연구가 미비하였던 창의성의 상대적 예측력을 검증해 보는 것이다. 그리고 창의성의 측정법에 대하여 최근 10여 년 동안 논쟁 중에 있는 객관적, 주관적 측정법에 대하여 이론적으로 고찰한 후에, 창의성의 측정도구 중에서 객관적 측정법 및 주관적 측정법 중에서 어떤 측정법이 더 예측력이 있는가를 알아보는 것을 목적으로 하였다.

연구목적에 따른 연구문제를 구체적으로 기술하면 다음과 같다.

첫째, 학업성취도에 대하여 창의성은 상대적인 예측력으로서 유의한 변인인가?

둘째, 학업성취도를 예측하는데 있어서 창의성을 측정하는 객·주관적 측정법 중 어느 측정법이 더 유의한 측정법인가?

# Ⅱ. 이론적 배경

심리측정학적인 측면에서 "지능은 지능검사가 측정한 결과이다 (Boring, 1923)."라는 의미는 창의성의 측정에 있어서도 중요한 의미를 제공한다. Wallach(1986)는 "연구자들은 종종 창의성 측정에서 나타난 증가된 결과를 가지고 창의성 자체가 증가되었다고 결론짓는 우를 범할 수 있다. 창의성의 검사가 창의성 계발 프로그램을 측정하는 기준이 되어 버렸다."고 하였다. 최초로 창의성의 측정에 대해 언급한 Guilford(1956)는 "창의성 측정에서 완벽한 검사가 요구되며, 이에 대한 요건으로서 창의성 측정도구는 지능검사와는 달리 개방형 (open-ended)이어야 한다. 즉, 어떤 정답을 식별하기보다 고유한 대답을 할 수 있어야 한다."고 강조하였다. 그리고 Guilford(1967)는 "창의성 측정의 기준은 독창성, 유창성, 융통성, 정교성 등을 포함하는 확산적 사고의 측면에 기준을 두고 측정하여야 한다."고 하였다. 그의 이론에 기초하여 창의성의 연구자들은 창의성의 중요 요소인 확산적 사고를 측정하고자 하는 측정도구들을 개발하여 왔다.

그러나 창의성의 측정에 대하여 아직 학자들 간에 일치된 견해가 형성되지 않았다. 이러한 이유는 창의성은 복잡한 심리적 속성이기 때문에 창의성에 대한 정의 및 구성개념의 차이에 따라 창의성을 계발하고자 하는 교육 및 훈련프로그램과 이에 대한 측정방법 및 측정도구의 개발에 차이가 발생하고 있기 때문이다(이정규, 2003).

창의성을 어떻게 측정하여야 하는가에 대한 논쟁이 최근 10여 년 간에 걸쳐 연구자들 간에 이루어지고 있다. 창의성의 측정법에 대한 논쟁은 Cameron과 Pierce(1994), Eisenberger와 Cameron(1996)이 "보상이 창의성에 미치는 효과에 대한 연구"에서 창의성의 측정에 대해 언급하면서부터 논쟁이 촉발되었다. 그리하여 창의성의 측정에 대한 다양한 견해들이 주장되고 논박되어 왔었다. 이에 상반된 입장을 주장하는 연구자들은 America Psychologist(1998)의 "comments"를 통해 논쟁의 장을 마련하였다. 이때 논쟁자들은 창의성을 측정하는 방법을 "객관적 측정법"과 "주관적 측정법"이란 용어로 구분하여 사용하기 시작하였다(Eisenberger & Cameron, 1998; Hennessey & Amabile, 1998, 1999; Diakidoy & Spanoudis, 2002). 따라서 본문에서는 이러한 분류법에 의해 창의성의 측정법에 대해 고찰해 보고자 한다.

## 1. 창의성의 객관적 측정법

창의성의 객관적 측정법이란 제시된 자극에 대한 많은 반응들과 아이디어의 생성 능력, 새롭고 독창적이며 문제해결법 등은 창의성을 증진시킨다고 전제한 확산적 사고에 기초하여, 창의적인 아이디어를 측정하는 방법이다. 피험자에게 아이디어나 미완성된 자극을 제시하고, 자극에 대한 다양한 반응(유창성)과 그러한 다양한 반응 중에서 각 반응이 어느 정도 드물게 나타나는가(독창성) 등에 대한 객관적 지표(예: 참가자가 동료집단에 비해 80% 이상 상위 수준인가)로 나타내는 것이다. 즉, 통계적 희귀성에 근거하여 측정하는 방법이다 (Eisenberger & Cameron, 1998; Hennessey & Amabile, 1998). 또한 'Hanoi 탑'과 같이 단계적이고 정형화된 문제해결과제인 연산적 (algorithmic) 과제를 연구의 실험 과제로 선정하여 연구되어 왔다. 이러한 창의성의 확산적 사고 검사들은 다른 심리 측정(예, 지능검사)과 비교해 볼 때 높은 예측타당도가 있다고 보고 되었다(Runco, 1986b; Runco & Mraz, 1994; Amabile, 1996; Plucker, 1999).
지금까지 개발된 확산적 사고검사 중에서도 TTCT는 1966년도에 개발된 이래 1998년 간편 채점 방식(streamlined scoring system)으로 개정되기까지 몇 차례의 개정작업을 통해 유치원생부터 성인에 이르기까지, 다양한 문화권에서 창의성 검사로서는 많이 사용되고 있다. 우리나라에서는 김영채(1999)에 의해 표준화된 한국판 TTCT가 개발되었다. Torrance는 "TTCT와 같은 검사에서 높은 점수를 받은 사람은 창의적으로 행동할 가능성이 높다."고 주장하였다(Torrance, 1990a; Runco, Plucker & Lim, 2000-2001). 최근에도 Runco, Plucker 및 Lim(2000-2001)은 "아이디어는 독창적이고 확산적이며 창의적 사고로서 취급되어져야 한다."는 Guilford(1967)의 이론에 기초하여, "창의성 측정의 기준은 독창성, 유창성, 융통성을 포함한 확산적 사고의 측면에 기준을 두고 측정하여야 한다."고 강조하였다. 이러한 이론에 의해 Runco 등은 아이디어의 표상을 측정하는 RIBS(Runco Ideational Behavior Scale)라는 창의성의 행동척도를 개발하였다.

한편, 객관적 측정법이 더 타당하다고 주장하는 Torrance(1962, 1990)와 Eisenberger 등(1994, 1996, 1998)의 연구에 대하여, 지난 20여 년간 창의성의 주관적 측정법을 꾸준히 체계화한 Hennessey와 Amabile 등(1998, 1999)은 다음과 같이 논박하였다. 첫째, 객관적 측정법은 일상생활 속에서 발생하는 복잡하고 광범위한 창의적인 활동들을 설명하지 못하고 있다. 교실현장, 작업현장 또는 예술세계와 같은 실제 세계의 창의성을 평가하는 데는 전문가들에 의한 합의적 평가기법인 주관적 측정법이 더 적합하다. 둘째, 객관적 측정법은 창의성을 단순히 반응의 통계적 희귀성으로 조작하였다. 즉, 창의성의 조작적 정의가 잘못 되었다는 것이다. 비록 이런 단순한 통계적 측정법이 유창성이나 독창성과 같은 확산적 사고의 기준에는 적합할지라도, 일반적으로 정의된 창의성의 구성개념인 새로움과 결합된 적절성, 가치, 또는 유용성을 측정할 수 없다. 셋째, 객관적 측정법은 실세계의 모집단에서 실험한 결과와 관련된 생태학적 타당성이 낮다고 하였다. 따라서 특정 영역의 전문가이면서 실험 내용에 대해 잘 모르는 해당 분야의 전문가들에 의한 측정방법이 더 타당하다.

그러나 Eisenberger 등(1996, 1998, 2001)은 위의 논박에 대해 다

음과 같이 주장하였다. 첫째, 과제선정에 대하여 우리의 연구에서의
사용된 확산적 사고의 일반화된 효과를 검증하려고 한 그림 과제는
창의성 측정에서 가장 많이 사용되고 있는 것(TTCT)을 적용한 것
이다. 이러한 그림과제가 Hennessey와 Amabile의 연구에서 사용된
콜라주 또는 그림과 관련된 이야기하기 과제가 더 창의적인가는 앞
으로 더 논의가 있어야 한다. 둘째, Amabile 등은 우리의 창의적 수
행에 대한 객관적 측정법(통계적 희귀성에 기초한 반응에 대한 객관
적 지표)이 일상생활에서 이루어지는 주관적 합의 평가보다 타당성
이 부족하다고 하였다. 그러나 일상생활에서 자주 사용되어지는 창
의성의 주관적 측정법이 과학적인 연구방법으로서 객관적 측정법보
다 더 우월하다는 것에 대해 논의가 더 있어야 한다고 논박하였다.

## 2. 창의성의 주관적 측정법

창의성의 주관적 측정법이란 창의성의 확산적 사고 과정보다는
사고 과정의 열매에 해당되는 산출물을 해당 영역의 전문가들의 주
관적인 기준에 의해 측정한다. 이리하여 산출물이 창의적임을 밝히
는 객관적 기준을 정하는 어려움을 극복하고 창의성 검사의 기준
관련 타당도의 문제를 해결하기 위해 사용하는 방법이다(Amabile,
1996; Hennessey & Amabile, 1999). Mackinnon(1978)은 "창의성에
대한 모든 연구의 기초는 창의적 산출물에 대한 분석이며, 다른 산
출물과는 어떤 점이 차이가 있는지에 대하여 결정하는 것이다."고
하였다. 또한 Lubart(1999)는 "창의성의 측정은 새롭고, 적절하며,
실제적인 산출물을 근거로 이루어져야 한다."고 하였다.

주관적 측정법을 지지하는 연구자들은 주관적 측정법에서 실험
과제로 선정되는 것은 객관적 측정법에서의 연산적(algorithmic) 과
제와는 다르다고 하였다. 일상생활에서 정형화되어 있지 않고 분명

한 해결방안이 없는 발견적(heuristic) 과제에 대하여 창의적인 수행 능력을 측정한다. 그리고 주관적 측정법은 측정자들 간의 신뢰도(일치도)가 보장된다면 창의성의 수행 수준을 밝혀줄 유용한 방법이다고 주장한다(Amabile, 1983, 1985, 1996; Baer, 1993; Amabile, Hill, Hennessey & Tighe, 1994; Hennessey & Amabile, 1998, 1999).

Amabile 등은 "산출물은 새롭고, 적절하고 유용하며 가치 있는 반응"이라고 정의하였다. 이러한 정의에 기초하여 그들은 지난 20여 년 동안 산출물의 창의성을 측정하기 위한 '합의적 측정 기법(CAT; Consensual Assessment Technique)'을 개발하였으며, 다음과 같은 조건을 만족해야 한다고 제시하였다(Amabile, 1996; Hennessey & Amabile, 1999). 첫째, 측정자들은 경험의 정도가 동일하지 않더라도 해당 분야에서 전문적인 경험이 있어야 한다. 둘째, 전문가들의 측정은 개별적으로 이루어져야 한다. 그들은 상호 일치하기 위하여 실험자로부터 사전에 교육되어서도, 측정하는 특정 기준이 주어져서도, 상호 합의해서도 안 된다. 셋째, 측정자들은 그들의 전문적인 측정기준에 의해서 측정하지 말고, 산출물의 상대적인 평가에 중점을 두고 측정하여야 한다. 이는 실험에 참가한 보통의 피험자들은 오랫동안 경험해온 전문가에 비해 창의성의 수준이 낮기 때문이다. 넷째, 각 평가자들은 무작위 순서로 산출물을 측정하여야한다. 만약 모든 평가자들이 동일한 순서로 측정한다면 높은 수준의 동의가 반영될지도 모르기 때문이다. 다섯째, 평가자들은 창의성 차원 이외에 산출물의 부가적인 다른 차원두 평가해야 한다 해당 산출물의 창의성 외에 기술적인 적합도, 심미안적 호감을 측정하여야 한다. 이러한 부가적인 측정은 산출물에 대한 주관적 측정에서 이러한 차원들 간의 관계성 혹은 독립성의 정도를 검증하게 만든다. 마지막으로, 측정의 신뢰성은 측정자 간의 일치성이다. 이는 동일 영역에서의 다른 산출물과 비교하여 측정자들의 일치성의 정도인 Cronbach α 계수이며 .7 이상이면 신뢰롭다고 할 수 있다. 측정자 간 신뢰성은 구인 타당도의 개념과 동일하다.

그러나 객관적 측정법을 지지하는 여러 연구자들(Runco, 1989; Runco, & McCarthy, & Steven, 1994; Runco, Plucker & Lim, 2000-2001)은 주관적 측정법에는 아직 다음과 같은 제한 사항이 많다고 하였다. 첫째, 주관적 측정법은 창의적 작업에서의 기제가 완전히 추론적이라는 것이다. 그러나 객관적 측정법에서 재고자 하는 아이디어의 장점은 기저를 이루고 있는 메커니즘을 납득할 만큼 잘 설명되어져 있다고 하였다. Guilford(1967)의 지능구조 이론과 확산적 사고, 그리고 Mednick(1962)의 연합이론 등에서 잘 알 수 있듯이, 아이디어들이 어떻게 생성되는지? 아이디어들이 다른 아이디어와 어떻게 결합되는지? 그리고 무엇이 아이디어에 영향을 주는지에 대해 잘 설명하고 있다는 것이다. 누구나 아이디어를 생성할 수 있으며 그리기에 아이디어는 일상의 산출물이라는 관점에서 주관적 측정법의 산출물과 같이 일상적 창의성을 이해하는데 아주 유용한 것이라고 강조하였다(Runco & Richards, 1998). 둘째, 측정도구의 신뢰도는 해당 영역의 전문가급의 측정자들 간의 일치도를 산출하지만, 이들의 주관성을 완전히 배제할 수 없다는 단점이 있다. 실지로 다른 평가 집단(학교 교사 vs. 전문 예술가)에 의해 아동의 콜라주를 독립적으로 측정할 경우 다른 형태의 측정 결과가 나왔다는 연구결과가 있다(Gerrad, Poteat, & Ironsmith, 1996). 셋째, 창의적 산출물을 반드시 전문가에 의해서만이 측정이 이루어지는가에 대한 의문이다. Christiaans(2002)의 연구에서는 산출물 측정 시에 전문가 집단의 평가와 비전문가들의 평가 간에는 실제적인 차이가 없다는 연구결과를 보여주었다.

위와 같은 지난 10여 년간의 창의성의 측정법에 대한 연구자들의 논쟁을 <표 1>에 정리하였다. 아직까지 연구자들 간에 창의성을 측정하는데 있어서 어떤 측정방법이 더 유의한지에 대해서는 일치된 논의가 없으므로 본 연구에서는 객·주관적 측정방법을 모두 사용하여 측정하였다.

<표 1> 창의성의 측정법에 대한 논쟁

| 구 분 | 측 정 | 타당도 | 실험 과제 | 과제의 예 |
|---|---|---|---|---|
| 객관적 측정법 | 확산적 사고 검사 (예, TTCT) | 예언 관련 타당도 | 연산적 (algorithmic) 과제 | 단어생성, 원형그리기, 불완전자극 완성하기 등 |
| 주관적 측정법 | 전문가집단의 합의 평정(예, CAT) | 준거 관련 타당도 | 발견적 (heuristic) 과제 | 이야기 구술, 수학문제 만들기, 콜라주 등 |

# Ⅲ. 연구방법

## 1. 연구대상

서울지역의 중학교 1학년 201명(남 87, 여 114), 고등학교 1학년 237명(남 117, 여 120)을 대상으로 학교급별로 2개 학교(강남지역 1개교, 강북지역 1개교)이며, 각 학교별로 3개 학급의 학생을 대상으로 이루어졌다. 각 학급은 자연적으로 형성된 전체 학급인원으로 하였다. 결측치가 높거나 5개의 창의성 측정 중 어느 한 개라도 누락된 경우에는 연구대상에서 제외시킨 결과, 총 438명이 실험에 참여하였다.

## 2. 연구 절차

이 연구에서는 학생들의 창의성을 측정하기 위하여 창의성의 객·주관적 측정법을 모두 사용하였다. 창의성의 측정은 3주간에 걸쳐 연구자 및 연구보조원(창의성 연구 박사과정 수료자 3명)에 의해 주로 실시되었으며, 연구대상 학급의 담임교사 및 해당교과의 교사들에 대하여 측정절차 및 채점에 대한 워크숍을 학교별로 실시한 이후에 측정이 실시되었다.

먼저, 창의성의 영역-일반성을 측정하기 위하여, TTCT 도형 A형 검사를 40분간 실시하였다. TTCT 도형 A형 검사의 점수는 창의성의 인지적 능력으로서 측정된다(Torrance, 1998). TTCT 중에서도 도형형 검사가 선정된 이유는, 언어형 검사가 문화적인 배경에 따라 창의성 점수에 영향을 받으며 내용타당도에 문제가 있음이 제기되었기 때문이다(Cooper, 1991). 그러나 도형검사는 언어형 검사와 달리 도형을 사용하여 창의성을 검사하므로 피검사자의 연령과 문화를 초월하여 사용할 수 있다는 장점이 있다. 검사의 채점은 김영채(1999)의 한국판 TTCT의 채점요강의 규준표에 의해 처리되었다.

다음으로, 창의적인 산출물 검사에 대한 대부분의 선행 연구들이 1~2개 영역 및 소수의 피험자에 대한 산출물에 대해서만 측정이 실시되었기에 연구결과를 일반화하기에는 무리가 있다는 여러 지적이 있었다(Kogan, 1994; Amabile, 1996; Han & Marvin, 2002). 따라서 본 연구에서는 영역-특수성을 측정하기 위하여, 지금까지 창의성의 영역-특수성을 연구한 선행연구들에서 사용되었던 영역별 실험 과제를 모두 취합하였으며, 최종적으로 4개 영역(언어, 과학, 수학, 미술)의 개방형(open-ended) 과제가 선정되었다. 그리고 중·고등학생 438명을 대상으로 하여 4개 영역별 산출물 검사를 해당 교과 시간을 활용하여 연구자, 연구보조원 및 해당 교과담당 교사들에 의해 30분간 실시하였다.

특히, 창의성의 주관적 측정법인 영역별 산출물검사는 이론적 배경의 주관적 측정에서 전술된 Amabile 등(1999)의 "합의적 평정기법(CAT)"을 만족하는 조건하에서 측정하였다. 측정에 들어가기 전에 연구자에 의하여 연구의 목적이나 측정의 기준 등에 대한 언급은 일체 하지 않았으나, 영역별로 측정자 개인의 주관적 관점에 의해 창의성 차원과 기술적 적합성/심미안적 차원의 2개 하위차원으로 구분하여 점수화 하도록 하였다. 2개 하위 차원 모두 5점 평점척도(1점: 매우 낮음~5점: 매우 높음)로 실시하였다. 측정은 각 영역별 경력 5년 이상의 현직교사 3명으로 총 12명의 교사(4개 영역×3명=12명)들에 의해 채점되었다.

그리고 산출물의 창의적인 수행수준을 점수화하는 방법에는 Zhou

와 Oldham(2001), 최일호·최인수(2001)가 사용한 하위 2개의 차원을 서로 곱하여 하나의 단일 지표(a single index)로 사용하는 방법으로 점수화하였으며, 점수가 높을수록 창의성이 높다고 평가되었다.

## 3. 측정도구

### 가. 학업성취도

연구대상자들의 중간고사와 기말고사의 성적을 획득하여, 창의성의 주관적 측정 영역인 국어, 과학, 수학, 미술과목의 점수와 4과목의 평균점수를 학업성취도의 준거점수로 사용하였다. 그리고 총합평가의 원점수가 학교급별, 학교별로 다르기 때문에 학생들의 평균점수는 소속 학교 내에서 표준점수로 변환한 후에 분석에 사용되었다.

### 나. TTCT 도형 A형 검사

TTCT 도형 A형 검사의 점수는 창의성의 인지적 능력으로서 측정된다(Torrance, 1998). 검사는 3개 활동으로 활동 1은 그림 구성하기, 활동 2는 그림 완성하기, 활동 3은 선 더하기로 구성되어 있다. 각 활동은 제한시간을 10분으로 하였다. TTCT 도형 A형 검사는 확산적 사고의 변인인 (1) 유창성, (2) 독창성, (3) 정교성, (4) 제목의 추상성, (5) 성급한 종결에 대한 저항의 표준점수와, (6) 5개의 변인의 표준점수의 합을 5로 나눈 평균으로서 창의성의 평균표준점수를 산출하였다.

### 다. 영역별 산출물 검사

창의적인 산출물 검사에 대한 대부분의 선행 연구들이 1~2개 영역 및 소수의 피험자에 대한 산출물에 대해서만 측정이 실시되었기에 연구결과를 일반화하기에는 무리가 있다는 여러 지적이 있었다 (Kogan, 1994; Amabile, 1996; Han & Marvin, 2002). 따라서 본 연구에서는 영역-특수성을 측정하기 위하여, 지금까지 창의성의 영역-특수성을 연구한 선행연구에서 개발되어 이미 타당성과 신뢰성이 검증된 영역별 실험 과제를 모두 취합하였으며, 최종적으로 4개 영역의 개방형(open-ended) 과제가 선정되었다.

### 1) 언어 영역: 전혀 새로운 이야기로 완성하기

언어 영역의 창의적인 산출물을 측정하기 위해, 이 연구에서는 이미 타당성과 신뢰성을 검증받은 Amabile(1983, 1985, 1996)의 연구와, 인문·사회 영재 판별도구 개발연구(Ⅲ)-언어 영재 판별 검사 도구개발을 중심으로-(한국교육개발원, 2002)에서의 "이야기 구술하기(story-telling)"의 연구에 기초하여 제작되었다. 이 연구에서는 기존 동화(성냥팔이 소녀)의 도입부문을 지문으로 제공하고 기존의 이야기와 전혀 다른 새로운 이야기로 완성하라고 하였다.

### 2) 수학 영역: 창의적인 수학문제 만들기

수학 영역의 창의적인 산출물을 측정하기 위해, Baer(1991), 한기순(2000, 2002)의 "수학문제 만들기"의 연구에 기초하여 제작되었다. 한기순(2000)의 연구에서 높은 측정자 간 신뢰도(.92)를 보였다. 이 연구에서는 재미있는 수학문제를 가능한 많이 만들어보라고 하였다. 또한 필요하면 문제해결을 위한 단서도 제공하라고 하였다.

### 3) 과학 영역: 과학적 발명산출물 검사

과학 영역의 창의적인 산출물을 측정하기 위해, 손향숙(1997), 김종안(1997), 김명숙(1998)이 사용한 "과학적 발명산출물 검사(CIT; Creativity Invention Task)"의 연구에 기초하여 제작되었다. 이 연구에서는 무인도에 살게 된 로빈슨 쿠르소가 되어 난파선에서 획득한 15개의 불완전한 도형을 생활에 필요한 발명품으로 만들어 보라고 하였다. 그리고 발명품의 제목을 붙이고 사용된 재료와 쓰임새에 대해 작성하라고 하였다.

### 4) 미술 영역: 콜라주 만들기

미술 영역의 창의적인 산출물을 측정하기 위해 사용된 "콜라주 만들기"는, Amabile(1983, 1985, 1996)의 많은 경험적 연구결과를 통해 이미 신뢰성과 타당성을 검증받은 산출물 검사이다. 특히 콜라주는 미술적 재능이 많이 요구되는 다른 영역과 달리 미술에 대한 거부감을 감소시키고 표현하기 쉽다는 특징이 있다. 개인별로 흰색 도화지 1, 딱풀 1, 형형색색의 색종이 약 100여개를 봉투에 담아 학생에게 제공하고, 재미있고 독창적인 모양의 콜라주를 만들고 적절한 제목을 작성하라고 하였다.

## 4. 분석방법

통계 분석은 SPSS 10.0.7판을 사용하여 수행하였다.
1) 측정도구에 대한 측정자 3인간의 신뢰도를 구하기 위하여, Cronbach α계수를 산출 하였다.
2) 학업성취도와 객·주관적 창의성 검사와의 상관관계를 살펴보기 위하여, Pearson 적률상관계수를 산출하였다.
3) 객·주관적 창의성 검사가 학업성취도를 얼마나 예측하는지를 살펴보기 위해, 다중회귀분석을 실시하였다.

# Ⅳ. 연구 결과

## 1. 기술 통계 및 객·주관적 측정도구의 신뢰도

    객·주관적 측정의기술통계치가 <표 2>에 제시되었다. 그리고 객관적 측정에서는 TTCT의 피험자 반응을 통한 신뢰도 계수가 산출되었다. 주관적 측정인 "합의적 평정기법"에서의 신뢰도는 측정자 간의 합치도를 산출하였으며, 이는 Spearman-Brown의 예측 공식1) 에 기초한다. 이 공식의 결과는 Cronbach a계수와 거의 유사한 개념으로 .7 이상이면 양호한 신뢰도라고 할 수 있다(Amabile, 1999, p.392). 이 연구에서 사용된 창의성의 주관적 측정(산출물 검사)의 Cronbach a계수는 측정자 3인간의 중앙치이며 <표 3>에 제시되었다. 전체적으로 .74~.91로 양호한 신뢰도를 나타내고 있다.

---

1) $\dfrac{nr}{1+(n-1)r}$     n: 측정자의 수, r: 측정자 간의 상관의 평균

## <표 2> 학년별 평균 및 표준편차(N=438)

|  | 중 1(N=201) | 고 1(N=237) |
|---|---|---|
|  | M(SD) | M(SD) |
| 유창성 | 125.44(15.69) | 116.3(16.44) |
| 독창성 | 110.51(17.62) | 104.84(19.04) |
| 제목추상성 | 78.94(50.77) | 77.32(19.62) |
| 정교성 | 83.65(43.92) | 78.29(12.53) |
| 성급한 종결에 대한 저항 | 74.72(34.38) | 75.02(16.27) |
| 창의성의 평균표준점수 | 39.83(27.21) | 37.52(27.16) |
| 언어영역 | 9.01(5.45) | 6.49(4.43) |
| 과학영역 | 8.79(6.35) | 8.35(5.02) |
| 수학영역 | 9.35(6.79) | 6.87(4.65) |
| 미술영역 | 9.72(5.09) | 7.12(3.59) |

## <표 3> 주관적 측정의 신뢰도 계수

| 객관적 측정(TTCT) | | | | | 주관적 측정(영역별 산출물 측정) | | | | | | | |
|---|---|---|---|---|---|---|---|---|---|---|---|---|
|  | | | | | 언 어 | | 과 학 | | 수 학 | | 미 술 | |
| 유창성 | 독창성 | 제목추상성 | 정교성 | 성급한종결 | 창의성 | 기술/심미안 | 창의성 | 기술/심미안 | 창의성 | 기술/심미안 | 창의성 | 기술/심미안 |
| .91 | .87 | .74 | .88 | .76 | .91 | .81 | .89 | .76 | .77 | .81 | .83 | .78 |

## 2. 객 · 주관적 측정법 간의 상관관계

객관적 측정과 주관적 측정 간의 상관관계를 살펴보기 위하여, Pearson 적률상관계수를 산출하여 <표 4>에 제시하였다. 전반적으로 확산적 사고의 변인들은 그다지 높지는 않지만 4개 영역과 .158~.576의 상관관계(p<.01)를 보이고 있다. 확산적 사고의 변인 중에서도 독창성 변인이 다른 변인들에 비하여 4개 영역에 걸쳐 다소 높은 상관관계(.425~.576, p<.01)가 나타났다. 특히, 흥미로운 결과는 이러한 확산적 사고의 5개 변인의 평균점수인 창의성의 평균표준점수가 4개 영역에 걸쳐 다소 높은 유의미한 상관관계(.330~.475, p<.01)를 고루 나타내고 있다는 것이다.

<표 4> 객관적 측정과 주관적 측정 간의 상호상관행렬

|  | 유창성 | 독창성 | 제목 추상성 | 정교성 | 성급한 종결 | 평균 표준점수 |
|---|---|---|---|---|---|---|
| 언 어 | .367** | .432** | .158** | .203** | .250** | .413** |
| 과 학 | .339** | .576** | .286** | .296** | .274** | .475** |
| 수 학 | .242** | .455** | .243** | .245** | .239** | .423** |
| 미 술 | .202** | .425** | .243** | .282** | .177** | .330** |

** p< .01

## 3. 창의성과 학업성취도 간의 상관관계

학업성취도와 창의성과의 상관관계를 살펴보기 위해, 각 과목별 학업성취도와 창의성의 객관적 측정으로서 TTCT의 평균표준점수 및 주관적 측정으로서 각 영역별 산출물의 점수와의 Pearson 적률 상관계수가 <표 5>에 제시되었다.

먼저, 학업성취도와 객관적 측정법인 TTCT와의 상관관계는 .323~.438(p<.01)로 다소 높은 유의한 상관관계를 나타냈으며, 미술>과학>수학>국어과목의 순으로 상관관계가 높게 나타났다. 또한 4개 과목의 평균성적과 TTCT의 평균표준점수와의 상관계수는 .398(p<.01)로 유의미하게 나타났다.

다음으로, 학업성취도와 주관적 측정법인 각 영역별 산출물 검사와의 상관관계는 .377~.495(p<.01)로 TTCT보다 다소 높은 상관관계를 보이고 있으며, 수학>과학>미술>언어과목의 순으로 상관관계가 높게 나타났다. 또한 4개 학과목의 평균성적과 4개 영역의 산출물 검사의 평균점수와의 상관관계는 .432(p<.01)로 TTCT보다 조금 높은 상관관계를 보였다.

여기서 흥미로운 결과는 4개 과목의 학업성취도와 TTCT의 5개 변인의 평균표준점수와의 상관관계가 각 과목별 고유한 인지적 특성과는 상관없이 고른 상관계수를 보이고 있다는 것이다. 이는 확산적 사고의 모든 변인(유창성, 독창성, 제목추상성, 정교성, 성급한 종결에 대한 저항)이 4개 영역과 고른 상관분포(.330~.475, p<.01)를 보이고 있는 것과 일치되는 흥미로운 결과이다.

## 4. 학업성취도에 대한 창의성의 상대적 예측력

학업성취도와 창의성과의 관계를 보다 자세히 살펴보기 위하여, 학업성취도에 대한 객·주관적 창의성 검사들이 어느 정도 설명력 및 상대적인 예측력이 있는지를 살펴보았다. TTCT의 점수 및 영역별 산출물 검사의 점수를 독립변인으로 하고 4개 과목의 성적과 평

균성적을 종속변인으로 한 다중회귀분석을 실시하였으며 그 결과가
<표 6>에 제시되었다.

　확산적 사고를 측정하는 TTCT의 5개 변인의 평균표준점수는 학
업성취도에 대하여 미술(19.18%)>과학(16.97%)>수학(14.97%)>국어
(10.43%)의 순으로 유의한 수준(p<.001)에서 설명력 및 상대적인 예
측력이 있었다. 4개 과목의 평균성적에 대해서는 15.84%를 예측하
고 있다. 다음으로, 각 영역별 산출물 검사는 객관적 검사의 결과와
는 달리, 학업성취도에 대하여 수학(24.50%)>과학(19.89%)>미술
(18.06%)>국어(14.21%)의 순으로 유의한 수준(p<.001)에서 설명력
및 예측력이 있었다. 4개 과목의 평균성적에 대해서는 18.66%를 예
측하고 있으며 TTCT 도형형 검사보다는 다소 높은 예측력을 나타
내고 있다. 마지막으로, TTCT의 5개 변인의 평균표준점수의 β값은
.113~.283이며, 4개 영역별 산출물 검사의 β값은 .186~.318로 나타
났다.

## <표 5> 학업성취도와 창의성과의 상관행렬표

| | 국어성적 | TTCT | 언어 창의성 | | 수학 성적 | TTCT | 수학 창의성 |
|---|---|---|---|---|---|---|---|
| 국어성적 | – | $.323^{**}$ | $.377^{**}$ | 수학성적 | – | $.387^{**}$ | $.495^{**}$ |
| TTCT | | – | $.413^{**}$ | TTCT | | – | $.423^{**}$ |
| 언어 창의성 | | | – | 수학 창의성 | | | – |

| | 과학성적 | TTCT | 과학창의성 | | 미술 성적 | TTCT | 미술창 의성 |
|---|---|---|---|---|---|---|---|
| 과학성적 | – | $.412^{**}$ | $.446^{**}$ | 미술성적 | – | $.438^{**}$ | $.425^{**}$ |
| TTCT | | – | $.465^{**}$ | TTCT | | – | $.330^{**}$ |
| 과학 창의성 | | | – | 미술 창의성 | | | – |

| | 과목 평균성적 | TTCT | 영역 평균점수 |
|---|---|---|---|
| 과목 평균성적 | – | $.398^{**}$ | $.432^{**}$ |
| TTCT | | – | $.411^{**}$ |
| 영역평균 | | | – |

$^{**}$ $p < .01$

236

<표 6> 학업성취도에 미치는 창의성의 상대적 예측력

| 종속변인 | 독립변인 | $\beta$ | $t$ | $p$ | $R^2$ |
|---|---|---|---|---|---|
| 국어성적 | 언어영역 창의성점수 | .216 | .256 | .008 | 14.21** |
| | TTCT 평균표준점수 | .113 | 6.104 | .000 | 10.43*** |
| 수학성적 | 수학영역 창의성점수 | .318 | 1.862 | .051 | 24.50*** |
| | TTCT 평균표준점수 | .277 | 4.150 | .000 | 14.97*** |
| 과학성적 | 과학영역 창의성점수 | .186 | 5.979 | .000 | 19.89*** |
| | TTCT 평균표준점수 | .139 | 7.215 | .000 | 16.97*** |
| 미술성적 | 미술영역 창의성점수 | .227 | 5.511 | .000 | 18.06*** |
| | TTCT 평균표준점수 | .283 | 9.123 | .000 | 19.18*** |
| 4개 과목의 평균성적 | 4개 영역의 창의성 평균점수 | .251 | 5.323 | .000 | 18.66*** |
| | TTCT 평균표준점수 | .224 | 6.765 | .000 | 15.84*** |

*** $p < .001$

# V. 결 론 및 논 의

　지금까지 교육심리학적 연구에서는 학생들의 학업성취도에 대한 설명력 및 예측변인으로서 인지적 변인 중에서는 지능이, 정의적 변인 중에서 학습동기가 이론적으로나 경험적으로 많이 연구되어 왔으며 강력한 예측변인으로 검증되었다.

　이 연구의 목적은 그동안 많이 연구되어온 지능 및 동기변인에 비하여, 상대적으로 연구 성과가 미비하였던 창의성에 대하여 학업성취도에 대한 설명력 및 상대적인 예측력이 있는지를 교육현장에서 검증하는 것이었다. 최근에 논쟁 중에 있는 창의성의 객·주관적 측정법에 대해 이론적으로 고찰하여 보고, 어느 측정법이 학업성취도를 측정하는데 더 유의한지를 검증하고자 하였다. 연구결과를 요약하자면 다음과 같다.

　첫째, 창의성을 측정하는 객관적, 주관적 측정도구의 신뢰도를 살펴보았다. 이 연구에서 사용된 측정도구들은 선행연구들에서 이미 신뢰성과 타당성을 검증받은 도구들이었다. 객관적 측정도구인 TTCT에서는 피험자의 반응을 통한 신뢰도 계수를 산출하였으며, 주관적 측정도구인 4개 영역별 산출물에 합의적 측정기법에서는 측정자의 합치도를 산출하였다. 측정도구들은 .74~.91로 신뢰로운 도구임이 검증되었다.

　둘째, 창의성의 객관적 측정법과 주관적 측정법과의 상관관계를 살펴보았다. 전반적으로 확산적 사고의 변인들은 주관적 측정법과의 상관관계가 그리 높지는 않았지만 .158~.576의 상관관계를 보이고 있다. 여기서 확산적 사고의 5개 변인의 평균점수인 창의성의 평균표준점수가 4개 영역에 걸쳐 다소 높은 유의미한 상관관계(.330~.475, p<.01)를 고루 나타내고 있다는 것이다. 이렇게 과목의 고유한 특성과 관계없이 고른

상관관계를 나타내고 있는 것은 "TTCT 도형 A형 검사의 점수는 창의
성의 인지적 능력으로서 측정된다"고 한 Torrance(1990a, 1998)의 이론
을 지지하고 있음을 이 연구를 통해 알 수 있다.

셋째, 학생의 학업성취도(국어, 수학, 과학, 미술)와 창의성과의 상
관관계를 살펴보았다. 학업성취도와 창의성의 객관적 측정도구인
TTCT와의 상관관계는 .323~.438(p<.01)로 다소 높은 유의한 상관
관계가 나타났다. 그리고 주관적 측정도구인 영역별 산출물 검사와
의 상관관계는 .377~.495(p<.01)로 TTCT보다 조금 높은 상관관계
를 보였다. 이는 학업성취도에 대하여 창의성의 객·주관적 측정법
이 유의한 측정법으로 검증된 것으로 해석되었다. 그러나 각 영역별
창의적 산출물을 측정하는 주관적 측정법이 확산적 사고를 재는 객
관적 측정보다는 상관이 다소 높다는 것이 통계적으로 유의미하게
높다는 것을 의미하지 않으므로 보다 유의한 측정법임이라고는 해
석 할 수 없다.

또한 이 연구에서 흥미로운 발견은 학업성취도와 TTCT와의 상
관관계를 살펴보는데 있어서, TTCT 도형 A형 검사 도구를 사용하
였기에 국어나 수학 과목보다는 미술, 과학 과목에서 높은 상관관계
가 있을 것으로 예측되었다. 그러나 상관분석 결과 각 과목별 고유
한 인지적 특성과는 상관없이 각 과목에 걸쳐 고르고 유사한 상관
계수를 보이고 있다는 점이다. 이는 TTCT의 도형 A형 검사가 과
목을 특성을 초월하여 창의적인 사고능력을 측정하고 있음을 알 수
있는 것으로 해석될 수 있으며, 전술한 객·주관적 측정법과의 상관
관계의 결과와도 일치하는 것이다. 또한 이정규(2003)의 연구에서
TTCT가 각 영역별 고유의 인지적 특성이나 이해와는 상관없이 고
른 상관분포를 보인 연구결과와도 일치한다.

넷째, 학업성취도에 대한 객·주관적 창의성 검사들이 어느 정도
설명력 및 상대적인 예측력이 있는지를 살펴보았다. TTCT의 5개
변인의 평균표준점수는 학업성취도에 대하여 10.43~19.18%로 유의
하게 설명력 및 상대적인 예측력이 있었다. 각 영역별 산출물 검사

도 14.21~24.50%로 TTCT보다는 다소 높은 유의한 설명력 및 예측력이 있었다.

마지막으로 학업성취도와의 상관관계 및 상대적 예측력에 있어서 해당 영역별 전문가의 주관적 관점에 의해 학생의 창의적 산출물을 측정하는 주관적 측정법이, 유창성, 융통성, 정교성 등의 확산적 사고를 재는 객관적 측정법보다 통계적인 효과크기(effect size)상으로 그리 높지는 않았다. 따라서 실용적인 측면에서 학업성취도에 대해 보다 유용한 측정법이라고 할 수 없으며, 객·주관적 측정법 모두 유의한 것으로 해석되었다.

결론적으로, 김아영·조영미(2001)의 연구에서의 학업성취도에 대한 지능과의 상관(.62~.63) 및 설명력(38~39%)보다는 낮게 나타났다. 또한 김아영·박인영(2001)의 연구에서는 학업적 자기효능감이 학업성취도를 12%를 설명하는 것으로 나타났다. 이는 경험적으로 볼 때 동기적 변수 중 학업성취도를 10% 이상 설명하는 것은 드물기 때문에 학업적 자기효능감은 간과할 수 없는 동기적 변수라고 하였다. 이러한 연구결과에 비추어 볼 때, 창의성의 객·주관적 측정은 학업성취도를 예측하는 주요 변인이라고 할 수 있다.

그리고 이 연구는 중학교에서 고등학교의 일반학생을 대상으로 연구가 이루어졌으나, 연구의 결과는 최근에 특목고와 민사고의 영재학생을 대상으로 학업성취도와 창의성에 대해 연구한 양수경(2002), 김소아(2003)의 연구결과를 지지하고 있다. 한편, 창의적인 성격과 교과 성적과의 유의한 상관관계가 없었다는 김영채(2001)의 연구결과와는 반대의 결과를 보였다. 이 연구는 창의성의 인지적인 특성에 중점을 두고 학업성취도(교과 성적)와의 관계를 검증하는데 목적이 있었다. 따라서 창의성의 정의적 특성인 성격에 중점을 두고 연구한 김영채(2001)의 연구결과와 일치하지 않는 것은 후속 연구를 통해 연구되어야 할 필요성이 제기된다.

또한 후속연구에서는 학교급별, 성별의 유의한 차이 및 발달적 경향에 대한 세분화된 연구가 이루어져야겠다. 또한 "21세기를 주도할 자율적이고 창의적인 한국인 육성"을 목표로 한 제7차 교육과정의 단계적 실행이 4년차에 접어들면서, 이 연구가 후속연구에 있어서는 학생들의 창의성이 얼마나 신장되었는지를 비교하는 종단연구의 기초 자료로서 활용될 수 있다는데 의의가 있다.

마지막으로 이 연구의 제한점으로는 창의성의 인지적 능력을 측정하는 검사 도구가 외국의 선행연구에서 기존의 신뢰성과 타당성을 검증받은 지필검사들을 사용하였으나, 앞으로는 우리나라의 교육 풍토에 적합하고 더 많은 영역을 측정할 수 있는 질 높은 측정도구의 개발이 요구된다고 하겠다. 특히 이 연구의 결과로 볼 때, 측정도구의 개발에 있어 객관적 측정법이나 주관적 측정법 중 어느 측정법 더 우위에 있다고 할 수 없으며, 이 두 측정법이 상호 통합, 보완될 수 있는 새로운 측정법의 개발이 있어야 한다. 그 좋은 예로서 한국교육개발원(2002)의 "인문·사회 영재 판별도구 개발연구(Ⅱ)"에서의 창의적 문제해결력 검사는 객관적 측정과 주관적 측정법이 상호 통합된 감사라고 할 수 있겠다.

# 참고문헌

김남성(1998). **교육심리학**. 서울: 교육과학사.

김소아(2003). 영재의 선발준거와 진로 특성 요인의 탐색. 박사학위 논문, 성균관대학교.

김아영·박인영(2001). 학업적 자기 효능감 척도 개발 및 타당화 연구. **교육학연구**, 39(1), 95-123.

김아영·조영미(2001). 학업성취도에 대한 지능과 동기변인들의 상대적 예측력. **교육심리연구**, 15(4), 121-138.

김영채(2001). 창의적 성격특성: 학교교육을 통한 발달경향 및 교과 성적과의 상관. 교육학연구, 39(1), 1-24.

김혜숙, 최인수(2002). 창의성구조모형의 검증, **교육심리연구**, 16(4), 229-245.

문용린 역저(2001). **다중지능 인간지능의 새로운 이해**. 서울: 김영사.

송인섭 외(2001). **영재교육의 이론과 방법**. 서울: 학문사.

양수경(2002). 고등학생을 대상으로 한 분야별 영재 판별도구의 탐색과 그 활용방안 연구. 석사학위논문. 성균관대학교.

이용남 외(2003). **신교육심리학**. 서울: 학지사.

이정규(2003). 창의성 연구에 있어서 영역성과 측정에 대한 문제점 분석 연구. **교육심리연구**, 17(4). 315-335.

이정규(2003). 창의성의 측정과 영역성에 대한 탐색적 연구. 박사학위논문. 성균관대학교.

전경원(2000). **창의학**. 서울: 학문사.

조석희(1999). 창의성 증진을 위한 교수-학습에 관한 교육심리학의 역할과 과제. **교육심리연구**, 13(2). 81-105.

최일호·최인수(2001). 새로운 생각은 어떻게 가능한가: 전문분야 창의성에 대한 학습과정모델 접근. **한국심리학회지: 일반**. 20(2), 409-428.

한기순(2000). 창의성의 영역한정성과 영역보편성에 관한 분석과 탐구. **영재교육연구**, 10(2), 47-69.

Amabile, T. M. (1983). The social psychology of creativity. A Componential conceptualization. *Journal of Personality and Social Psychology,* 45(2), 357-376.

Amabile, T. M. (1985). Motivation and creativity: Effects of motivational orientation on creative writers. *Journal of Personality and Social Psychology,* 48, 393-399.

Amabile, T. M. (1993). Motivational synergy: Toward new conceptualizations of intrinsic and extrinsic motivation in the workplace. *Human Resource Management Review,* 3, 185-201.

Amabile, T. M. (1996). *Creativity in context: Update to the social psychology of creativity.* Boulder, CO: Westview Press.

Amabile, T. M. (1999). Motivation and Creativity. In R. J. Sternberg(Eds.), Handbook of creativity(pp.297-312). Cambridge University Press.

Baer, J. (1999). Domains of Creativity. In Runco, M. A. & Pritzker, S. R. (Eds.). Encyclopedia of Creativity(pp.591-596). Academic Press.

Brown, R. T. (1989). *Creativity: What are we to measure? In J. A. Glover. R. R. Ronning, & C. R. Reynolds(Eds.), Handbook of creativity(pp.3-36),* NY: Plenum Press.

Cameron, N. J., & Pierce, W. D. (1994). Reinforcement, reward and extrinsic motivation: A meta-analysis. *Review of Edu-cational Research*, 64, 363-423

Christiaans, H. H. C. B. (2002). as a Design Criterion, *Creativity Research Journal*, 14(1), 41-54.

Cooper, E. (1991). A critique of six measures for assessing creativity. In writing, B. G. (eds.). *Journal of Crativity Behavior*, 25(3), 194-204.

Edward & Tyler(1965). Intelligence, creativity, and achievement in a nonselective public junior highschool. *Journal of Educational Psychology*, 56, 96-99.

Eisenberger, R., & Cameron, J. (1996). Detrimental effects of reward: Reality or myth? *American Psychologists*, 51(11), 1153-1166

Eisenberger, R. & Cameron, J. (1998). Reward, Intrinsic motivation, and Creativity: New Findings. *American Psychologist*, 53(6). 673-682.

Han, K. S & Marvin, C. (2002). Multiple Creativities? Investi-gating Domain- Specificity of Creativity in Young Children. *Gifted Child Quarterly*, 46(2). 98-109.

Hennessey, B. A., & Amabile, T. M. (1998). Reward, Intrinsic motivation and creativity. *American Psychologists*, 53, 674-675.

Hennessey, B. A. & Amabile, T. A. (1999). *Consensual Assess-ment. In Runco, M. A. & Pritzker, S. R. (Eds.). Ency-clopedia of Creativity*(pp.347-359). Academic Press.

Hoecevar, J. L. & Bachelor, P. (1989). *A taxomony and critique of measurements used in the study creativity. In J. A. Glover, R. R. Ronning, & Reynolds(Eds), Handbook of creativity*(pp.3-32). NY. : Plenum.

244

Gerrad, L. E. Poteat, G. M. & Ironsmith, M. (1996). Promoting children's creativity: Effects of competition, self-esteem, and immunization. *Creative Research Journal,* 9, 339-346.

Getzel, J. M., & Jacson, P. W. (1962). *Creativity and intelligence.* New York: Wiley.

Guilford, J. P. (1956). The structure of intellect. *Psychology Bulletin,* 53, 267-293.

Guilford, J. P. (1967). *The nature of human intelligences.* New York: McGraw-Hill.

Guilford, J. P. (1971). Some misconceptions regarding measurement of creative behavior. *The Journal of Creative Behavior,* 5, 77-87.

Kogan, N. (1994). Diverging from divergent thinking. *Contemporary Psychology,* 39(3). 291-292.

Kuncel, N. R., Helzlett, S. & Ones, D. S (2004). Academic Performance, Career Potential, and Performance: Can One Construct Predict Them All? *Journal of Personality and Social Psychology,* 86(1). 148-161.

Lubart, T. I. (1994). *Creativity. In E. C. Carterette & M. P. Friedman(general eds.) The Handbook of perceptions and cognition,* vol. 12. NY: Academic Press.

Lubart, T. I. (1999). *Creativity across cultures. In R. J. Sternberg(Eds.), Handbook of creativity*(pp.339-350). Cambridge University Press.

Mackinnon, D. W. (1978). *In search of human effectiveness: Identifying and developing creativity.* Buffalo: NY: Creative Education Foundation.

Plucker, J. (1998). Beware of simple conclusions: The case for content generality of creativity. *Creativity Research Journal,* 11(2), 179-182.

Runco. M. A. & Plucker, J. A. & Lim, W. (2000-2001), Development and Psychometric integrity of a measure of Ideational Behavior. *Creativity Research Journal,* 13(3 & 4). 393-400.

Runco, M. A., McCarthy, K. A. & Svensen, E. (1994). Judgement of the creativity of artwork and students and professional artists. *Journal of Psychology,* 128. 23-31.

Sternberg, R. J. & Rubart, T. I. (1995). *Defying the crowd: Cultivating creativity in a culture of conformity.* NY: Free Press.

Sternberg, R. J. & Rubart, T. I. (1999). *The concept of creativity: Prospects and Paradigms. In R. J. Sternberg(Eds.), Hand-book of creativity*(pp.3-15). Cambridge University Press.

Torrance, E. P. (1962). *Guiding creative talent,* Englewood Cliffs, NJ: Prentice-Hall.

Torrance, E. P. (1970). *Encouraging creativity in the classroom.* Dubuque, IA: William C. Brown.

Torrance, E. P. & Ball, O. E. (1984). *Torrance test of Creative Thinking: Streamlined(revised) manual, Figual A and B.* Bensenville, Illinois; Scholastic Testing Service Inc.

Wallach, M. A. (1986). *Creativity testing & giftedness. In Horowitz & O'Brein(Eds), The Gifted & Talented: Developmental perspectives*(pp99-123). American Psychological Association.

Zhou, Zing & Oldham, G. R. (2001). Enhancing Creative perfor-mance: Effects of Expected Develop-mental Assessment Strategies and Creative Personalities. *The Journal of Creative Behavior,* 35(3), 151-167.

# 한국의 영재교육의 실태분석 및 발전방향에 대한 연구

## The analysis of educational situation and the developmental orient for the gifted in korea

════════════ ≪ 요 약 ≫ ════════════

2000년도에 들어와 우리나라는 영재 개개인의 자아실현 및 사회 발전, 국가의 경쟁력 향상을 위해 법적·제도적 기반을 마련하고 영재교육에 많은 예산과 노력을 투자하고 있는 교육적 상황이다. 본 연구는 지난 20여 년간의 우리나라의 영재교육에 대해 살펴보고, 발전방향을 모색해보는 것이다. 특히, 영재교육의 많은 분야 중에서도, 누가 영재인가에 대한 영재 및 영재성의 정의, 이러한 정의에 기초하여 현재 시행 중인 다단계 판별절차에 의한 영재의 판별 및 선발의 준거, 그리고 영재학교, 영재교육원, 영재학급 등의 다양한 영재교육기관을 중심으로 한 교육정책 및 현 실태를 분석하여 보았다. 마지막으로 이러한 현 실태 분석을 통해 몇 가지 발전방향을 제시하였다.

# I. 서 론

우리 사회는 21세기 고도의 지식정보화 사회로 발전되어 나가면서 기존의 지식과 이론으로는 해결할 수 없는 사회가 되었다. 과거 수십 년간에 걸쳐 이루어졌던 인류문명이 이제는 단 몇 년 사이에 이루어지는 비약적인 발전을 이루어 냈으며, 이러한 발전의 주도적인 역할을 수행한 사람들은 각 분야에서 뛰어난 두각을 나타낸 소수의 영재들에 의해서 가능해졌다. 이미 미국, 러시아를 비롯한 서구에서는 창의적인 문제해결력과 유무형의 창의적인 산물을 생산할 수 있는 영재에 대하여 사회적 합의가 이루어진 가운데 조기발견, 조기교육을 하고자 많은 관심과 교육적 노력을 기울여 왔다.

이미 1932년부터 미국은 영재교육을 시작하였으며 세계에서 가장 다양한 방법으로 영재교육을 실천하고 있는 나라로 평가된다. 그 밖에 영국, 러시아, 독일, 일본, 이스라엘. 중국, 대만, 싱가포르 등의 많은 나라에서는 영재 교육에 관한 정책과 관련 교육법을 제정하여 시행하고 있으며, 영재교육의 중요성을 인식하여 체계적인 방법으로 특정 분야에서의 영재를 판별·선발하고 그들에게 적합한 영재교육 프로그램을 실시하고 있다.

우리나라는 1980년대 들어 각 분야에서 창의적인 영재들을 조기에 발굴하고 육성하여 그들의 정신건강과 자아실현을 도모하고, 사회 각 분야에서 창의적인 문제해결의 주역으로서의 역량을 발휘하도록 하며, 나아가 국가경쟁력을 배양하기 위해 영재교육에 대한 필요성이 주목받게 되었다.

이에 따라, 한국교육개발원 영재교육연구팀과 영재교육에 관심을 갖고 있는 학자들이 중심이 되어 1980년대 초반부터 지금까지 우리나라에서의 영재성의 정의를 비롯하여, 영재의 판별 및 선발, 영재교육 프로그램의 개발, 영재교육의 담당교원 양성 등에 관하여 심층적인 기초연구를 수행하여 왔다. 그리하여 1990년대에 접어들면서 지식정보화 사회, 세계화 사회가 도래하기 시작하면서 고급 두뇌를 지닌 인재를 육성하는 것이 국제 경쟁을 이겨내는 첩경이라는 사회적 인식이 점차 확산되기 시작하였다.

이러한 시대적 상황에 따라 우선적으로 수학·과학 분야의 인재 육성을 시급한 교육의 과제로 삼고 1983년 경기과학고등학교의 설립을 시작으로 하여, 전국에 특수목적 고등학교가 설립하게 되었다. 1985년도에는 최초로 144명의 신동이라 불리는 영재아를 선발하기도 하였으나, 선발만 하였을 뿐 체계적인 영재교육은 이루어지지 않았다. 1980년대 후반부터는 일반 초·중등학교에서 그리고 각 시·도 교육청 산하의 교육연구원과 과학교육원에서 영재교육을 실시하기 시작하였다. 그리고 1990년대에는 초·중등학교에 조기졸업 및 조기 입학제도가 도입되었고, 대학부설 과학영재교육센터를 설립하는 등 영재교육이 활성화될 수 있는 기반을 마련하여 왔다.

21세기에 들어와서 우리나라는 국가 경쟁력을 높이기 위해 "창의성 계발"을 교육개혁의 핵심목표로 설정하여 추진하게 되었다. 2000년도부터 시작된 제7차 교육과정의 목표를 "21세기의 세계화·정보화 시대를 주도할 자율적이고 창의적인 한국인 육성"으로 설정하고, 현재 단계적으로 확대시행하고 있는 중이다. 또한 "탁월한 잠재적 능력을 지닌 영재의 창의성, 도덕성, 자기 주도적인 학습 태도를 함양"을 목표로 하는 "영재교육 진흥법"이 공포(2000. 1)되었다. 이러한 영재교육진흥법에 기초하여, 2002년도에 발표된 교육인적자원부의 "영재교육진흥종합계획"의 핵심내용은 "영재교육 기회의 대폭적인 확대"라고 할 수 있다. 이 계획에 따르면 영재교육 대상자를 2003년 12월 현재, 전체 초·중·고등학교 학생의 0.25%인 2만여 명에서 2008년 이후에는 1% 이상으로 영재교육을 확대시켜 나갈 계획이다.

이어 2003년부터는 보다 체계화된 영재교육을 실시하고자 국가적 차원에서 최초의 영재학교인 부산과학고등학교를 개교하게 되었다.

비단 교육계뿐만 아니라 경제계에서도 창의적인 문제해결력이 뛰어
난 영재에 대한 요구가 더욱 커지고 있다. 예를 들어 삼성회장인 이
건희의 '천재론'을 예로 들 수가 있다. 그는 주요 회의석상에서 천재
를 비롯한 핵심인력의 확보 및 양성과 관련하여, "천재는 일찍부터
발굴하고 확보해야 한다. 2~3세기 전에는 10만 명, 20만 명이 군주
와 왕족을 먹여 살렸지만 지금은 한명의 천재가 10만 명, 20만 명을
먹여 살리고 있다. 즉, 천재가 소프트웨어 하나를 개발하면 1년에
몇 십억 달러를 간단히 벌어들이고 수십만 명에게 일자리를 제공하
게 된다고 하면서 천재교육은 절대로 해야 한다"고 강조하였다(한국
경제신문, 2003. 6. 13).

　본 연구의 목적은 우리나라의 영재교육에 대하여 영재 및 영재성
의 정의, 영재의 판별 및 선발준거, 영재교육기관을 중심으로 정책
및 현 실태를 분석하고 발전방향을 모색해보는데 있다.

# II. 본  론

## 1. 영재 및 영재성의 정의

영재교육에 있어서 가장 중요한 문제는 어떤 사람을 영재라 할 것이며, 영재성을 어떻게 정의할 것인가의 문제이다. 영재교육은 영재와 영재성에 대한 정의에 기초하여 영재의 판별 및 선발, 영재교육프로그램의 구성 및 운용, 평가, 영재교육 담당교원의 양성 등의 일련의 체계적인 교육과정이 이루어지는 것이다.

영재란 영어로는 "The Gifted and Talented"로 표기되어 있으며, 이는 선천적으로 타고난 유전적 능력에 기반을 두고 있음을 의미한다. 그러나 그 잠재능력이 제대로 발휘되기 위해서는 환경적 변인 또한 중요한 역할을 하고 있다는 것은 이미 알려진 사실이다. 영재성을 타고 났지만 이를 조기에 발견하고 계발하기 위한 교육적 지원 및 노력이 이루어지지 않는다면 영재성은 소멸되고 만다(교육인적자원부, 2004).

현재 영재와 그들의 영재성에 대한 정의는 아직까지 일치된 정의는 없으며 국가바나 문화바나 심시어, 미국의 경우 연방교육싱이 세시한 영재에 대한 정의에 기초하여 주마다 서로 다른 정의에 의해 교육이 이루어지고 있을 정도이다.

세계적으로 널리 쓰이고 있는 영재성에 관한 정의를 고찰하여 보면 크게 5가지로 구분할 수 있다(한국교육개발원, 2003). (1) 높은 IQ에 의한 정의(Terman), (2) 상위 몇 %에 포함되는가에 의한 퍼센트 정의(Renzulli), (3) 이미 각 분야에서 탁월한 성취를 보인 사람들만을 영재로 하자는 성취 후 정의(Gardner, Tannenbaum), (4) 뛰어난 적성과 재능을 보이거나 가능성을 가진 사람들을 영재로 하자는 재능 정의(Gardner, Gagné), (5) 영재성의 핵심 요인인 창의성이 탁월한 사람을 영재로 하자는 창의성 정의(Urban)가 있다.

미 교육성(1978)은 영재를 "뛰어난 능력을 지니고 있어서 훌륭한 성취를 보일 가능성이 있다고 전문가에 의해 판별된 아동으로서 그 자신과 사회에 기여하기 위하여 정규교육과정이 제공하는 것 이상의 변별적인 교육프로그램이나 도움을 필요로 하는 학생이다. 다음의 한 영역 또는 여러 영역에서 이미 성취를 나타냈거나 잠재능력이 있는 학생이다. (1) 일반 지적 능력, (2) 특수 학문적성, (3) 창의적이고 생산적인 사고, (4) 지도력, (5) 시각 및 공연예술, (6) 정신운동 능력이다. 그리고 영재는 전체학생의 3~5%를 포함한 것으로 보인다"고 정의하고 있다.

우리나라 영재교육진흥법에는 "영재는 재능이 뛰어난 사람으로서 타고난 잠재력을 개발하기 위하여 특별한 교육을 필요로 하는 사람(제2조 1항)"으로 정의하고 있다. 즉 위의 영재에 대한 5가지 정의 중에서도 주로 (4) 재능정의에 기초하여 영재를 규정하고 있다. 미국의 경우 영재의 출현비율도 정의하였으나 우리나라는 영재의 출현비율은 현재까지는 정해져 있지 않다.

그리고 교육대상자의 비율도 미국은 현재 영재성을 발휘하고 있거나 잠재적으로 발휘할 가능성이 높은 학생까지 선발하여 교육시켜야 한다는 포괄성의 원칙에 따라 15~20%로 확대시키고 있다. 다른 나라의 경우에도 일반적으로 3% 정도를 교육대상자로 선발하여 교육을 실시하고 있는 실정이다.

이에 비해 우리나라는 국가차원의 체계화된 영재교육은 아직 초기상태로서 영재교육대상자의 비율은 정해져 있지 않으나 점차 확대시켜 나갈 계획이다. 2003년 12월 현재 전국 초~고등학교 학생들 중에서 영재교육기관에서 교육을 받고 있는 학생은 0.25%로 약 2만여 명으로 밝혀졌다. 교육인적자원부는 "영재교육진흥종합계획(2002)"에 따라 2008년도까지 1%로 확대할 계획을 발표한 바 있다.

또한 미국의 경우 영재학생들의 영역에 대해 6가지 영역으로 언급하고 있지만 우리나라는 영역에 대해 특별히 정해진 것은 아직 없으며, 현재 영재교육을 받고 있는 학생들의 대부분은 수학, 과학 분야에 치중하여 교육이 이루어지고 있는 실정이다. 정부에서는 2003년도에 개교한 부산과학고등학교와 별도로 2005학년도 이후에는 부산국제고등학교를 인문사회분야 영재학교로 전환할 계획으로 준비 중에 있다. 예술분야는 2007년 개교를 목표로 문화관광부에서 예술영재학교의 설립방안을 검토하고 있다.

우리나라의 초등영재학생들의 특성에 대해 최초로 실증적 연구를 수행한 한국교육개발원(2003)의 "초등영재학생의 지적·정의적 행동특성 및 지도방안 연구"에 의하면, 우리나라의 영재아의 가정배경은 보통아의 가정에 비해 부모의 학력, 소득수준이 높고, 전문직종에 종사하는 것으로 나타났다(이에 대해 학력의 세습, 부의 세습이라는 반대 여론도 있다). 또한 자녀의 영재성을 발견하는 시기는 4~6세 경이며, 지도방법에서는 다양한 교재와 교구지원 및 독서 권장을 들었다. 그러나 자녀의 성격문제로 인하여 많은 어려움이 있었다고 하였다. 영재아의 지적 특성으로서는 창의적 특성과 언어, 수리 및 공간 창의성에서 보통아보다 높았으며, 영재아 중에서도 영재교육을 받고 있는 학생이 영재교육을 받고 있지 않은 학생보다 창의적 특성과 언어, 수리 및 공간 창의성, 상위인지, 논리적 사고력 등에서 높은 점수를 보였다. 정의적 특성에서는 영재아는 보통아에 비해 학업적 자아, 사회적 자아, 자아존중감이 높았으며, 영재교육을 받은 영재아가 교육을 받지 못한 영재아에 비해 정의적 특성들이 모두 높았음을 보여주고 있다.

위와 같은 초등영재연구에 기초하여 중·고생을 비롯하여 성인영재, 미성취영재, 여성영재 등 다양한 영재로 확대된 연구가 더욱 필요하다고 하겠다.

## 2. 영재의 판별 및 선발 준거

영재의 판별과 이를 통한 영재교육의 중요성을 고려하여, 미국, 영국, 이스라엘, 중국, 러시아, 싱가포르 등의 여러 나라에서는 이미 체계적인 방법을 사용하여 영재를 판별하고 교육시키고 있다.

오래 전부터 영재교육을 실시하고 있는 미국에서의 영재판별 일반원칙은 첫째, 영재성을 정확하게 파악하고 판별하기 위하여서는 가능한 한 특수재능, 능력, 정의적 특성, 행동특성 등등에 관한 다양한 정보를 활용한다는 것이다. 둘째, 1회성의 평가결과에 따라 판별하기보다는 다단계의 평가결과에 따라서 판별한다는 것이다.

미국국립영재교육연구소의 소장인 Renzulli는 영재성이란 평균 이상의 지능, 창의성, 과제 집착력의 3가지 영역의 상호작용에 의해 나타난다는 3고리(3-ring) 이론을 제시하였으며, 이 3가지 영역에서 모두 상위 15% 이내에 들면서 그 중 한 가지 분야에서 상위 2% 안에 들면 영재로 볼 수 있다고 정의하고 있다. 그리고 영재성은 다양한 형태로 나타나기 때문에 아이의 몇 가지 행동만으로 영재인지 아닌지를 섣불리 판단하는 것은 위험하다고 하였다. 또한 각종 표준화검사 결과에서 높은 점수를 받지 못한 학생들 중에도 영재로서의 특수한 잠재능력을 지닌 학생들이 있을 수 있다고 지적하면서, 이와 같은 이유로 표준화 검사결과, 교사의 추천, 심화학습 과정 및 결과 등을 종합적으로 고려하여 영재를 판별하여야 한다고 주장하였다. 영재판별을 위한 검사도구나 자료로는 각종 표준화 지능검사, 창의적 문제해결력검사, 적성검사, 표준화 학업성취도검사, 교사의 관찰결과와 추천서, 탁월한 행동특성이나 산출물 등을 활용하고 있다. 다음 <표 1>에는 이와 같은 영재판별의 일반원칙을 반영하고 있는 Renzulli(1996, 2001)의 영재판별 절차가 제시되었다.

254

<표 1> 미국국립영재교육연구소의 영재판별체제(Renzulli, 1996, 2001)

| 선발대상 영재학생수의 50%를 각종 표준화검사 점수로 선발 | 1 단계 | 지능, 학업성취, 적성 등의 표준화 검사에 의한 판별(영재판별위원회의 심사를 거치지 않고, 자동적으로 당연히 선발됨) | 전국의 모든 학생들 중에서 15% 재학생으로 선발 |
|---|---|---|---|
| 선발대상 영재학생수의 50%를 표준화검사 점수가 아닌 추천 및 그 외의 다양한 방법으로 선발 | 2 단계 | 교사추천(영재판별심의위원회의 심사를 거치지 않고, 자동적으로 당연히 선발됨) | |
| | 3 단계 | 대안적인 다양한 선발방법(사례연구): 판별위원회 심의를 반드시 거침 | |
| | 4 단계 | 특별 추천(사례연구): 판별위원회 심의를 거침 | |
| | 5 단계 | 부모의 영재추천: 잠재적인 영재학생들의 부모에게 영재판별 방법 및 프로그램 소개 | |
| | 6 단계 | 탁월한 학생 행동정보에 기초한 추천 | |

이스라엘은 영재의 선발과 입학을 위하여 매년 문교부에서 시험을 실시한다. 시험은 영재교육관련 연구를 수행하는 Henrietta Szold Institute가 매년 개발하여 전국에서 공동으로 실시한다. 검사는 두 단계에 걸쳐서 이루어지는데 첫 단계에서는 지역의 사정에 따라 2, 3, 4학년 중 한 학년의 모든 학생이 검사를 치른다. 이 검사는 Szold연구소가 개발하고 학교 교사가 실시한다. 두 번째 단계에서는 첫 시험에서 상위 15% 이내에 든 학생들에 대한 재검사를 실시하고, 재검사의 결과 상위 1.5%에 해당하는 학생들은 일반 학교의 영재학급과 주중 1일 영재교육센터에서 영재교육을 받는다. 상위 1.5% 이내에 해당하지는 않지만 상위 3% 이내에 해당하는 학생들은 방과 후 심화학습 프로그램에 참가한다(구자억, 2002).

현재 우리나라는 영재선발절차는 영재교육진흥법 시행령 제16조에

따라 <표 2>와 같이 시행된다. 이와 같은 선발절차에 따른 시행규칙
은 각 시·도 교육청 및 영재교육기관에 위임되어 선발되고 있다.

### <표 2> 영재교육대상자의 선발 절차

<1단계> : 각 영재교육기관에서 영재교육대상자 선정 전형공고
○ 신청서 접수 1개월 전 공고 원칙
<2단계> : 영재교육대상자 선정신청서 제출
○ 영재교육을 받고자 하는 자는 재학 중인 학교장, 지도교사 또는 영
　재교육 전문기관(교육감이 인정)의 추천서를 첨부하여 영재교육을
　받고자 하는 교육기관에 제출
<3단계> : 영재교육기관에서 소정의 전형절차를 거쳐 영재교육대상
　　　　　자를 1차 선발
○ 각 영재교육기관은 기관별로 영재교육대상자선정 추천위원회를 구
　성하여 영재교육 대상자 선정방법을 결정
○ 소정의 전형절차를 거쳐 영재교육대상자를 선발
－ 창의성 테스트, 면접, 실험 등 다양한 판별도구 활용
○ 선발된 영재교육대상자를 교육감에게 추천
<4단계> : 교육감이 최종 심사결정
○ 교육감은 영재교육기관이 추천한 영재교육대상자에 대해 시·도영
　재교육 진흥위원회 심사를 거쳐 영재교육대상자를 최종 선발하고
　이를 통보

영재학교인 부산과학고등학교(2003)의 응시자격과 선발절차를 살
펴보면 다음과 같다. 부산과학영재학교의 응시자격은 일반전형의 경
우에는 중학교 재학생으로서 수학 또는 과학 교과 성적 상위 1% 이
내, 전국 규모 수학·과학 경시대회에서 동상 이상 입상, 한국정보올
림피아드에서 동상 이상 입상, 과학기술부 지정 또는 시·도교육청
과학영재교육센터 이수자 가운데 위의 조건 중에서 한 가지 이상의
요건을 갖춘 학생이 응시자격을 갖는다. 정원의 10%를 선발하는 특
별전형에는 국제 수학·과학·정보 올림피아드 한국 대표 참가자, 전
국 규모 이상의 수학·과학 경시대회 금상 이상 입상자가 응시할 수
있다. 선발절차로는 우선 6월에 원서접수를 한 뒤 1차 서류전형을

거쳐 2단계에서 창의적 문제해결력을 검사하는 지필시험을 통해 정원의 1.2배수를 선발한다. 마지막 3단계에서 3박 4일간 합숙하면서 지필시험에서 나타나지 않은 잠재능력을 평가하는 과학캠프과정을 거쳐서 최종합격자 144명이 선발되어 교육 중에 있다.

다음으로 지금까지 국내에서는 영재학교로 별도로 지정되어 운영되지는 않았으나 고등학교 수준에서는 과학고등학교와 외국어고등학교, 예술고등학교 등에서 각 분야에서 탁월한 재능을 가진 학생들을 선발하여 교육해 왔다. 이들 특수목적 고등학교에서는 중학교 2학년과 3학년 시기의 학업성취도, 각종 경시대회 또는 국내·외 올림피아드 수상경력, 면접 및 구술시험 점수, 그리고 예술 고등학교의 경우에는 실기시험 성적 등을 사용하여 학생을 선발하고 있다. 그러나 이들 학교에는 당해년도의 중학교 졸업자들 중에서 특별히 우수한 학업성적을 보이는 학생들이 주로 선발되어 왔으며, 특별히 서울과학고등학교와 경기과학고등학교, 부산과학고등학교, 그리고 민족사관고등학교 등의 학교들은 중학교 졸업자들 중에서 내신 성적이 상위 0.1% 내외의 최상위권 학생들에게만 입학이 허용되어 왔다.

이와 같이 여러 입학전형 요소들 중에서 학업성취도가 특수목적 고등학교와 영재학교 신입생 선발에 커다란 영향력을 갖게 됨으로 인하여, 이들 학교에 진학하고자 하는 학생들을 위한 특수목적 고등학교 대비반, 또는 민족사관고등학교 입시 대비반 등의 사설학원 교육프로그램과 개인과외가 성행하는 현상이 초래되고 있다. 이들 사설교육기관의 교육 프로그램은 대부분 특수목적 고등학교의 입학기준에 따라 학업성취도를 높이는데 주안점을 두고 있으며, 이를 위하여 정규 교육기관에서 앞으로 배우게 될 교육내용을 1~2년 또는 그 이상 앞서서 미리 학습하게 하는 선행학습과, 교과내용을 여러 차례 학습하게 하는 반복학습 위주의 교육과 주입식 암기위주의 교육내용으로 구성되어 있다.

영재성이 있는 어린이들이 과외를 받느라 창의성을 계발할 시

간을 갖지 못하고 있는 것으로 나타났다. 또 많은 영재아 부
모들이 자녀가 적성과 상관없이 과학자 법조인 의사 등 출세
지향적인 직업을 갖기를 원하는 것으로 나타났다. 이 같은 사
실은 한국교육개발원 조석희 영재교육연구실장이 영재교육기
관에 다니는 3~11세 영재아 234명을 대상으로 '조기 영재교
육 실태'를 조사한 결과 드러났다. 조사 대상자들은 지능지수
(IQ)가 평균 139로 높으며 창의적 문제해결 능력이 또래 아이
들의 상위 1%에 드는 영재아다(동아일보, 2002. 6. 18).

이와 같이 우리나라에서는 영재학생을 판별하고 선발하기 위해서
사용되고 있는 방법은 <표 3>과 같이 지능검사와 학업성취도 검사
에 주로 의존하고 있는 형편이며(양수경, 2002; 김소아, 2003), 초·
중·고등학교의 각 교육단계별·영재교육 분야별로 적절한 영재 판
별법에 대한 연구는 아직 미흡한 실정이다.

## <표 3> 우리나라의 영재 교육기관의 선발절차 및 판별도구

| 영재교육기관명 | 교육대상 | 영재 선발의 절차 | 판별도구 |
|---|---|---|---|
| 한성과학고등학교와 서울과학고등학교 | 고등학생 | ① 특별전형: 서류전형(중학교 성적 상위 1%, 수학*과학 상위 1%, 또는 교육부 주최 각종경시대회입상자)과 면접 ② 일반전형: 서류전형, 면접, 구술시험 | 중학교 성적, 경시대회 입상 기록 |
| 부산과학고등학교 | 고등학생 | ① 제1단계 전형: 서류전형—서류전형을 종합적으로 평가가 원에서 수립한 평가 기준에·근거-지원 학생의 각 종 기록을 종합적으로 평가하여 2단계 전형 대상자를 선발 ② 제2단계 전형: 창의적 문제해결력 검사—수학·과학 분야 전문가개발이원이 출제 — 수학, 과학 영역 문제해결력, 창의력 및 고급 사고력을 평가하므로 3단계 전형 대상자를 선발 ③ 제3단계 전형: 과학캠프—개인 프로젝트 수행을 중심으로 한 발표 및 심층면접 —선정추천위 원 사위원회의 심사 및 추천으로 교육감으로 최종 선발 | 중학교 성적 및 자연과학분야의 창의적 문제 해결력 |
| 서울대 과학영재교육센터 | 중학생 | ① 1차 선발: 잠재적 영재군의 1차 선발과정으로 서울시 내 353개 중학교를 대상으로 실시하며, 교사 및 학교장의 추천을 통해 각 분과별로(수학, 화학, 생물, 지구과학, 정보) 1 특성 추천을 받아 정원의 10-15배수를 선발한다. ② 2차 선발: 1차 선발과정에서 선발된 학생들을 대상으로 수학, 화학, 물리, 생물, 지구과학, 중 보의 6개 분과에 대하여 분과별 특성에 맞는 평가를 실시하여 과학 학습능력 및 창의력 평가에 맞는 학생을 선발한다. 이 과정에서 고난도 문제 해결력의 조점을 맞춘다. ③ 3차 선발: 3차 선발은 2차 선발에서 문제 해결 및 문제 발견에 창의적 높이 발전한 학생을 대상으로 실시되며, 심사 자료는 학생 관련된 종합적인 자료 검사와 면접으로 실시된다. ④ 특차 선발: 2002년부터의 영재교육상자 선발을 위해 제시된 선발 방법 이외에도 각 분야별 뛰어난 창의적 성취를 보이는 학생을 특별전형으로 선발할 예정이다. 각 분야별 뛰어난 창의적 성취는 각종 세계적 과학 경시대회 또는 발명대회에서 매우 우수한 성적으로 입상하거나 연중 내내 진행될 수 있는 과학 portfolio을 통해 평가된다. | 자연과학분야의 학습능력, 창의력, 문제 해결력, 자료검사와 면접, 세계적 과학영재 시대를 발명 및 성적 |

그러나 영재들의 실제적 성취와 관련된 연구들에 의하면 지적능력 이외에 다른 중요한 변인들이 더 많은 영향을 주고 있음이 밝혀지고 있다. 대표적인 예로서 Terman이 1921년에 시작해서 아직도 진행되고 있는 높은 지능지수를 가지고 있는 아동들에 관한 종단연구에 의하면, 탁월한 인생의 성취를 위해서는 어느 정도까지의 높은 지능이 반드시 필요하나 그 정도 이상이 되면 지능 외에 창의성, 성취동기, 리더십과 같은 변인들이 중요한 역할을 한다고 보고하고 있다(Terman, 1926; Renzulli, 1997, 2003).

특히, 고도의 창의성이 요구되는 영재의 경우 영재판별 및 선발에 있어서 창의성 검사가 중요함에도 불구하고 실제 영재교육현장에서는 이루어지고 있지 않음을 알 수 있다. 미국의 경우에도 모든 영재성의 주된 기준으로 우수한 창의력을 강조하고 있음에도 불구하고 일부 주에서는 판별준거로서 창의력 검사를 포함시키지 않고 있거나 창의력 검사는 판별준거가 아니라고 명시되어 있다고 지적하였다(Torrance & Ball, 1984; 송인섭 외, 2001. pp.34-35에서 재인용).

최근 이에 대한 국내의 연구 중에서도 양수경(2002)은 특수목적고와 민사고 학생들을 대상으로 한 "고등학생을 대상으로 한 분야별 영재판별도구의 탐색과 그 활용방안 연구"에서, 현재의 입학전형 요소(교과 성적, 구술시험, 기타)보다 창의성 검사(TTCT)가 훨씬 더 우수하게 학업성취도를 예측한다고 하였다. 그러나 실제로 위와 같은 교육기관들에서는 학업성취도의 예측력이 높은 창의성 검사를 선발 준거로서 사용하고 있지 않다고 하였다. 또한 김소아(2003)는 현재 영재교육기관에서 선발한 영재군 중에는 창의성의 점수가 범재군보다 높다고 단정할 수 없다고 하였다. 동효관·전영석(2003)은 학생의 창의력과 성장 잠재력을 정확히 측정할 수 있는 선발준거를 개발하는 것이 필요하다고 하였다. 이러한 연구들을 통해 알 수 있는 것은, 창의성 계발의 중요성을 강조하면서도 창의성의 잠재력이 우수한 영재학생의 교육을 담당하는 영재교육기관에서의 영재판별과 선발준거에 문제가 있음을 알 수 있다.

영재교육의 대상자를 선별하여 교육하기 위한 판별도구의 개발과 이의 적절한 활용은 영재교육기관의 확대나 영재교육 담당교원의 양성보다도 더욱 시급한 과제로 부상하고 있다. 이는 영재성을 가진 학생을 조기에 정확하게 판별하는 작업이 영재교육의 성패를 좌우하는 중요한 과제이기 때문이다. 여러 분야의 영재는 영재의 일반적이고 공통적인 특성을 지니고 있기도 하고, 영재성의 각 분야에 따른 고유의 특성을 지니고 있기도 하며, 또한 그러한 영재성이 발현되는 시기와 상황도 각기 다양하기 때문에 학생의 영재성을 정확히 판별하는 일은 그리 쉽지 않은 과제이다.

최근에 한국교육개발원의 영재교육원에서(2002)도 "인문·사회 영재판별 도구 개발연구" 등을 비롯하여 다양한 영역에 대한 영재판별의 도구를 개발하려고 하고 있다. 따라서 영재교육의 효율성을 높이기 위해서는 교육단계별·영재교육 분야별로 적절한 영재성 판별도구를 개발하는 연구가 시급히 수행되어야 할 과제로 보인다.

## 3. 영재교육기관

우리나라 헌법 제31조 1항 및 교육기본법 제3조에 의하면, "모든 국민은 능력과 적성에 따라 균등하게 교육을 받을 권리를 가진다"라고 되어 있다. 교육의 중요한 2개의 원칙이라 하면, 개인의 능력을 최대한 계발하고, 최고의 성취를 이루게 하는 "수월성"의 원칙과 "평등성"의 원칙이 있다. 따라서 개인의 능력과 적성에 따라 교육을 받을 권리는 평준화교육을 의미함은 아닐 것이다. 그동안 우리나라의 교육풍토는 평등성의 원칙이 우선되어 왔었다. 학생의 적성과 능력, 흥미에 따른 개별화 교육보다는 획일적이고 주입식 암기 중심의 교육이었으며, 평준화 정책이 이를 더욱 부채질한 결과를 가져 왔다. 결과적으로 교육의 질적 수월성의 저하와 집단의 하향평준화,

학생들의 학력저하의 결과를 가져왔다(윤정일, 2003. pp.525-531).

또한 정상교육과 달리 특수교육이라 함은 정상적인 교육제도와 교육기관이 아닌 특수한 교육이 필요한 교육을 의미하여, 이에 대한 교육대상자는 심신 장애아와 영재아를 의미한다. 그러나 아직도 미비한 실태이긴 하지만, 그동안의 심신 장애우에 대한 재정적, 행정적 관심과 투자에 비해 영재교육은 상대적으로 부족했던 것도 사실이었다. 제대로 된 영재교육에 대한 정책의 부재와 영재교육기관이 없음에 따라 결과적으로 영재성이 제대로 발현되지 못하고 사장된 경우가 많았음을 알 수 있다. 이는 개인적으로나 국가적으로나 큰 손실이 아닐 수 없다.

> 영재성은 조기 발굴, 조기 교육되어야 하는 바, 세계적인 신동으로 기네스북에 올랐던 000은 잊혀졌다(조선일보, 1998. 2.20), 1985년 정부가 발굴했던 3~5세의 신동 144명 중 초·중·고교에서 학업에 대한 뜻을 이룬 영재가 전체의 39%가 되었다(중앙일보, 2001. 3. 28). 1985년 144명의 영재아 중에서 식당에서 아르바이트를 하며 학원에 다니는 이병우 군도 그 중에 한 명으로 학교생활에 제대로 적응하지 못해서 초등학교가 최종 학력이다(KBS 9시뉴스, 2002. 7. 1).

그러나 다행이도 지난 20여 년간 부분적, 비체계적으로 이루어졌던 영재교육이 이제는 국민적 합의와 법적, 제도적으로 보장이 되어, 그동안 소홀하였던 영재교육에 대한 관심과 투자가 이루어지고 있는 것은 영재 개인적으로나 국가적으로도 바람직한 일이 아닐 수 없다.

우리나라의 영재교육의 목표는 "탁월한 잠재력 능력을 지닌 영재의 창의적 생산력, 도덕성, 자기 주도적인 학습 태도를 함양하고, 이를 통하여 자아를 실현하고 나아가 국가 사회 발전에 기여할 수 있는 인재를 육성한다"로 설정되어 있다. 이에 따라 영재교육은 "영재를 대상으로 각 개인의 능력과 소질에 맞는 교육내용과 방법을 활용하

여 실시된다(영재교육진흥법 제2조 2항)"고 하였다. 그리고 영재교육
의 과정의 4가지 원칙으로서 (1) 정규 교과목보다는 상위수준의 내
용, (2) 고급사고 과정, (3) 질 높은 산출물, (4) 자유로운 학습 환경에
의해 교육과정을 편성하도록 되어 있다(교육인적자원부, 2004).

우리나라가 영재교육을 시작한 것은 1983년, 경기과학고등학교를
설립하면서부터라고 할 수 있다. 그 후 영재교육은 전국에 설립된
16개 과학고등학교와 민사고를 포함한 특수목적 고등학교, 그리고
각 시·도 교육청별로 영재반을 운영하였으며, 서울대, 연세대 등 9
개 대학으로 출발한 대학부설 영재교육센터는 2002년도부터 19개의
영재교육원으로 발전하여 기관별로 다양하게 운영되어 왔다.

영재교육진흥법에서는 영재교육기관을 영재학교, 영재학급, 영재
교육원 등 세 가지로 규정하고 있으며 그 외에 특수목적 고등학교
가 운영 중에 있다.

## 가. 영재학교

영재교육진흥법에 의하면 "국가는 영재교육을 실시하기 위하여
기존의 고등학교 과정 이하의 각급 학교 중 일부학교를 지정하여
영재학교로 전환하거나 새로이 영재학교를 설립·운영할 수 있다
(제6조)"고 되어 있다.

부산과학고는 이 법의 적용을 받아 2001년, 과학기술부로부터 과
학영재학교로 선정되고 교육인적자원부의 승인을 받아 우리나라에
서는 최초로 영재학교로 지정되었다. 영재학교는 중등교육법의 적용
을 받지 않기 때문에 일반고교와는 교과과정의 편성이나 운영방식
이 크게 다르다. 교과과정은 대학과 같이 학점제로 운영되어 교과학
점 145학점과 연구프로그램(R & E)학점 30학점을 따야 졸업할 수
있다. R & E 수업은 학생 스스로 연구 과제를 정한 뒤 영재학교와
협약을 맺은 서울대, 포항공대, KAIST의 해당 전문가를 지도교수로
해 1년 동안 논문을 쓰도록 하는 것이다. 또 과목별 시험을 통과해

심화학습을 하는 30여명의 학생들은 기본학점을 취득한 것으로 간주돼 KAIST 파견교수 6명과 개별 수업을 하고 있다. 일반수업은 보통 6~18명 선에서 토론식으로 진행된다.

　부산과학고는 교사 수와 각종 교육 기자재 등에서도 최고수준의 교육환경을 보유하고 있다. 교사 수 는 학생 6명당 1명이지만 앞으로 박사급 전문강사를 채용하면 교사 1인당 학생비율이 더 줄어들 전망이라고 한다. 영재들의 진학과 생활지도를 위해 6명당 학생 1명의 아카데미 어드바이스(담임교사)제도도 운영하고 있다. 과학기술부가 120억원을 들여 만든 9층의 첨단과학관에는 대형 천체 망원경, 전자현미경등 웬만한 대학 실험실을 능가하는 실험실습 장비들이 설치되어 있다. 시설확충과 첨단 기자재구입을 위해 과학기술부로부터 한 해 50억원의 지원금이 지급된다.

## 나. 영재학급

　영재학급은 국가가 지정권을 갖는 영재학교와는 달리, 국가 또는 지방자치단체가 고등학교학교 과정 이하의 각급 학교에 교과영역의 전부 또는 일부에 대하여 설치·운영하도록 하고 있다(법 제7조). 이에 따라 영재학급은 시·도 교육청별, 학교급별로 비교적 광범위하게 설치·운영되고 있다. 또한 각 지역 교육청별로 영재교육을 확대 실시하려는 계획을 속속 발표하고 있어 영재학급에서 영재교육을 받는 대상자 수가 크게 증가할 것으로 예상된다.

　영재학급에서 운영하는 교육영역으로는 수학, 과학, 정보 분야 등이 있다. 영재학급은 학교장 재량으로 운영되며, 수학, 과학, 정보 및 예능 분야별로 특별활동시간이나 재량활동시간, 방과 후, 주말, 방학 등을 이용하여 주당 1~8시간씩 진행된다. 영재교육은 연간 60시간 이상의 연수를 받은 교사에 의하여 수행되는데 교사충원은 각 지역교육청에서 교장으로부터 추천을 받거나 희망교사의 신청을 받아 파견하는 형태로 하고 있다.

중학생 영재아들의 경우에는, 2003년 상반기부터 각 급 교육청 산하에 특색 있는 영재교육원을 설치하고, 영재 학생의 선발하여 운영 중이다. 그러나 초등학교에서의 영재교육에 대한 교육적 배려는 거의 없는 실정이다. 초등학교에서의 영재교육실태는 각 시·도교육청에 따라 약간의 차이는 있지만 영재를 위한 전문적 지식이나 기관은 거의 없고, 과학과 수학, 언어와 예·체능을 중심으로 재능교육 시범. 연구학교의 형태와 일반학교의 방과 후 심화학습 프로그램과 상설 특활반 및 클럽활동 형태로서 극히 제한적인 형태로 운영되고 있는 실정이다.

> 영재교육을 실시하는 많은 초·중·고교에서 영재판별 도구와 영재교육 프로그램 부족으로 어려움을 겪고 있다. 이는 영재교육의 내실화를 가로막는 큰 원인으로 꼽힌다. 연구소 등에서 개발한 판별도구와 교육 자료들이 없는 것은 아니지만, 예산이 빠듯한 일선 학교에서는 '그림의 떡'일 뿐이다. 사정이 이렇다 보니 인적·물적 자원이 비교적 풍부한 일부 대학부설 영재교육원을 빼고는 대부분의 영재학급 등 영재교육기관에서는 학업성적을 기준으로 학생을 선발하고 있는 실정이다. 또 교사들이 수업시간에 활용할 교수·학습 자료가 마땅치 않아 지식전달과 문제풀이 위주의 수업이나 선행학습의 틀을 벗어나지 못하고 있다(한겨레신문, 2002.12.29).

## 다. 영재교육원

영재교육원은 교육청, 대학, 국·공립연구소, 정부출연기관 및 과학·기술, 예술, 체육 등과 관련이 있는 공익법인이 설치·운영하는 영재교육기관이다(법 제8조). 각 시·도교육청이 운영하는 영재교육원, 과학기술부에서 한국과학재단을 통해 과학영재 양성을 위한 지원사업으로서 일정요건을 갖춘 대학을 지정하여 운영하는 대학부설 영재교육원 등이 이에 해당한다. 특히, 대학부설 영재교육원은 과학

기술부에서 과학영재를 조기에 발굴하여 그들의 지능수준에 부합하는 교육을 실시함으로써 과학영재들의 잠재력을 최대한 계발하고 우리나라 과학기술을 선도할 선도적 과학기술자를 체계적으로 양성한다는 취지에서 대학에 설치·운영하는 영재교육프로그램이다.

대학부설 영재교육원에서는 교육과정을 초등과정과 중등과정으로 구분하여 설치하되 중등과정을 핵심으로 하고, 중등과정의 경우는 반드시 수학/물리학/화학/생물과학/지구과학/정보과학 등 6개 분야별로 구분하여 학생을 선발하도록 하고 있으며 초등과정은 초등수학/초등과학/초등정보 등 3개 분야 중 1개 이상의 교육이 가능해야 한다. 학생선발은 지역 내 초등학교와 중학교 중에서 초등학생은 4~6학년, 중학생은 1~2학년을 대상으로 추천→지필고사→면접의 3단계를 거쳐 선발하되 세부적인 방법은 대학이 자율적으로 결정하도록 하고 있다. 과학영재교육원의 교육은 설치대학 강의실 및 실험실에서(인근 과학고나 지방과학교육관도 가능) 주말 또는 방학기간을 이용하여 1일 2시간, 연간 100시간 내외로 이루어지며, 강사진은 설치대학 소속교수, 지역 내 과학고등학교 교사, 설치대학 소속과 박사과정 학생들로 구성된다. 이 밖에 과학 분야가 아닌 대학부설 영재교육센터로는 문화부와 정보통신부에서 지정한 교육센터 각 1곳이 있다.

### 라. 특수목적고, 기타

수학·과학·외국어 분야에 특별한 재능이 있는 학생을 일찍 발굴하여 영역별로 심화교육을 실시할 목적으로 설립된 특수목적 고등학교로는 서울/한성 과학고등학교를 포함하여 16개 과학고등학교와 서울시 소재 대원/대일/명덕/서울/이화/한영외고 등 총 19개 외국어고등학교, 그리고 민족사관에 기초한 독특한 교육이념을 바탕으로 설립되어 영재교육 연구시범학교로 선정된 바 있는 민족사관고등학교, 국제화·정보화시대를 선도할 인문·사회계열 인재양성과

해외귀국자녀 및 외국인 자녀교육을 목표로 설립된 공립 부산국제
고등학교 등도 영재교육 관계법규의 적용을 받는 것은 아니지만, 특
정 분야에 영재성이 있는 학생을 선발하여 일반계 고등학교와는 차
별화된 교육을 실시한다는 점에서 영재교육기관 범주 안에 둘 수
있을 것이다.

그러나 현행 중등교육법을 적용받지 않는 영재학교인 부산과학고
와는 달리, 대학입시를 위해 설립목적에 벗어나는 파행적인 교육과
정 및 내신 성적의 갈등으로 인한 무더기 자퇴, 대학과의 비연계성
으로 인해 여러 가지 문제점들이 있다.

# Ⅲ. 문제점 및 개선 방향

　본 연구는 우리나라의 영재교육에 대하여 영재 및 영재성의 정의, 영재판별 및 선발준거, 영재교육기관의 3분야를 중심으로 살펴보았다. 이외에도 영재교육정책 및 행정, 영재교육과정의 수립 및 운용, 영재교육 담당 교원의 양성 및 교육, 평가, 영재아의 정의적 특성에 따른 영재아 상담 등 다양한 주제들이 앞으로 해결되어 나가야 할 과제로 고려해 볼 수 있다. 현재 우리나라는 영재교육의 초기단계로서 영재교육에 대한 더욱 많은 연구가 필요한 분야이다.

　본론에서의 현 실태 분석을 바탕으로 하여 분야별 문제점을 도출하고 발전방향을 제시해 보고자 한다.

## 1. 영재 및 영재성의 정의

　첫째, 선진국의 영재교육은 포괄성의 원칙에 의해 더욱 많은 잠재적인 영재성을 갖춘 영재학생들에 대하여 교육의 기회를 확대시키고 있는 반면에, 아직까지 우리나라의 영재교육 진흥법 및 시행령에 따른 영재교육에서는 영재의 출생비율 및 영재교육 대상자의 비율은 규정되어 있지 않다. 이는 국가의 정책, 제도, 예산, 영재교육에 대한 사회적 합의 등의 문제가 남아 있기 때문이다. 따라서 포괄성의 원칙에 따른 법적·제도적 장치가 보완되어야 하겠으며, 영재교육을 실천하기 위한 예산 및 담당교원 양성을 포함한 인력지원이 병행되어야 할 것이다.

　둘째, 영재성이 발휘되는 영역이 리더십 등 아주 다양한 영역에서 이루어지고 있는 반면에 우리는 과학, 수학 중심으로 교육이 진행되

268

고 있는 실정이다. 따라서 현재의 소수의 분야에서 벗어나 개인의 적성과 능력, 흥미에 따라 보다 다양한 분야로의 확대와 이를 교육할 수 있는 교육기관의 확충이 요구된다. 교육인적자원부(2003)에서는 처음 지정된 부산과학고의 운영성과를 분석한 뒤, 추가지정 여부를 검토하며, 예술분야는 2007년 개교를 목표로 문화관광부가 설립을 추진한다는 계획을 밝힌 바 있다.

셋째, 교육의 수월성의 원칙과 공평성의 원칙의 조화로운 운용이다. 공평성이 지나치게 강조되는 교육적 풍토에서 자칫 영재교육은 이루어지기 어렵게 된다. 집단의 하향 평준화와 대학 입시위주의 교육적 풍토는 영재교육을 더욱 어렵게 제한하는 걸림돌이 되고 있다. 또한 영재교육은 학력(學歷)세습이자 부의 세습으로 보는 일부 이익집단의 반대도 영재교육이 발전하는데 제한 요인이 되고 있다. 이는 한국교육개발원(2003)의 "초등영재학생의 지적·정의적 행동특성 및 지도방안 연구"의 결과가 2004년 2월 말에 주요 언론에서 보도되자, 일부 이익단체에서 학력의 세습, 부의 세습이라고 하여 반대여론을 조성한 것과 맥락을 같이 하고 있다. 따라서 영재교육의 필요성 및 중요성에 대한 사회적 합의를 도출하기 위해 다차원적인 노력이 있어야 할 것이다.

넷째, 한국교육개발원(2003)의 연구결과에 따르면, 영재성이 발견된 시기는 4-6세경으로 보고 되었으며, 영재아 중에서도 영재교육기관에서 교육을 받고 있는 영재아들이 그렇지 못한 영재아에 비해 높은 인지적, 정의적 특성을 보였다. 따라서 현재 영재교육진흥법에서의 영재교육의 대상자는 초등학교 4학년이상을 교육대상자로 하고 있으나, "조기발견, 조기교육"의 원칙에 따라 교육대상자의 연령을 하향 조정해야 할 것이다. 또한 유전적으로 타고난 영재아로서의 잠재능력은 보유하고 있으나, 제대로 된 영재교육이 지원되지 않아 영재아로서의 성장과 발전은 소멸될 수 있기 때문에 환경적인 지원을 위해 영재아에 대한 영재교육기관에서의 교육이 더욱 확대, 지원되어야 할 것이다.

## 2. 영재의 판별 및 선발

현재의 교육인적자원부의 선발절차에 따라, 영재에 대한 판별과 선발에 대해서는 비록 많은 비용과 시간, 노력이 투자되더라도 잠재적인 영재학생까지 포함하여 다양한 분야에서 전문가들에 의한 다단계 판별절차에 의해 정확히 이루어져 한다.

그러나 최근의 국가차원의 영재학교인 부산과학고등학교를 제외하고는, 대부분의 대학부설의 영재교육원 및 특수목적고 등에서는 여전히 상위 학업성취도와 지능검사, 경시대회에서의 입상기록 등의 선발준거에 따라 이루어지고 있다. 심지어 영재학교를 겨냥한 사설 입시학원에서는 지능검사와 창의성검사마저 선행학습으로 학습되고 있는 실정이다. 선행학습과 반복학습에 의하여 이들 학교에 선발된 학생들은 고등학교 진학 이후에 특수목적 고등학교나 영재학교의 선발 취지에 부합하는 탁월한 교육성과를 달성하거나, 고등학교 졸업 이후에 해당분야에서 국가와 사회가 기대하는 수준의 능력을 발휘하기가 어려울 것으로 생각된다.

21세기의 국가와 사회를 이끌고 나갈 영재의 특성은 선행학습이나 반복학습에 의해서 습득된 기존의 지식이 아니라 창의적이고 생산적인 사고 능력의 유무에 있다는 점에서 과학고등학교나 외국어고등학교, 민족사관고등학교에서 학생을 선발하기 위해서 현재 사용되는 전형방법들이 진정한 의미의 영재를 판별하기 위해서 적절한지에 대한 검토가 실시되어야 하며, 이들 기관 외에 앞으로 설립될 여러 학교급(교육단계)과 영재교육 분야별 교육기관에서 학생의 선발에 사용할 수 있는 판별도구의 연구와 제시가 필요할 것으로 판단된다.

또한 최근 양수경(2002), 김소아(2003)의 연구에서도 밝혀진 바와 같이 실제 영재교육기관에서의 영재아 선발에 있어 창의성 검사가 제대로 이루어지고 있지 않다는 연구결과가 제시된 바 있다. 따라서 보통학생에 비하여 창의성이 탁월한 영재학생을 선발하기 위해서는 창의적 문제해결력을 판단하는 창의성 검사가 보다 체계적으로 이루어져야 할 것이다.


## 3. 영재교육기관


먼저, (특목고를 포함하여)영재교육기관이 제 역할을 할 수 있도록 법적, 제도적 장치가 마련되어야 한다. 영재학교인 부산과학고등학교는 이들의 영재성이 잘 발휘될 수 있도록 진로에 대한 연계성 있는 제도적 장치와 교육적 환경이 마련되어 있다. 그러나 현재와 같은 획일적이고 교육선택의 기회가 미비한 대학입시제도에 영향을 받을 수밖에 없는 대부분의 영재교육기관인 영재교육원, 특목고 등에서는 아무리 좋은 취지로 시작한 영재교육이라 할지라도 설립목적에 부합되는 영재교육을 시행하기에는 어렵기 때문이다.

> 명문대 입학수단으로 변질된 과학고와 외국어고 등 특수목적고의 실패사례에서 알 수 있듯이, 아이들의 영재성 계발에 가장 큰 걸림돌인 입시위주 교육풍토를 개선하지 않은 채, 필요성과 당위성만을 내세워 영재교육을 확대하는 것은 위험하다는 지적이 많다. 조석희 한국교육개발원 영재교육연구원장은 "적지 않은 영재교육기관에서 영재교육의 본질적 목표인 창의력 계발과는 거리가 먼 경시대회 준비나 과학고 입시준비에 치중하고 있는 것이 현실"이라고 지적했다. (한겨레 신문, 2002. 12. 29).

> 과학고등학교의 경우, 지역교육청 등 상급 지도기관의 통제로부터 자유롭지 못하며, 자기 혁신 노력의 부족으로 인해 수년간의 관행에서 벗어나지 못한다는 우려의 목소리가 높다(동효관·전영석, 2003)

　다음으로 학년 및 학교급간 영재교육의 연계성 부족을 꼽을 수 있다. 현재 영재교육원 및 영재학급은 1년 단위로 신입생을 새로 선발하고 있는 실정이다. 물론 제한된 교육기관과 많은 학생들에게 공평한 영재교육의 기회를 제공한다는 현실적인 측면과 학부모들의 요구도 중요하지만, 이는 교육과정의 기본 원칙인 연계성 및 계열성의 원칙에서 벗어나는 행정편의위주의 결과이다.

　이에 대한 대책으로서 김홍원과 정현철(2002)은 영재교육의 연계성 강화를 위해서는 현실적인 문제도 중요하지만, 영재교육 참여자 선발에 있어서의 학년별 동수유지, 상호경쟁을 통한 피라미드 형태 유지, 포함의 원칙에 의한 역피라미드 형태유지 등의 방법선택에 대한 합리적 판단과 명확한 제시가 필요하다. 또한 영재교육 기관별로 나타나는 교육여건, 교사구성, 행·재정적 지원상의 차이에도 불구하고 동일한 대상에게 동일한 형태의 교육을 실시하는데 따른 비효율을 극복하기 위해교육 기관별로 체계적인 특성화가 이루어져야 한다고 하였다.

　결론적으로 지난 20년간의 짧은 영재교육사에 비추어 볼 때, 2000년도에 "영재교육 진흥법"의 공포, 2002년에는 "영재교육진흥 종합계획" 및 "영재교육진흥법시행령"이 제정·공포됨에 따라 영재교육을 본격화 할 수 있는 법적, 제도적장치가 마련되었다. 그리고 2003년도에는 최초로 국가차원의 영재교육원인 부산과학고등학교가 개교되는 등 영재교육을 위한 많은 발전이 이루어졌다. 그러나 한편으로는 여러 가지 문제점도 노정되고 있다. 따라서 지금까지 드러난 여러 문제점에 대하여 개선과 발전방향을 모색하기 위한 이론적이며 경험적인 연구가 더욱 요구된다.

# 참고문헌

교육인적자원부(2002). 영재교육진흥 종합계획.

교육인적자원부·한국교육개발원(2004). 영재교육 이렇게 합니다.

구자억 외(2002). 동서양 주요 국가들의 영재교육. 서울: 문음사.

김소아(2003). 영재의 선발준거와 진로 특성 요인의 탐색. 박사학위
논문, 성균관대학교.

동효관·전영석(2003). 한성과학고등학교 학생 선발과정의 현황분
석. 영재교육연구, 13(4), 65-94.

민족사관고등학교(2003). 민족사관고등학교 교육과정 안내. 민족사
관고등학교 홈페이지.

박성익(2000). 영재교육의 현주소와 방향. 새교육. 제 553호, pp.96-102.

부산과학고등학교(2003). 부산과학고등학교 교육과정안내. 부산과학
고등학교 홈페이지.

서울과학고등학교(2003). 서울과학고등학교 입학안내/교육과정 안내.
서울과학고등학교 홈페이지.

서울대학교 수학영재 교육센터(2003). 서울대학교 수학영재교육센터
교육현황. 서울대학교 수학영재 교육센터 홈페이지.

서울시 교육청(2003). 2003학년도 지역교육청 영재교육원 학생 선발
안내.

송인섭 외(2001). 영재교육의 이론과 방법. 서울: 학문사.

양수경(2002). 고등학생을 대상으로 한 분야별 영재 판별도구의 탐
색과 그 활용방안 연구. 석사학위논문. 성균관대학교.

윤정일 외(2003). 신교육의 이해. 서울: 학지사.

이군현(2000). 영재교육 활성화 방안. 새교육. 새교육. 제 553호, pp.96-102.

조석희(2000). 영재학급, 영재학교, 영재교육원에서의 교육 어떻게 시행되나. 새교육. 새교육. 제553호, pp.96-102.

한국교육개발원(2000). 영재교육 중장기 종합 발전 방안. 교육부.

한국교육개발원(2002). 인문·사회 영재 판별도구 개발연구(Ⅲ)-언어 영재 판별 검사 도구개발을 중심으로-수탁연구 CR2002-44.

한국교육개발원(2003). 초등 영재학생의 지적·정의적 행동특성 및 지도 방안 연구-수탁연구 CR2003-25.

# 창의성의 영역성의 연령집단별 차이

═══════════════ ≪ 요 약 ≫ ═══════════════

이 연구는 창의성의 영역-상보성 이론에 기초하여, 영역-일반성 및 영역
-특수성의 연령집단 간의 차이를 규명하는 것이다. 영역-일반성은 확산적 사
고능력을 측정하는 TTCT로 측정하였으며, 영역-특수성은 4개 영역별 창의적
산출물검사로 측정하였다. 연구결과, 영역-일반성의 확산적 사고의 변인은 학
년에서만 주효과가 유의하게 나타났으며, 각 변인의 속성에 따라 3개의 유형으
로 서로 상이한 시기에 발달하는 경향이 나타났다. 다음으로, 영역-특수성은
영역별로 2개의 발달 경향이 나타났다. 이러한 연구결과에 기초하여, 창의성의
영역-일반성 및 영역-특수성은 연속적 발달 혹은 비연속적 발달의 일관된
경향을 나타나기보다는 변인별로, 그리고 각 영역별로 발달 경향이 서로 다른
형태임이 밝혀졌다. 특히, 흥미로운 결과는 고등학생이 초·중학생보다 창의성
의 점수가 낮게 나타난 것과, 성별로는 모든 영역에 걸쳐 여학생이 남학생보다
창의성의 점수가 높은 것으로 나타났다.

# I. 서 론

최근에 창의성 연구에 있어서 창의성이 "영역-일반성"인가, 아니면 "영역-특수성"인가에 대한 이분법적인 논쟁이 이루어지고 있다(이정규, 2003). 창의성의 영역성에 대한 이분법적 논쟁의 논지를 간략히 살펴보면, 영역-일반성은 어느 한 영역에서 창의적 수행 수준이 우수한 개인은 다른 영역에서도 유사한 수준의 창의성을 발휘할 것이라는 인식에 기초하여 연구되어 왔다. 즉, 지능의 "g"요인과 같이 개인의 모든 영역에 고루 영향을 미치는 일반적이면서 공통적인 능력을 의미한다. Torrance(1990a, 1998)는 "창의적인 사고능력이란 창의적인 성취를 할 때 작용한다고 생각하는 일반화된 정신능력의 집합"이라고 정의하였다. 이러한 창의성의 영역-일반성에 대한 관점은 지난 50여 년간 창의성 연구의 주류적 위치에서 창의성의 정의, 교육프로그램의 개발과 훈련, 측정 등에 기초가 되어 왔다(이정규, 2003; Eisenberger & Cameron, 1998; Plucker, 1998; Baer, 1999: Runco, Plucker, & Lim, 2000-2001).

영역-일반성의 이론에 기초하여, 창의성을 측정하고자 했던 여러 연구자들은 Guilford(1967)의 "창의성 측정의 기준은 독창성, 유창성, 융통성, 정교성 등을 포함하는 확산적 사고의 측면에 기준을 두고 측정하여야 한다."는 이론에 기초하여 측정도구들을 개발하여 왔다. Guilford 자신도 단일한 정답을 요구하는 기존의 지능검사에 비해 다양한 반응을 요구하는 확산적 사고능력을 측정하고자 "Alternate Uses" 등의 측정도구를 개발하였다. 이후 TTCT(Torrance Test of Creative Thinking)와 같은 확산적 사고검사들이 널리 개발되어 사용되어 왔다(Diakidoy & Spanoudis, 2002). Torrance는 "TTCT와 같은 확산적 사고력 검사에서 높은 점수를 받은 사람은 창의적으로 행동할 가능성이 높다."고 하였다. 최근에도 많은 연구자들은 "확산적 사고는 창의적 문제해결의 다양한 반응으로 창의성의 가장 핵심적 구성요소"라고 강조하고 있다(Eisenberger & Cameron, 1998; Baer, 1999 Runco, Plucker, & Lim, 2000-2001). 확산적 사고검사 중에서도 많이 사용되고 있는 검사도구인 TTCT는 1966년도에 개발된 이래 1998년 간편 채점 방식으로 개정되기까지 몇 차례의 개정작업을 통해 지금도 다양한 문화의 많은 국가에서 널리 사용되어지고 있다. 그리고 최근에 Runco 등(2000~2001)은 확산적 사고에 기초하여 창의성의 행동척도인 RIBS(Runco Ideational Behavior Scale)를 새로이 개발하기도 하였다. 한편, 영역－일반성이란 '한 영역에서 창의적 수행 수준이 우수한 개인은 다른 영역에서도 유사한 창의성을 발휘할 것'이란 인식에 기초하였기 때문에, 영역－일반성을 측정하고자 하는 측정도구는 서로 다른 영역 간에도 상관이 높을 경우 영역－일반성에 대한 측정도구로서 지지될 수 있을 것이다. TTCT와 4개 영역(언어, 수학, 과학, 미술)의 창의적 산출물검사와의 상관관계를 경험적으로 규명한 이정규(2003: 330)의 연구에 따르면 "전반적으로 확산적 사고의 변인들 모두가 그다지 높지는 않지만 4개 영역과 상관관계 (.158~.576, p<.01)를 나타냈다"고 한 연구결과는 TTCT가 영역－일반성을 측정하는 검사도구임을 시사하고 있다.

창의성의 영역성에 대한 논쟁은 지금까지 창의성 연구에 있어서 주류적 위치를 차지하였던 영역－일반성에 대한 반증으로서 영역－특수성의 견해가 새롭게 등장하게 됨으로써 촉박되었다 최근에 영역－특수성을 주장하는 연구자들은 창의적 수행의 기저를 이루는 공통적이고 일반적인 인지적 기술이 있다는 영역－일반성의 견해에 대하여 강한 의문을 제기하였다. 영역－특수성이란 한 영역에서의 창의적인 기능은 다른 영역과는 달리 고유한 심리적인 속성이 있다는 견해이다. Gardner(1995)는 창의적인 사람이 특정 지능에서 뛰어난 것은 사실이다. 하지만 대부분의 경우, 그들은 두 가지 지능이 혼합된 형태의 능력을 나타내며, 최소한 그 중 하나는 다소 비정상적으로 뛰어나

다고 하였다. 이러한 영역－특수성의 견해는 어느 한 영역에서 뛰어
난 창의적 수행이 다른 영역에서는 그렇게 뛰어나지 못하다는 경험
적 연구결과들에 의해 지지되고 있다(Feldhusen, 1994; Baer, 1996,
1999; Diakidoy & Spanoudis, 2002).

　이러한 영역－특수성의 견해에 기초하여 창의성을 측정하는 방법
에는, 기존의 확산적 사고능력검사와는 달리 창의적인 산출물에 대하
여 해당 영역의 전문가들의 주관적 기준에 의해 측정하는 "합의적 측
정 기법(CAT: Consensual Assessment Technique)" 방법이 주로 사
용되어 왔다. 산출물을 측정하는 방법은 산출물이 창의적임을 밝히는
객관적 기준을 정하는 어려움을 극복하고, 창의성 검사의 기준 관련
타당도의 문제를 해결하기 위해 사용하는 방법이다(Amabile, 1996;
Hennessey & Amabile, 1999). 또한 측정자 간의 신뢰도가 보장된다
면 창의성의 수행 수준을 측정할 수 있는 유용한 방법이며, 전문가의
종합된 측정 결과는 비교적 높은 신뢰도와 타당도를 보여주었다는
연구결과들이 있다(Getzels & Csikzentmihalyi, 1976; Amabile, 1996;
Hennessey & Amabile, 1999; Baer, 1999). 한편, 영역－특수성의 이
론에 기초하여 각 영역을 측정하는 창의적 산출물 검사 간의 상관관
계는 낮을 것으로 예측할 수 있다(물론 낮은 상관이 영역－특수성을
절대적으로 보장할 순 없다). 한기순(2000)의 연구에서는 미국의 초
등학교 2년생을 대상으로 3개 영역(언어, 수학, 미술) 간의 창의적 산
출물검사를 한 결과, 3개 영역 간의 상관은 .07~.28의 낮은 상관을
보였다. 그러나 한국의 초~고등학생을 대상으로 4개 영역(언어, 수
학, 과학, 미술)의 창의적 산출물 검사 간의 상관관계를 분석한 이정
규(2003: 325-326)의 연구에서는 .37~.61(p<.01)의 다소 높은 상관관
계가 나타났다.

　창의성의 영역성을 규명하고자 한 선행연구들을 살펴보면, 한기순
(2000)은 확산적 사고 능력과 창의적 산출물과의 관계에 대해 연구
하였으며, 결과적으로 영역－특수성의 견해를 지지하였다. 김명숙
(2002)은 우리나라의 중학교 2학년의 일반 학생과 영재 학생을 대상

으로 연구한 결과, 영역-특수성을 지지하는 결과를 보이면서도, 영역-일반성의 몇몇 증거가 보인다는 연구결과를 제시하였다. 최근에 이정규(2003: 329-331)는 우리나라의 초~고등학생들을 대상으로 연구한 결과, "창의성의 영역성은 지금까지의 이분법적인 논쟁과는 달리 영역-일반성과 특수성에 있어서 어느 한쪽의 영역성만을 지지하기는 어려운 연구결과가 나왔다. 오히려 영역-일반성 및 영역-특수성이 창의적 수행에 있어 상호 보완 혹은 통합하여 기능한다는 영역-상보성의 결과가 나타났다"고 하였다. 이러한 연구결과는 "모든 영역에 걸쳐 고른 인지적 역량을 중시하는 우리나라의 특수한 집단주의적 교육풍토의 결과이며, 특히 모든 과목에서 고른 상위의 점수를 요구하고 있는(실지로 교육제도에 많은 영향을 미치고 있는) 대학입시제도 등의 영향"인 것으로 논의되었다. 이러한 영역-상보성의 연구결과는 이론적으로는 Sternberg(1989)의 "영역의 일반성과 특수성은 상보적인 것이며, 양자는 수행의 차이에 따라 상호 작용한다."는 영역-상보성의 이론을 경험적으로 지지하고 있다. 앞에서 서술한 바와 같이 창의성의 영역성에 대한 논쟁은 연구자들 간에 일치된 논의가 아직 형성되지 못한 실정이다.

다음으로, 창의성의 영역-일반성의 발달적 경향 및 성차에 대한 연구를 고찰해 보면, 표준화된 확산적 사고능력 검사인 TTCT를 개발한 Torrance(1990a)는 많은 연구결과를 종합한 결과, 전반적으로 학년이 올라갈수록 오히려 창의성이 감소된다고 하였다. 그는 이렇게 창의성이 감소하는 이유로서 "공교육의 정형화된 교육과정이 학년이 올라갈수록 창의성에서 요구되는 확산적 사고보다는 수렴적 사고를 더 많이 요구하고 있기 때문"이라고 밝혔다. 또한 성차에 대한 연구에 있어서도 창의성 연구의 성과물에 대하여 메타분석을 실시한 Bear(1999: 754)는 "창의성의 연구에서도 남성과 여성에 있어 창의적인 사고나 창의적인 산출물에 있어서 차이가 나타날 것이다. 그러나 창의성 연구자들은 성차에 대한 연구는 관심을 끌지 못했다"고 지적하였다.

　국내의 창의성의 발달경향 및 성차에 관한 선행연구를 살펴보면, 하주현(1999, 2001, 2003)은 초~대학생을 대상으로 연구한 결과, 연령차만 유의하게 나타났으며 성차 및 지역 차는 나타나지 않았다고 하였다. 또한 창의적 사고 총점에 의한 연령별 발달경향을 비교해보면 초등학교 2학년부터 6학년까지는 계속 높아지다가 고등학생 때까지는 완만한 정체를 이루고 대학생 때 급격히 낮아졌다고 하였다. 특히 초등학생의 경우, 학년이 올라갈수록 연속적인 발달곡선을 보인다고 하였다. 유연옥(2003)의 연구에서는 "아동의 창의성의 발달은 비연속성의 U-형 발달형태를 보인다. 즉, 초등학교 1학년부터 3학년까지는 급격한 증가를 보이다가 4학년은 하강현상을 보이며, 5학년부터 다시 상승하는 현상을 보인다. 이러한 4학년 하강현상은 이 시기의 아동이 현실적이며, 또래집단에 대한 동조성의 압력으로 인해 창의성이 감소하게 된다고 하여 이러한 시기를 관습적인 시기"라고 하였다. 그리고 "아동기의 창의성에서의 성차에 대해서 알아본 결과, 4학년에서 여아가 남아보다 창의성이 높게 나타난 것을 제외하고는 다른 학년에서는 성차는 나타나지 않았다"고 하였다.

　그러나 영역-일반성의 발달적 경향 및 성차에 대한 선행연구에 비하여, 영역-특수성에 대한 선행 연구는 미비하다고 하겠다. 이러한 이유로는 영역-일반성이 지난 50여 년간 창의성 연구의 주류적 경향을 차지하였기 때문이다. 즉, 영역-일반성의 발달적 경향에 대해서는 다양한 확산적 사고능력검사 도구들이 사용되어 오랫동안 많은 연구결과들이 축적되어 있다. 반면에, 영역-특수성의 발달적 경향에 대한 연구는 최근에 영역-특수성에 대한 논쟁의 등장과 더불어 연구자들이 관심을 두고 연구를 시작하였기 때문이다. Han과 Marvin(2002)이 지적하였듯이 그동안 영역-특수성을 연구한 최근의 선행 연구들이 동일 연령대의 소수의 피험자를 대상으로 제한적인 연구를 하였기 때문에 영역-특수성에 대한 발달적 경향을 대한 선행연구들은 아직 미비한 실정이다. 따라서 이 연구에서는 모두 측정하였다.

이 연구의 목적은 Sternberg(1989) 및 이정규(2003)의 영역-상보성의 이론과 경험적 연구에 기초하여 창의적 수행에 상호보완적으로 기능하는 영역-일반성 및 영역-특수성의 연령집단별 차이를 검증하는 것을 목적으로 하였다. 특히, 창의성의 영역-특수성에 대하여서는 선행연구가 미비하였으므로, 이 연구는 이러한 관점에서 의의가 있다고 하겠다.

연구목적에 따른 연구문제를 구체적으로 기술하면 다음과 같다. 첫째, 영역-일반성에서 연령집단별 차이는 어떻게 나타나는가? 즉, 확산적 사고의 변인들은 연령이 증가함에 따라 일관된, 그리고 연속적인 발달경향이 나타나는지, 아니면 변인별로 서로 다른 발달경향이 나타나는지, 그리고 성차는 어떻게 나타나는가이다. 둘째, 영역-특수성에서 연령집단별 차이는 어떻게 나타나는가? 즉, 모든 영역이 연령이 증가함에 따라 동일한 발달경향이 나타나는지, 아니면 영역별로 서로 다른 발달경향이 나타나는지, 그리고 성차는 어떻게 나타나는가이다.

# II. 연구방법

## 1. 연구 대상

서울지역의 초등학교 3학년, 중학교 1학년, 고등학교 1학년을 대상으로 학교급별로 2개 학교(강남지역 1개교, 강북지역 1개교)가 연구에 참여하였으며, 각 학교별로 3개 학급의 학생이 참여하였다. 이 중 결측치가 많거나 잘못된 방법으로 답을 한 43명을 제외하고, 총 668명이 실험에 참여하였다.

## 2. 연구 절차

창의성 측정은 3주간에 걸쳐 연구자 및 연구보조원(창의성 연구 박사과정 수료자 3명)에 의해 주로 실시되었으며, 연구대상 학급의 담임교사 및 해당교과의 교사들에 대하여 측정절차 및 채점에 대한 워크숍을 학교별로 실시한 이후에 측정이 실시되었다.

먼저, 창의성의 영역-일반성을 측정하기 위하여, TTCT 도형 A형 검사를 40분간 실시하였다. TTCT 도형 A형 검사의 점수는 창의성의 인지적 능력으로서 측정된다(Torrance, 1998). TTCT 중에서도 도형형 검사가 선정된 이유는, 언어형 검사가 문화적인 배경에 따라 창의성 점수에 영향을 받으며 내용타당도에 문제가 있음이 제기되었기 때문이다(Cooper, 1991). 그러나 도형검사는 언어형 검사와 달리 도형을 사용하여 창의성을 검사하므로 피검사자의 연령과 문화를 초월하여 사용할 수 있다는 장점이 있다.

다음으로, 창의적인 산출물 검사에 대한 대부분의 선행 연구들이 1~2개 영역 및 소수의 피험자에 대한 산출물에 대해서만 측정이 실시되었기에 연구결과를 일반화하기에는 무리가 있다는 여러 지적이 있었다(Kogan, 1994; Amabile, 1996; Han & Marvin, 2002). 따라서 이 연구에서는 영역-특수성을 측정하기 위하여, 지금까지 창의성의 영역-특수성을 연구한 선행연구들에서 사용되었던 영역별 실험 과제를 모두 취합하였으며, 최종적으로 4개 영역(언어, 과학, 수학, 미술)의 개방형(open-ended) 과제가 선정되었다. 그리고 4개 영역별 산출물 검사를 해당 교과 시간을 활용하여 연구자, 연구보조원 및 해당 교과담당 교사들에 의해 30분간 실시하였다.

특히, 영역별 산출 검사는 지난 20여 년간 산출물 검사를 체계화한 Hennessey와 Amabile(1999)의 "합의적 측정기법(CAT; consensual assessment technique)"을 만족하는 다음의 조건하에서 실시하였다. (1) 측정자들은 경험의 정도가 동일하지 않더라도 해당 분야의 전문적인 경험이 있어야 한다. (2) 전문가 집단의 측정은 개별적으로 이루어져야 한다. 그들은 상호 일치하기 위하여 실험자로부터 교육되어서도 측정하는 특정 기준이 주어져서도, 상호 합의해서도 안 된다. (3) 전문가들은 측정 시 그들의 전문적인 측정기준에 의해서 측정하지 말고, 산출물의 상대적인 평가에 중점을 두고 측정하여야 한다. 대부분의 연구에서 실험에 참가한 보통의 피험자들은 오랫동안 경험해온 전문가에 비해 창의성의 수준이 낮기 때문이다. (4) 각 측정자들은 무작위 순서로 산출물을 측정하여야한다. 만약 모든 측정자들이 동일한 순서로 측정한다면 높은 수준의 동의가 반영될지도 모르기 때문이다. (5) 측정자들은 창의성 차원이외에 산출물의 부가적인 다른 차원도 평가해야한다. 해당 산출물의 창의성의 수준 외에 최소한 기술적인 측면, 심미안적 호감, 적합도를 측정하여야 한다. (6) 측정의 신뢰성은 측정자 간의 일치성으로, 동일 영역에서의 다른 산출물과 비교하여 측정자들의 일치성의 정도인 Cronbach's α계수를 의미한다.

산출물에 대한 측정은, 위의 조건에 따라 영역별 경력 5년 이상의 현직교사 3명으로 총 12명의 교사(4개 영역×3명=12명)들의 주관적인 관점에 의해 측정하였다. 측정자들은 영역별로 본인의 주관적 관점에 의해 (1) 창의성 차원, (2) 기술적 적합성/심미안적 차원의 2개 하위차원으로 구분하여 점수화하였다. 하위 차원 모두 5점 평점척도(1점: 매우 낮음~5점: 매우 높음)의 채점을 실시하였다. 산출물의 창의적인 수행수준을 점수화하는 방법에는 Zhou와 Oldham(2001), 최일호·최인수(2001)가 사용한 하위 2개의 차원을 서로 곱하여 하나의 단일 지표로 사용하는 방법으로 점수화하였으며, 점수가 높을수록 창의성이 높다고 평가되었다.

## 3. 측정도구

### 가. TTCT 도형 A형 검사

Torrance에 의해 개발된 TTCT는 창의성의 인지적 사고능력을 측정하는 검사도구로, 이 연구에서는 표준화된 한국판 TTCT(김영채, 1999)가 사용되었다. TTCT는 표준화된 검사로서 3개 활동으로 구성되어 있으며, 활동 1은 그림 구성하기, 활동 2는 그림 완성하기, 활동 3은 선 더하기로 구성되어 있다. 각 활동의 제한시간은 10분이다. TTCT는 5개의 확산적 사고의 변인을 측정한다. (1) 유창성 (2) 독창성, (3) 정교성, (4) 제목의 추상성, (5) 성급한 종결에 대한 저항의 표준점수와, 5개의 변인의 표준점수의 합을 5로 나눈 평균으로서 창의성의 평균표준점수를 산출하였다. 이 연구에서 사용된 TTCT 도형 A형 검사의 신뢰도 계수의 산출결과, 유창성 .91, 독창성 .87, 제목추상성 .74, 정교성 .88, 성급한 종결에 대한 저항 .76으로 양호하게 나타났다(이정규, 2003).

## 나. 영역별 산출물 검사

### 1) 언어 영역: 전혀 새로운 이야기로 완성하기

이 연구에서는 이미 타당성과 신뢰성을 검증받은 Amabile(1983, 1985, 1996)의 연구와, 인문·사회 영재 판별도구 개발연구(Ⅲ)—언어 영재 판별 검사 도구개발을 중심으로—(한국교육개발원, 2002)에서의 "이야기 구술하기"의 연구에 기초하여 제작되었다. 연구대상자들에게 기존 동화(성냥팔이 소녀)의 도입부문을 지문으로 제공하고 기존의 이야기와 전혀 다른 새로운 이야기로 완성하라고 하였다.

### 2) 수학 영역: 창의적인 수학문제 만들기

Baer(1991), 한기순(2000)의 "수학문제 만들기"의 연구에 기초하여 제작되었다. 한기순(2000)의 연구에서 높은 측정자 간 신뢰도(.92)를 보였다. 연구대상자들에게 재미있는 수학문제를 가능한 많이 만들어 보라고 하였다. 또한 필요하면 문제해결을 위한 단서도 제공하라고 하였다.

### 3) 과학 영역: 과학적 발명산출물 검사

김종안(1997), 김명숙(1998)이 사용한 "과학적 발명산출물 검사(CIT; creativity invention task)"의 연구에 기초하여 제작되었다. 이들의 연구에서 측정자 간 높은 신뢰도(.72~.87)를 보였다. 연구대상자들에게 무인도에 살게 된 로빈슨 쿠르소가 되어 난파선에서 획득한 15개의 불완전한 도형을 생활에 필요한 발명품으로 만들어 보라고 하였다. 그리고 발명품의 제목을 붙이고 사용된 재료와 쓰임새에 대해 작성하라고 하였다.

### 4) 미술 영역: 콜라주 만들기

미술 영역의 창의적인 산출물을 측정하기 위해 사용된 "콜라주 만들기"는, Amabile(1983, 1985, 1996)의 많은 경험적 연구결과를 통

해 이미 신뢰성과 타당성을 검증받은 산출물 검사이다. 연구대상자
들에게 개인별로 콜라주 재료를 제공하고, 재미있고 독창적인 모양
의 콜라주를 만들고 적절한 제목을 작성하라고 하였다.

### 5) 4가지 영역의 산출물 검사의 신뢰도

합의적 평정기법(CAT)에서 측정의 신뢰성은 측정자 간의 일치성
이라고 하였다. CAT에서 측정자 간의 일치성은 Spearman-Brown의
예측공식에 기초한다. 이는 Cronbach α계수와 거의 유사한 개념으로
.7 이상이면 양호한 신뢰도라 할 수 있다(Amabile, 1999: 392). 이 연
구에서 사용된 창의성의 주관적 측정(산출물 검사)의 Cronbach α계
수는 측정자 3인 간의 중앙치이며 전체적으로 .77~.91로 양호한 신뢰
도를 나타냈다(이정규, 2003).


## 4. 분석방법


통계 분석은 SPSS 10.0.7판을 사용하여 수행하였다. (1) 창의성의
영역-일반성 및 특수성에 대한 학년별, 성별의 차이를 살펴보기 위
하여 다중변량분석(MANOVA)과 사후검증(Tukey)을 실시하였다.
(2) 다중변량분석에 기초하여 독립변인들이 대표본에 의한 우연한
통계치 인지를 살펴보기 위하여 $eta^2$값을 산출하였다. (4) 연령별 집
단차이를 보다 자세히 살펴보기 위하여 각 집단의 평균점수에 의한
그래프를 작성하였다.

# Ⅲ. 연구결과

## 1. 기술 통계치

영역－일반성의 확산적 사고력 검사와 영역－특수성의 4개 영역의 산출물 검사에 대한 평균 및 표준편차가 각 학교급별로 <표 1>～<표 3>에 제시되었다.

## 2. 영역－일반성의 연령별 집단 간의 차이

창의성의 영역－일반성에 대하여 학년별, 성별에 의한 차이를 규명하기 위하여, 학년별, 성별의 주효과 및 학년별×성별의 상호작용 효과를 검증하는 다중변량분석(MANOVA)을 실시하였으며, 개체 간 효과검정을 한 결과가 <표 4>에 제시되었다. 다중변량분석이 적절하다고 판단한 이유는 집단 간의 차이가 있는가를 보기 위하여, 여러 종속변수들을 고려하는 경우에 종속변수들 간에 상관관계가 있었기 때문이다. 상관관계의 판단은 이정규(2003)의 연구에서 TTCT의 확산적 변인 간의 상관관계가 .10～.89의 상관계수에 기초하였다.

먼저, 학년별×성별의 상호작용의 효과에서는 독창성, 유창성이 유의확률 $p < .05$ 수준에서 유의한 차이가 있는 것으로 나타났다. 다음으로, 학년별 주효과에서는 유창성($p < .001$), 독창성($p < .001$), 제목의 추상성($p < .05$)의 변인이 유의하게 나타났다. 마지막으로 성별의 주효과

에서는 유창성, 독창성이 p<.001 수준에서, 정교성과 성급한 종결에 대한 저항은 p<.05 수준에서 유의한 차이가 있음을 알 수 있다.

여기서 Wilks Lamda 값이 1에 가깝다는 것은 전체분산과 집단 내 분산이 같아지는 것으로 집단 간의 차이가 없다는 것을 의미한다. 이를 알아보기 위하여, 영역–일반성의 Wilks Lamda 값을 산출하여 <표 7>에 제시하였다. Wilks Lamda 값이 학년별×성별의 상호작용에서는 .919, 성별의 주효과에서는 .922로 집단 간 차이가 없는 것으로 나타났다. 그러나 학년별 주효과에서는 .654로 차이가 있는 것으로 나타났다. 특히, 대표집일 경우 사소한 오차도 통계적인 결과에 유의한 영향을 미칠 수 있다. 보다 자세히 학년별, 성차의 주효과와 상호작용효과를 살펴보기 위해 결정계수로 해석되는 집단 간 자승화/전체 자승화 값인 eta2값(eta2=1−Wilks Lamda값)을 구하였다. 학년별, 성별의 주효과와 학년별×성별의 상호작용효과의 eta2값은 각각 .346, .078, .081로 나타났으므로 성별의 주효과와 학년별×성별의 상호작용효과는 결국 대표집에 의한 우연한 통계치 임이 밝혀졌다. 학년별 주효과를 규명하기 위하여, 학년별 사후검증(Tukey HSD)을 실시한 결과를 <표 5>에 제시되었으며 변인별로는 다음과 같다.

(1) 유창성은 초 3과 중 1, 중 1과 고 1에서 p<.001 수준에서 유의한 차이가 발생하였다.

(2) 독창성은 초 3과 고 1(p<.001); 중 1과 고 1(p<.05)에서 유의한 차이가 발생하였다.

(3) 제목의 추상성과 창의성의 평균표준점수에서는 초 3과 중 1, 초 3과 고 1에서 p<.05 수준에서 유의한 차이가 나타났다.

(4) 정교성과 성급한 종결에 대한 저항에서는, 정교성에서의 중 1과 고 1에서 p<.01수준에서 유의한 차이가 나타난 것을 제외하고, 학년별로 유의한 차이가 나타나지 않았다.

연령별 집단 간의 차이를 보다 자세히 규명하기 위하여, 각 학년별 확산적 사고 변인의 평균점수(<표 6>)의 그래프가 [그림 1]에 제시되었다. 학년별로는 중 1이 다른 학년에 비하여, 독창성(109.49)을 제외한, 확산적 사고의 모든 변인들이 상대적으로 높은 평균 점수분 포를 보였다. 창의성의 평균표준점수는 초 3(31.94)에서 중 1(38. 18), 고 1(37. 42)로 증가되었다. 확산적 사고의 변인별로 규명하여 보면 다음과 같은 세 가지 유형이 있음이 밝혀졌다.

(1) 학년이 올라감에 따라 증가한 변인으로서, 제목 추상성은 초 3(69.76)<중 1(78.93)<고 1(77.28), 성급한 종결에 대한 저항은 초 3(71.74)<중 1(74.25)<고 1(75.95)로 증가되었다.

(2) 학년이 올라감에 따라 오히려 감소한 변인으로서는, 독창성이 초 3(111.11)>중 1(109.49)>고 1(104.76)로 나타났다.

(3) 초 3 때는 낮았다가, 중 1 때 증가하였다가 다시 고 1 때 낮아진 변인으로서, 유창성/정교성이 초 3(116.84/81.13)에서 중 1 (125.13/83.20) 은 증가하였지만, 고 1(116.21/78.22)로 다시 감소하였다.

<표 1> 초 3의 평균 점수 및 표준편차

|  | 전체(N=230) M(SD) | 남학생(N=124) M(SD) | 여학생(N=106) M(SD) |
|---|---|---|---|
| 유창성 | 116.85(11.11) | 115.84(11.47) | 117.85(10.62) |
| 독창성 | 111.11(16.97) | 109.74(19.22) | 112.49(13.90) |
| 제목추상성 | 69.76(16.35) | 64.66(14.95) | 74.87(16.25) |
| 정교성 | 81.13(14.43) | 78.26(12.52) | 84.00(15.88) |
| 성급한 종결에 대한 저항 | 71.75(13.92) | 71.26(13.93) | 72.23(13.94) |
| 창의성의 평균 표준점수 | 31.94(23.67) | 27.07(12.60) | 36.81(21.91) |
| 언어영역 | 10.41(5.45) | 8.83(4.70) | 11.99(4.21) |
| 과학영역 | 10.96(5.89) | 10.55(5.61) | 11.36(6.13) |
| 수학영역 | 6.83(4.69) | 5.67(2.10) | 7.98(4.40) |
| 미술영역 | 7.44(4.74) | 6.51(3.12) | 8.36(3.04) |

<표 2> 중 1의 평균 점수 및 표준편차

|  | 전체(N=201) M(SD) | 남학생(N=87) M(SD) | 여학생(N=114) M(SD) |
|---|---|---|---|
| 유창성 | 125.13(15.69) | 123.14(18.91) | 127.13(12.63) |
| 독창성 | 109.49(17.62) | 102.81(17.68) | 116.18(15.32) |
| 제목추상성 | 78.93(50.77) | 78.92(55.34) | 78.95(18.02) |
| 정교성 | 83.20(43.92) | 80.25(45.31) | 86.16(14.66) |
| 성급한 종결에 대한 저항 | 74.25(34.38) | 71.23(39.86) | 77.28(14.80) |
| 창의성의 평균 표준점수 | 38.18(27.21) | 27.31(18.22) | 49.05(27.39) |
| 언어영역 | 10.14(5.45) | 8.75(4.33) | 11.53(4.89) |
| 과학영역 | 9.47(6.35) | 8.1(5.03) | 10.84(6.51) |
| 수학영역 | 10.78(6.79) | 9.38(5.92) | 12.19(6.95) |
| 미술영역 | 9.98(5.09) | 8.23(4.02) | 11.73(4.36) |

<표 3> 고 1의 평균 점수 및 표준편차

|  | 전체(N=237) M(SD) | 남학생(N=117) M(SD) | 여학생(N=120) M(SD) |
|---|---|---|---|
| 유창성 | 116.21(16.44) | 111.95(17.55) | 120.48(14.16) |
| 독창성 | 104.76(19.04) | 101.03(20.40) | 108.50(14.93) |
| 제목추상성 | 77.28(19.62) | 75.47(20.80) | 79.09(18.33) |
| 정교성 | 78.22(12.53) | 75.37(13.00) | 81.08(11.42) |
| 성급한 종결에 대한 저항 | 75.95(16.27) | 71.86(16.42) | 78.04(15.61) |
| 창의성의 평균 표준점수 | 37.42(27.16) | 32.65(19.23) | 42.19(26.37) |
| 언어영역 | 7.43(4.43) | 6.69(3.93) | 8.16(4.22) |
| 과학영역 | 8.35(5.02) | 7.41(4.15) | 9.28(4.23) |
| 수학영역 | 7.60(4.65) | 7.16(3.21) | 8.04(4.46) |
| 미술영역 | 7.39(3.59) | 6.58(3.29) | 8.19(3.64) |

## 3. 영역-특수성에 대한 연령별 집단 간의 차이

창의성의 영역-특수성에 대한 학년별, 성별에 의한 차이를 규명하기 위하여, 다중변량분석을 실시하였다. 그리고 개체 간 효과검정을 한 결과를 <표 7>에 제시하였다. 다중변량분석을 실시한 것은 이정규(2003)의 연구에서 종속변수(4개 영역)들 간에 .365~.614의 상관계수에 기초하여, 종속변수를 동시에 고려할 때 다변량분석방법이 적절하다고 판단하였다.

먼저, 학년별×성별의 상호작용의 효과에서는 미술영역(p<.001), 언어영역, 과학영역, 수학영역의 3개의 영역에서는 p<.05 수준에서 유의한 차이가 밝혀졌다. 다음으로 학년별 주효과, 성별의 주효과에서는 p<.001 수준에서 모두 유의한 차이가 있는 것으로 나타났다.

MANOVA를 통해 독립변인이 종속변인을 설명하는 분산비율을 알 수 있다. 영역-특수성에 대한 Wilks Lamda 값을 <표 8>에 제시하였다. Wilks Lamda 값이 학년별×성별의 상호작용에서는 .928로 집단 간 차이가 없으며, 학년별, 성별의 주효과는 .765, .753으로 차이가 있는 것으로 밝혀졌다. 그리고 결정계수로 해석되는 eta2값을 구하였다. 학년별, 성별의 주효과와 학년별×성별의 상호작용효과의 eta2값은 각각 .285, .277, .072로 나타났다. 결과적으로 학년별×성별의 상호작용효과는 대표집에 의한 우연한 통계치 임이 밝혀졌다.

그리고 각 영역별 학년별 차이를 규명하기 위하여, 사후검증(Tukey)을 실시한 결과를 <표 9>에 제시하였다. (1) 언어영역에서는 초 3과 고 1, 중 1과 고 1에서 유의한 차이가 나타났다(p<.001). (2) 과학영역에서는 초 3과 중 1, 초 3과 고 1에서 유의한 차이가 나타났다(p<.001). (3) 수학과 미술영역에서는 초 3과 중 1, 중 1과 고 1에서 유의한 차이가 나타났다(p<.001).

영역-일반성에서는 학년별 차이만 유의하게 나타났다. 그러나 영역-특수성의 4개 영역의 창의적 산물의 측정에서는 학년별 차이와 성별의 주효과가 나타났다. 따라서 각 영역별로 성별의 차이를 검증하기 위해 t-test를 실시하였다. 그 결과는 <표 10>에 제시되었다. 초등학교 3학년 학생의 과학영역을 제외하고는 모든 영역에서 남녀 간의 성차가 유의한 수준에서 나타났다. 여학생 집단이 일관되게 높은 것으로 나타났다.

따라서 이를 보다 더 자세히 규명하기 위하여, <표 1>~<표 3>에서 제시된 학년별, 성별의 평균점수에 의한 차이를 [그림 2]~[그림 5]에 제시하였다. 전체적으로 모든 영역에 걸쳐 여학생이 남학생보다 창의성의 점수가 높게 나타났다. 그리고 언어와 과학 영역에서는 초등학교 3학년 여학생이 다른 학년에 비하여 높은 점수를 보였으며, 수학과 미술영역에서는 중학교 1학년 여학생들이 다른 학년에 비하여 높은 점수를 나타냈다. 각 영역별로 학년이 증가함에 따라, 2개의 발달 유형이 있음이 밝혀졌다.

(1) 학년이 증가함에 따라 창의성이 감소하는 영역은 언어영역과 과학영역으로 [그림 2], [그림 3]과 같은 발달경향이 나타났다.

(2) 학년이 증가함에 따라 창의성이 증가하였다가 다시 감소하는 영역은 수학영역과 미술영역으로 [그림 4], [그림 5]와 같은 발달경향이 나타났다.

<표 4> 영역-일반성의 학년별, 성별에 의한 다중변량분석

| 소 스 | 종속변수 | 제III유형<br>제곱합 | df | 평균제곱 | F |
|---|---|---|---|---|---|
| 학 년 | 유창성 | 10147.650 | 2 | 5073.825 | 24.734*** |
| | 독창성 | 4987.407 | 2 | 2493.703 | 8.212*** |
| | 제목추상성 | 10422.178 | 2 | 5211.089 | 5.226** |
| | 정교성 | 2680.228 | 2 | 1340.114 | 1.910 |
| | 성급한 종결에 대한 저항 | 1289.254 | 2 | 644.627 | 1.260 |
| 성 | 유창성 | 3806.916 | 1 | 3806.916 | 18.558*** |
| | 독창성 | 10035.924 | 1 | 10035.924 | 33.049*** |
| | 제목추상성 | 3457.210 | 1 | 3457.210 | 3.467 |
| | 정교성 | 5432.538 | 1 | 5432.538 | 7.741** |
| | 성급한 종결에 대한 저항 | 3145.091 | 1 | 3145.091 | 6.146* |
| 학년×성 | 유창성 | 1280.715 | 2 | 640.357 | 3.122* |
| | 독창성 | 2946.316 | 2 | 1473.158 | 4.851** |
| | 제목추상성 | 2847.941 | 2 | 1423.970 | 1.428 |
| | 정교성 | 1.134 | 2 | .567 | .001 |
| | 성급한 종결에 대한 저항 | 987.654 | 2 | 493.827 | .965 |

* $p < .05$, ** $p < .01$, *** $p < .001$

<표 5> 영역-일반성의 학년별, 성별에 의한 다중변량검정

| 효 과 | | 값 | F | 가설 자유도 | 오차 자유도 |
|---|---|---|---|---|---|
| 학 년 | Wilks Lamda | .654 | 20.686*** | 12 | 1296 |
| 성 | Wilks Lamda | .922 | 9.090*** | 6 | 648 |
| 학년×성 | Wilks Lamda | .919 | 4.638*** | 12 | 1296 |

*** $p < .001$

## \<표 6\> 영역-일반성의 학년별 사후검증(Tukey HSD)

|  | 학 년 | 평 균 | 총 3 | 중 1 | 고 1 |
|---|---|---|---|---|---|
| 유창성 | 초 3 | 116.85 |  | ** |  |
|  | 중 1 | 125.13 | ** |  | ** |
|  | 고 1 | 116.21 |  | ** |  |
| 독창성 | 초 3 | 111.11 |  |  | ** |
|  | 중 1 | 109.49 |  |  | * |
|  | 고 1 | 104.76 | ** | * |  |
| 제목추상성 | 초 3 | 69.76 |  | * |  |
|  | 중 1 | 78.93 | * |  | * |
|  | 고 1 | 77.28 |  | * |  |
| 정교성 | 초 3 | 81.13 |  | * | * |
|  | 중 1 | 83.20 | * |  |  |
|  | 고 1 | 78.22 | * |  |  |
| 성급한 종결에 대한 저항 | 초 3 | 71.75 |  | * | * |
|  | 중 1 | 74.25 | * |  |  |
|  | 고 1 | 75.95 | * |  |  |
| 창의성의 평균표준점수 | 초 3 | 31.94 |  | * |  |
|  | 중 1 | 38.18 | * |  | * |
|  | 고 1 | 37.42 |  | * |  |

$^*p< .05,$ $^{**}p< .01$

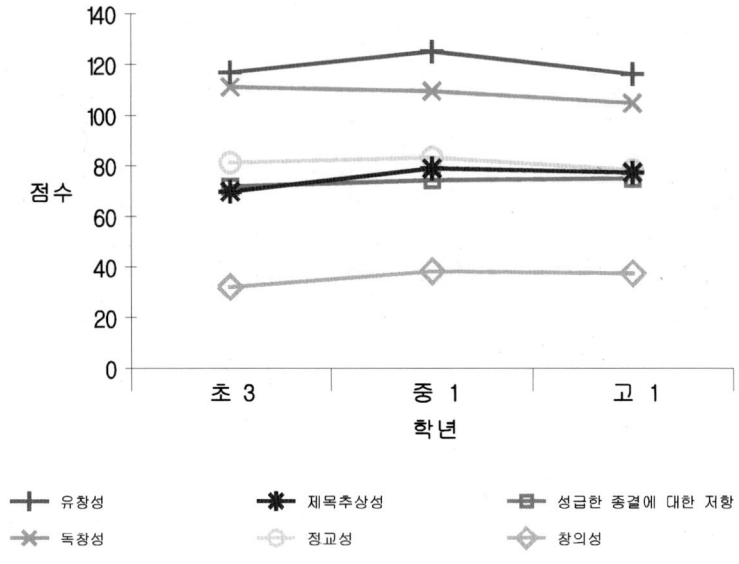

[그림 1] 확산적 사고 변인의 학년별 평균점수

<표 7> 영역 – 특수성의 학년차와 성차에 의한 다중변량분석

| 소  스 | 종속변수 | 제Ⅲ유형 제곱합 | df | 평균제곱 | F |
|---|---|---|---|---|---|
| 학  년 | 언어영역 | 1201.303 | 2 | 600.651 | 29.806*** |
| | 과학영역 | 835.515 | 2 | 417.758 | 13.509*** |
| | 수학영역 | 737.618 | 2 | 368.809 | 14.575*** |
| | 미술영역 | 557.968 | 2 | 278.984 | 16.161*** |
| 성 | 언어영역 | 3454.729 | 1 | 3454.729 | 171.432*** |
| | 과학영역 | 976.872 | 1 | 976.872 | 31.588*** |
| | 수학영역 | 2506.881 | 1 | 2506.881 | 99.069*** |
| | 미술영역 | 1514.377 | 1 | 1514.377 | 87.725*** |
| 학년×성 | 언어영역 | 217.999 | 2 | 108.999 | 5.409** |
| | 과학영역 | 387.578 | 2 | 193.789 | 6.266** |
| | 수학영역 | 242.753 | 2 | 121.377 | 4.797** |
| | 미술영역 | 593.195 | 2 | 296.597 | 17.181*** |

** $p < .01$,  *** $p < .001$

<표 8> 영역 – 특수성의 학년별, 성별에 의한 다중변량검정

| | 효  과 | 값 | F | 가설자유도 | 오차 자유도 |
|---|---|---|---|---|---|
| 학  년 | Wilks Lamda | .715 | 23.205*** | 8.0 | 1294.0 |
| 성 | Wilks Lamda | .723 | 53.117*** | 4.0 | 647.0 |
| 학년×성 | Wilks Lamda | .928 | 6.188*** | 8.0 | 1294.0 |

*** $p < .001$

<표 9> 영역-특수성의 학년별 사후검증(Tukey HSD)

| | 학 년 | 평 균 | 총 3 | 중 1 | 고 1 |
|---|---|---|---|---|---|
| 언어 영역 | 초 3 | 10.41 | | ** | ** |
| | 중 1 | 10.14 | | | ** |
| | 고 1 | 7.43 | ** | ** | |
| 과학 영역 | 초 3 | 10.96 | | ** | ** |
| | 중 1 | 9.47 | ** | | |
| | 고 1 | 8.35 | ** | | |
| 수학 영역 | 초 3 | 6.83 | | ** | |
| | 중 1 | 9.47 | | | ** |
| | 고 1 | 7.60 | | ** | |
| 미술 영역 | 초 3 | 7.44 | | ** | |
| | 중 1 | 9.98 | | | ** |
| | 고 1 | 7.39 | | ** | |

** $p < .01$

<표 10> 영역-특수성의 성별의 차이 검증(t-test)

| 영 역 | 초 3 | 중 1 | 고 1 |
|---|---|---|---|
| 언어영역 | -8.13*** | -8.67*** | -6.55*** |
| 과학영역 | -1.072 | -5.83*** | -2.91** |
| 수학영역 | -6.76*** | -6.46*** | -4.45*** |
| 미술영역 | -2.09* | -9.57*** | -4.11*** |

*** $p < .001$

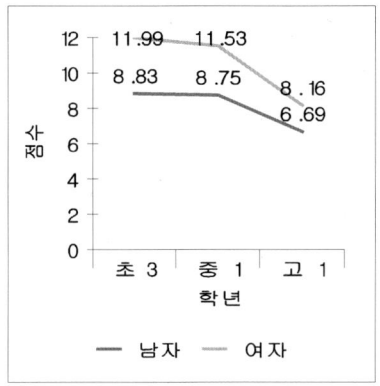

[그림 2] 언어영역의 학년별
평균점수

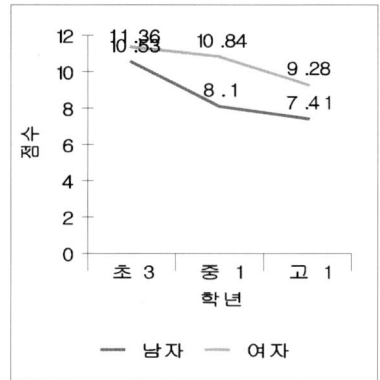

[그림 3] 과학영역의 학년별
평균점수

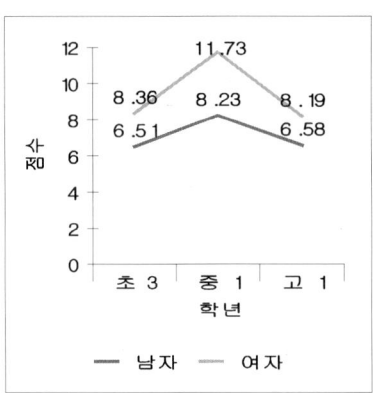

[그림 4] 수학영역의 학년별
평균점수

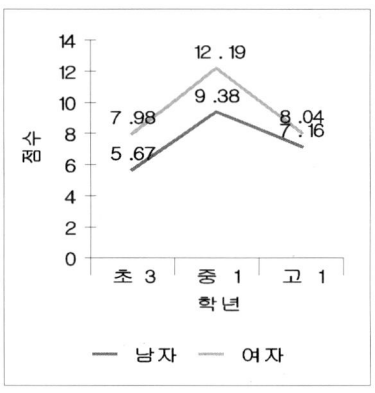

[그림 5] 미술영역의 학년별
평균점수

# Ⅳ. 종합논의

지난 10여 년 동안 창의성 연구에 있어서 논쟁이 되고 있는 미해결 과제 중의 하나가 창의성의 영역성에 대한 것이다. 즉, 창의성은 영역－일반성인가 아니면 영역－특수성인가에 대하여 아직 일치된 논의가 형성되지 않았다. 최근에 이정규(2003)는 초～고등학생들을 대상으로 한 실증적 연구를 통해, 창의성의 영역성은 이분법적인 속성만이 아니라고 하였다. 오히려 영역－일반성과 영역－특수성이 상호 보완되는 영역－상보성의 연구결과가 나타났다고 하였으며, 이론적으로는 Sternberg(1989)의 영역－상보성의 이론을 지지하였다. 따라서 이 연구에서는 영역－상보성 이론에 기초하여, 영역－일반성 및 영역－특수성의 연령집단 간 차이에 대해 살펴보았으며, 연구결과는 다음과 같다.

첫째, 영역－일반성의 확산적 사고의 변인은 학년에서만 주효과만 유의하게 나타났으며, 성차 및 상호작용의 효과는 나타나지 않았다. 그리고 변인별로 세 가지 발달유형이 있음이 연구결과 밝혀졌다. 따라서 영역－일반성의 확산적 사고의 변인들은 변인의 속성에 따라서로 상이한 시기에 발달한다는 것을 알 수 있다. 둘째, 영역－특수성의 4개 영역은 학년별 및 성별의 주효과가 유의하게 나타났으며 상호작용의 효과는 나타나지 않았다. 그리고 영역별로 2개의 유형이 있음이 밝혀졌다. 성별로는 전체적으로 모든 영역에 걸쳐 여학생이 남학생보다 창의성의 점수가 높게 나타났다. 또한 고등학생이 초・중학생보다 창의성의 점수가 낮게 나타났다(수학영역은 제외).

이러한 연구결과를 논의하면, 창의성의 확산적 변인들과 각 영역의 발달은 연속적 발달 혹은 비연속적 발달의 일관된 경향을 나타나기보다는 변인별 및 영역별로 발달 경향이 서로 다르게 나타났다는 것이다. 이는 "연령별로 창의성의 발달에 질적인 변화가 있다는 Life-span Development 이론가들의 주장을 지지"한 하주현(1999, 2001)의 연구결과와 일치하는 것이다. 그리고 "창의성을 구성하는 요소에 따라 상이한 결과가 나타났다"는 유연옥(2003)의 연구결과도 지지하였다. 그러나 이 연구가 두 선행연구와는 연구대상자와 측정 도구가 서로 다르기 때문에 창의성의 하위 변인 간의 차이를 엄밀하게 분석할 수는 없지만, 전체적으로 살펴볼 때 하위 변인들이 연령차에 따라 질적인 변화를 보인다는 두 선행연구의 결과를 이 연구에서도 지지하였다.

최근 우리 사회는 창의적 인재를 더욱 요구하고 있다. 이에 "21세기 창의적 인재육성"이라는 국가교육의 목표를 설정하고 2000년도부터 제7차 교육과정으로 개정하여 실시되고 있다. 이러한 교육적 상황을 고려해 볼 때, 고등학교 학생의 창의성 점수가 초·중학교에 학생들에 비해 오히려 낮게 나온 결과는 다음의 선행연구들의 결과를 지지하고 있으면서 우리의 교육현실에 시사하는 바가 크다고 하겠다. 먼저, 하주현(1999)의 "창의적 사고총점에 대한 연령별 발달경향"의 연구결과와 일치하는 것이다. 그녀는 "창의적 사고는 초등학교에서 중학생까지 점점 높아지다가 고등학생부터 급격히 떨어진다."고 하였다. 이러한 이유로서 "고등학교의 교육과정이 지나치게 수렴적 사고만은 강조한 결과, 확산적 사고의 기능이 약화된 것과 관계가 있다"고 해석하였다. 다음으로, Torrance(1990, 1998)는 학년이 올라갈수록 창의성이 감소하는 이유로서 "공교육의 정형화된 교육과정이 학년이 올라갈수록 창의력에서 요구되는 확산적 사고보다는 수렴적 사고를 더 요구하고 있기 때문"이라고 하였다. 마지막으로, 김영채(1999: 19)는 "학년수준이 높아지고 학교 교육이 계속 될수록, 학생들의 창의력 수준은 직선적으로 감퇴하는 경향이 있다. 학교의 창의성 교육은 분명하게 실패하고 있으며, 그래서 학생들의 창의적인 진액은 누가적으로 질식해 가고 있다."고 하였다. 이 연구의 결과에서도 학년이 올라갈수록 점점 정형화되어 가는 학교교육이 오히려 창의성을 저해하고 있다는 선행연구(김영채, 1999; 하주현, 1999; Torrance, 1990, 1998)들의 결과를 경험적으로 지지하고 있는 이 연구의 결과는 추후 창의성 연구와 교육현장에 시사하는 바가 크다고 하겠다. 그러나 이 연구는 횡단연구로서 창의성의 영역성에 대한 발달경향에 대한 연구로서는 한계점을 지니고 있다. 따라서 이 연구는 창의성의 영역성의 발달 경향에 대한 기초연구로서 의의가 있다고 하겠으며, 종단적 연구가 더욱 요구된다고 하겠다. 그리고 이 연구의 대상자가 초등학교에서는 3학년 학생만을 대상으로 하였기에, 초등학교 전 학년을 대상으로 연구한 유연옥(2003)의 연구의 결과와 같은 U-형 발달곡선 및 4학년의 하강 현상에 대해서는 이 연구에서는 자세히 규명할 수 없었던 제한점이 있었다.

다음으로, 창의성의 성차에 대한 여러 연구결과들은 아직 불일치한 결과를 나타내고 있다. 하주현(1999, 2001)의 연구에서는 성차의 주효과가 발견되지 않았으며, 유연옥(2003)의 연구에서도 4학년에서 여학생이 높게 나타난 것을 제외하고는 남녀 간의 성차가 나타나지 않았다. 이 연구에서도 영역-일반성의 확산적 사고에서는 성차에 대한 유의한 차이가 나타나지 않았다. 그러나 영역-특수성에서는 언어, 수학, 과학, 미술의 4개 영역의 창의성 점수에서 여학생집단이 남학생 집단에 비해 유의하게 높게 나타났다. 이러한 현상에 대해 Baer(1999: 753-758)는 "확산적 사고력을 측정하는 도구를 사용하여 성차를 비교한 선행 연구 80여개를 분석한 결과, 연구들의 절반 이상은 성차를 발견하지 못하였고, 나머지 연구들의 2/3는 여성 또는 여아들이 우수하다는 결과를 얻었으며, 또 1/3은 남성 또는 남아들이 우수하다는 결과가 나타나는 등 혼재된 결과가 나타났다고 하였다. 그리고 제한된 조건하에서의 실험연구를 통한 창의성의 산출물 검사, 창의성에 대한 자기 평가, 그리고 타인(교사, 동료 등)에 의한 평가를 통한 창의적 성취 검사에서의 성차에 관한 연구들을 살펴본 결과 대부분의 연구에서 역시 성차를 발견하지 못하였다"고 하였다.

그러나 이 연구의 창의적인 산출물 검사에서 밝혀진 여학생이 영역별 창의성 점수가 높게 나타난 현상에 대해서는 '창의성과 지능', '창의성과 학업성취' 등에 관한 연구에서 성차에 대한 일관된 연구 결과가 아직 보고 되고 있지 않기 때문에 이 연구에서도 논의하기에는 제한점이 있었으나, 창의성의 성별의 차이에 대한 추수연구에 좋은 시사점을 제공하고 있다.

# 참고문헌

김영채(2001). 창의적 성격특성: 학교교육을 통한 발달경향 및 교과 성적과의 상관. 교육학연구, 39(1), 1-24.

김종완(1998). 통합적 접근에 기초한 아동의 창의성 측정도구 개발. 박사학위논문, 성균관대학교.

김명숙(1998). 창의성 교육프로그램의 유형 및 관련 변인이 창의성 향상에 미치는 효과. 박사학위논문, 성균관대학교.

김명숙(2002). 창의성의 특수성. 교육심리연구, 16(2), 153-172.

김혜숙, 최인수(2002). 창의성구조모형의 검증, 교육심리연구, 16(4), 229-245.

유연옥(2003). 그림 창의성 검사(TCT-DP)에 의한 아동의 창의성 발달. 한국심리학회지: 발달, 16(2), 53-70.

이정규(2003). 창의성 연구에 있어서 영역성과 측정에 대한 문제점 분석 연구. 교육심리연구, 17(4). 315-335.

이정규(2004). 학업성취도에 대한 창의성의 상대적 예측력. 교육학연구, 42(4). 317-342.

최일호·최인수(2001). 새로운 생각은 어떻게 가능한가: 전문분야 창의성에 대한 학습과정 모델 접근. 한국심리학회지: 일반. 20(2), 409-428.

하주현(2001). 창의적 인성검사의 연령별 타당화 및 연령별 발달 경향 연구. 교육심리연구, 15(3), 323-351.

하주현(2003). 창의적 사고와 문제발견 사고의 연령에 따른 차이. 교육심리연구, 17(10), 311-327.

한국교육개발원(2002). 인문·사회 영재 판별도구 개발연구(Ⅲ)—언어 영재 판별 검사 도구개발을 중심으로 – 수탁연구 CR2002-44.

한기순(2000). 창의성의 영역한정성과 영역보편성에 관한 분석과 탐구. 영재교육연구, 10(2), 47-69.

Amabile, T. M. (1983). The social psychology of creativity. A componential conceptualization. *Journal of Personality and Social Psychology, 45(2)*, 357-376.

Amabile, T. M. (1985). Motivation and creativity: Effects of motivational orientation on creative writers. *Journal of Personality and Social Psychology, 48,* 393-399.

Amabile, T. M. (1993). Motivational synergy: Toward new conceptualizations of intrinsic and extrinsic motivation in the workplace. *Human Resource Management Review, 3,* 185-201.

Amabile, T. M. (1996). *Creativity in context: Update to the social psychology of creativity.* Boulder, CO: Westview Press.

Baer, J. (1991). Generality of creativity across performance domains. *Creativity Research Journal, 4.* 23-39.

Baer, J. (1996). The effect of task-specific divergent-thinking training. *The Journal of Creative Behavior, 30,* 183-187.

Baer, J. (1999). Domains of Creativity. In Runco, M. A. & Pritzker, S. R. (Eds.). *Encyclopedia of Creativity*(pp.591-596). Academic Press.

Baer, J. (1999). Gender differences, In Runco, M. A. & Pritzker, S. R. (Eds.). *Encyclopedia of Creativity*(pp.753-758). Academic Press.

Cooper, E. (1991). A critique of six measures for assessing creativity. In writing, B. G. (eds.). *Journal of Creativity Behavior, 25(3),* 194-204.

Diakidoy, I. N.. & Spanoudis, G. (2002). Domain Specificity in Creativity Testing: A Comparison of Performance on general divergent-thinking test and personalities, content specific test. *The Journal of Creative Behavior, 36(1),* 41-61.

Eisenberger, R., & Cameron, J. (1996). Detrimental effects of reward: Reality or myth? *American Psychologists, 51(11),* 1153-1166.

Eisenberger, R. & Cameron, J. (1998). Reward, Intrinsic motivation, and Creativity: New Findings. *American Psychologist, 53(6).* 673-682.

Eisenberger, R., & Rhoades, L. (2001). Incremental Effects of reward on Cretivity, *Journal of Personality and Social Psychology, 81(4).* 728-741.

Feldhusen, J. F. (1994). Teaching and testing for creativity. In the *international Encyclopedia of Education*(2nd ed., pp.1178-1183). NY: Pergamon Press.

Guilford, J. P. (1967). *The nature of human intelligences.* New York: McGraw-Hill.

Guilford, J. P. (1971). Some misconceptions regarding measurement of creative behavior. *The Journal of Creative Behavior,* 5. 77-87.

Han, K. S & Marvin, C. (2002). Multiple Creativities? Investigating Domain-Specificity of Creativity in Young Children. *Gifted Child Quarterly, 46(2).* 98-109.

Hennessey, B. A., & Amabile, T. M. (1998). Reward, Intrinsic motivation and creativity. *American Psychologists, 53,* 674-675.

Hennessey, B. A. & Amabile, T. A. (1999). Consensual Assessment. In Runco, M. A. & Pritzker, S. R. (Eds.). *Encyclopedia of Creativity*(pp.347–359). Academic Press.

Lubart, T. I. (1999). Creativity across cultures. In R. J. Sternberg (Eds.), *Handbook of creativity*(pp.339–350). Cambridge University Press.

Runco, M. A., McCarthy, K. A. & Svensen, E. (1994). Judgement of the creativity of artwork and students and professional artists. *Journal of Psychology,* 128. 23–31.

Runco. M. A. & Plucker, J. A. & Lim, W. (2000–2001), Development and Psychometric integrity of a measure of Ideational Behavior. *Creativity Research Journal, 13(3 & 4).* 393–400.

Sternberg, R. J. (1989). A three-facet model of creativity. In R. J. Sternberg(Ed.), The nature of creativity: Contemporary psychological perspectives(pp.125–147). NY: Cambridge University Press.

Sternberg, R. J. & Rubart, T. I. (1995). *Defying the crowd: Cultivating creativity in a culture of conformity.* NY: Free Press.

Sternberg, R. J. & Rubart, T. I. (1996). Investing in Creativity. American Psychologist, July.

Sternberg, R. J. & Rubart, T. I. (1999). The concept of creativity: Prospects and Paradigms. In R. J. Sternberg(Eds.), *Handbook of creativity*(pp.3–15). Cambridge University Press.

Torrance, E. P. (1990a). *The Torrance test of Creative Thinking :* Norms-technical manual. Bensenville, IL. : Scholastic Testing Service, INC.

Torrance, E. P. (1998). Torrance test of creative thinking:

*Norms-Technical Manual-Figural(Streamlined) Forms A & B. Bensenville,* Illinois; Scholastic Testing Service Inc.

Wallach, M. A. (1986). Creativity testing & giftedness. In Horowitz & O'Brein(Eds), *The Gifted & Talented: Developmental perspectives*(pp99-123). American Psychological Association.

Zhou, Zing & Oldham, G. R. (2001). Enhancing Creative performance: Effects of Expected Develop-mental Assessment Strategies and Creative Personalities. *The Journal of Creative Behavior, 35(3),* 151-167.

●**저자**●

● 이정규(李晶圭)　　약 력
　　　　　　　　(일)쓰쿠바대학교 심리학 석·박사통합과정(한국정부장학생)
　　　　　　　　성균관대학교 교육학 박사(교육심리)
　　　　　　　　성균관대학교 영재교육팀 연구원

　　　　　　　　주요 논문
　　　　　　　　「학업성취도에 대한 창의성의 상대적 예측력」
　　　　　　　　「한국의 영재교육의 실태분석 및 발전방향에 대한 연구」
　　　　　　　　「창의성의 영역성의 연령집단별 차이」
　　　　　　　　「Exploring Domain Generality-Specificity Issue of
　　　　　　　　　Creativity: A Comparison of TTCT and CAT Tasks
　　　　　　　　　Creativity Scores」
　　　　　　　　외 다수

**창의성의 최근 연구동향과 논쟁**

- 초판 인쇄　2005년 1월 31일
- 초판 발행　2005년 1월 31일

- 지 은 이　이정규
- 펴 낸 이　채종준
- 펴 낸 곳　한국학술정보㈜
　　　　　경기도 파주시 교하읍 문발리
　　　　　파주출판문화정보산업단지 526-2
　　　　　전화 031) 908-3181(대표)·팩스 031) 908-3189
　　　　　홈페이지 http://www.kstudy.com
　　　　　e-mail(e-Book사업부) ebook@kstudy.com

- 등　　록　제일산-115호(2000. 6. 19)
- 가　　격　29,000원

ISBN　89-534-2265-5 93370 (paper book)
　　　　89-534-2383-X 98370 (e-book)